스치는 듯 살아가며 마음이 머문다

스치는 듯 살아가며 마음이 머문다

지은이 **신동화**

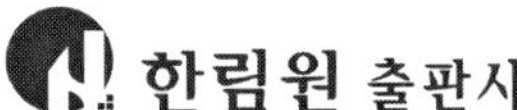

스쳐 지나가는 생각을 담으며

매일 매일 내 곁을 스쳐 지나가는 시간과 그에 얽힌 행위들은 순간으로 왔다가 과거로 묻히는 과정의 연속, 그사이 느끼고 생각하는 것을 재주 없는 글솜씨로 적어본 결과물입니다. 2년 전 생애 첫 수필집을 엮어 내놓았고 같은 형식의 두 번째 수필집입니다. 수필형의 글쓰기를 별로 하지 않았으나 지난 50여 년의 사회생활에서 학술논문이나 전문 시론 등을 써본 경험을 바탕으로 그때, 그때 느끼고 생각나는 것을 전공이 아닌 분야에서, 기록해 본 산물입니다. 이들 글을 실으려고 2년여 식품저널에서 공간을 내준 것에 감사의 마음을 갖고 있으며 그 내용을 다시 퇴고(堆鼓)하여 정리하였습니다.

내가 가지고 있는 생각과 느낌을 엮어 내 주위에 있는 분과 생각을 나눌 기회를 마련하자는 소박한 생각으로 이 책을 출판하고자 했습니다. 이들 글을 쓰면서 나에게도 낯선, 내가 존재한다는 것을 아는 기회가 되었고 가끔 일어나는 생각을 통하여 나를 제삼자의 측면에서 보는 기회를 갖기도 하였습니다. 아울러 글을 매체로 하여 내 생각을 그대로 표현하기가 쉽지 않다는 것도 알아가는 과정이었습니다. 일상에서 느낀 것, 주위에 항상 둘러서 있는 자연이 내게 교훈을 준 것 등은 새로운 느낌으로 다가와 글을 쓰는 소재가 되곤 했습니다. 글은 내 마음의 창이라고 여겨지면서 그 창을 통하여 나를 다시 투시해 보는 기회도 얻었습니다.

이 글들에서는 자연과 함께하면서 자연이 나에게 주는 말 없는 진솔한 의미나 보고 느낄 수 있는 감정 등을 느낌 그대로 표현하고 미처 알지 못하고 무심히 지나쳤던 현상들을 다시 불러내 글로 표현하려 했습니다. 일상을 살아가면서 매일, 매일 같은 일이 연속되는 것 같기도 하지만 전혀 같지 않은 시간이었습니다. 과거는 존재하나 현재는 느끼는 순간 과거로 묻히고 이 지나는 시간이 아쉬워도, 있었던 그대로 자취를 남기는 일이 의미가 있지 않을까 여기기도 합니다.

지금 손에 잡히는 오늘을 살면서 느끼는 모든 것은 누구와도 같지 않은 순전히 나만의 것이고 그 느낌을 기회 있을 때마다 글로 바꿔 표현해 본 결과물이기도 합니다. 가끔은 잊혀서 마음 저 밑바닥에 밀쳐놓았던 기억을 되짚어 끌어오기도 했고 도시 생활에서 좀처럼 여유롭게 볼 기회가 없었던 계절과 시간에 따라 시시각각 다른 모습으로 다가오는 수많은 모습의 구름을 불러오기도 하였습니다. 항상 마음에 간직한 고향, 마을 앞뜰에 펼쳐진 나락(벼)의 향연, 황금의 풍요 속에 내 마음까지도 풍성했던 기억을 불러낼 수 있는 것은 인간으로 태어난 내가 가진 무한한 기쁨이기도 합니다. 봄날, 흐드러지게 피어 있는 벚꽃 밑에서 어릴 때 느꼈던 벌들의 잔치, 윙윙거림을 찾지 못하는 아쉬움에 젖으면서도 떨어지는 꽃잎을 차마 밟지 못하고 돌아가면서 추억과 겹치지 않는 아쉬움에 젖는 순간을 맞기도 합니다.

내가 지금 이 자리에서 수필집의 여는 글을 쓰는 이 시간, 한 개체에게 주어진 뿌리를 생각해 보면서 지금 존재하게 해 준 부모님과 내 형제 · 자매들, 가장 가까이에서 나를 지탱해 준 아내, 그들이 지금도 마음 깊숙한 곳에 변함없이 튼튼한 뿌리로 버티고 있다는 것을 느끼고 있습니다. 그리고 한 세대를 건너는 외동 딸과 사위, 그리고 그들의 대를 이을 외손녀도 내 글에서 만나는 즐거움을 표현하고자 했습니다. 그냥 지나치면 스러져 버릴 것이나 삭막했던 공간에 푸르디푸른 나무 몇 그루가 있으면 한꺼번에 분위기가 풍성한 정원으로 변하듯 내 마음속에도 싱싱하고 푸른 나무 몇 그루를 옮겨 놓고 풍요로운 정원으로 만들고 싶은 바람을 글 속에 남겼습니다.

살아가고 있는 이 세상은 결코 나 혼자가 아니라는 생각을 나이 들어가면서 더욱 절절히 느끼고 있지만 나와 함께한 친구들, 그리고 이 사회속에서 삶을 같이 했던 동료들, 그들과 맺은 인연들도 새록새록 생각나 가끔은 마음속으로 불러와 정다운 얘기를 나누고 감사한 마음을 전하기도 합니다. 내 삶의 여정에서 이제는 차분히 정리하고 추슬러야 할 때가 온 것을 아는 나이가 되었습니다. 외형으로 남긴 것은 빈약하지만 내면에 간직하고 있는 생각을 자취로 남겨 정리해 놓는 것은 의미가 있지 않을까 하는 작디작은 바람으로 떠오르는 생각들을 모아보았습니다. 어찌 보면 얼핏 지나가 버릴 순간의 생각들을 붙잡아 글로 표현하는 것이긴 하지만 이런 시도가 얼마나 의미가 있을 것인가 하는, 조금은 망설여지는 순간이기도 합니다. 아무쪼록 정제되지 않은 생각들의 모음이라 여기고 스쳐 지나가는 내 삶의 여정에서 여기 저기 떨어진 편린들을 엮었다고 가볍게 여겨 주시기 바랍니다.

호숫가에 한가히 앉아 지는 해를 바라보며 윤슬의 아름다움을 즐기고 어둠이 깔리는 해거름에서 내가 지나온 과거를 되돌아보면서 남은 날에 조금 더 의미를 부여해 보고자 하는 상념에 젖어 드는 시간을 마련해 봅니다. 회광반조(廻光返照)라 나 자신의 내면을 깊이 들여다보는 시간을 갖고 싶습니다.

목차

일상을 살아가기

고향을 마음에 품다

같이, 함께

살면서 갖는 생각

자연과의 대화

달과 함께한 세월

달을 떠올리면 해와 다르게 따뜻하고 친근한 감정이 인다. 음양이론에서 태양은 양(陽)이요 달은 음(陰)으로 구분하는데 작열하는 뜨거움보다는 부드럽고 그윽하면서 온유한 달에 끌린다. 달에 관한 생각이야 대하는 사람마다 각각 다르겠지만 메마른 도시에서 촘촘한 건물 사이로 얼굴을 내미는 달은, 달이 갖는 정취를 전연 느낄 수 없다. 매일 접하는 해는 그러려니 하지만 달은 언제 떠서 언제 지고 보름인지 그믐인지를 살피는 사람은 별로 많지 않을 것 같다.

달을 감상하는 데는 역시 그득한 하늘이 마음껏 펼쳐져 있고 드넓은 들과 나무가 함께 어울린 시골에서 보는 달이어야 운치 있는 정다운 모습이다. 특히 초겨울 추수가 끝나고 서리가 내리기 시작하는 한밤중, 둥글게 홀로 떠 있는 달빛이 추수 끝난 짚에 내린 찬 서릿발에 부딪혀 반짝거리는 달빛을 맞을 때 어찌 황홀하지 않겠는가. 더욱이 부드럽고 포근한 밝음을 내품는 만월의 시기는 나도 모르게 가슴 가득함을 느끼며 나만 아는 비밀스러운 소원을 가만히 빌어 보기도 한다. 더욱 운치 있는 달의 모습은 방안에서 댓살 창문으로 들어와 가득 은은함을 안고 있을 때이다. 창호지 틈으로 스며든 달빛이 촛불에 녹아 흘러내리면 태고의 정적이 고인다.

해는 자기를 똑바로 보는 것을 절대로 허락하지 않으나 달은 자기 있는 모든 것을 모두 볼 수 있도록 항상 허용하고 그것을 바라는 듯한 모습이다. 햇빛은 직설적으로 자기를 표현하나 달빛은 직설보다는 은유이고 내놓는 것보다 수줍음으로 내면을 드러내지 않는 듯하다. 가만히 달을 감상하며 집중하다 보면 달빛은 눈으로 볼 수 있는 음률이 있고 달빛 가득한 들녘의 경치에서 높낮이 리듬을 느껴질 때가 있다.

시성으로 알려진 중국의 이백(이태백)은 평생 훌륭한 1,000여 수의 유명한 시를 남겼는데 그중 달을 노래한 것이 300여 편에 이른다고 한다. 가히 달의 시인이라 일컬을 수 있다. 천산에 밝은 달뜨니 구름바다 사이에 아득하구나(明月出天山, 蒼茫雲海間)라고 했는데 역시 달은 구름이 있어야 짝이 맞는다. 구름을 옆에 두고 구름에 달 가듯이 해야 제대로 운치를 느낄 수 있다. "달 달 무슨 달 쟁반같이 둥근달 남산위에 떴지"라는 동요에만 있는 달이 훌쩍 뛰어나와. 자라나는 어린이들의 가슴에도 안기면 좋겠다.

대보름에 이르면 먼저 만월을 보아야 그해 운수대통이라는 어른들 말씀에 달뜨기를 기다려 초가에 사다리를 기대 놓고 지붕 올라가 추위에 움츠리며 떠오르는 달을 보고 어린 마음에 빌었던 소원이 무엇이었던가 아물거린다. 이제 우주인에 의해서 달의 신비가 완전히 깨져버렸지만, 옛날에는 토끼가 떡방아 찧고 있으며(중국에서는 흰 토끼 약을 찧고 라고 한다) 같이 있는 계수나무를 노래에 담았다. 신비의 경지였고 감히 범할 수 없는 영역이었으나 신비가 깨어져 버린 것이 오래되었다. 그래도 옛 감흥으로 달은 내 마음속에 남아있으니 다행이다.

천자문 두 번 째 행에 일월영측(日月盈昃)이 나온다. 해와 달은 차고 기운다. 달은 한 달에 한 번 꽉 찼다가 완전히 비워버려 흔적을 남기지 않는다. 예로부터 달도 차면 기우나니 성할 때 조심하라는 경구로 쓰였다. 여기에 이어서 성자필쇠(盛者必衰)라, 한창 좋을 때가 있으면 쇠잔해지는 것이 이 우주의 진리이고 이 진리는 인간에게도 정확히 적용되고 있다.

기원전 세계를 지배한 번성했던 이집트나 로마, 그들의 문화와 문명이 이제 자취만 남겨 후손들이 관광으로 먹고살게 하고 있으며 찬란한 흔적이 남아있는 마야와 잉카문명은 돌로 된 흔적의 존재만으로 번성했음을 알게 되나 그 쇠잔한 모습마저도 그들의 후손을 통하여 겨우 느낄 뿐이다.

달은 한 달 내내 제 모습을 계속 바꿈으로써 차고 빔에 대하여 우리에게 무언의 교훈을 계속 주고 있는데 오늘도 이익에 취한 군상은 한때 거품 같은 권력과 재물을 탐하며 앞으로 올 쇠(衰)함을 보지 못하는 것에 안타까운 마음이 든다.

하루살이에게는 내일을 말할 수 없다. 그 내일은 결코 자기에게는 오지 않기 때문이다. 영겁의 우주에서 찰나의 시간을 사는 인간들이라 하더라도 내일을 얘기하는 것은 의미가 있을는지 모르나 내일을 맞을 나에게는 이를 준비하고 오는 시간을 맞을 준비 해야겠다. 오늘 달이 만월이다.

가을이 떠나가는 소리

가을이 내 곁으로 슬그머니 알지 못하는 사이 다가와 조금 노닐더니 갈 채비를 하는 눈치다. 아쉽다. 이 나라에 찾아오는 계절마다 서로 다른 느낌이 들지만, 가을은 유독 사람들에게 감상적인 감정을 불러일으킨다. 여름 불볕 같은 태양의 열기는 한풀 가시고 그의 곁으로 다가가고 싶은 마음이 들도록 햇볕이 따사로워진다. 선뜻선뜻 부는 가을바람은 물 먹은 여름의 축축한 느낌과는 확연히 다른, 다시 맞고 싶은 상쾌함을 안긴다. 한창 알찬 열매를 창조하고 있는 벼 이삭을 쓰다듬으며 내가 떠나야 하니 어서 속 알을 채우라고 독촉하고 과수원 사과 알을 하나하나 어루만져 색을 내주고 속을 채워 제 꼴을 갖추게 도와주고 있다.

가을은 소리 없는 하늘의 울림이 가슴으로 읽히는 계절이다. 가을은 올 때 미적대지 않는다. 어느 날 하루, 아침에 일어나 이마에 와 닿는 바람이 계절이 바뀌었음을 선듯하게 알려준다. 겨울이 끝나고 찾아오는 봄과는 크게 다른 바뀜의 모습이다. 그렇다. 봄은 올 듯 말 듯 찬바람을 뒤에 끌고 망설이면서 애를 태우나 가을이 오는 소리는 눈과 귀, 그리고 온몸으로 한꺼번에 느낌으로 다르게 다가선다. 어느 날 우렁차게 여름 한낮의 열기를 노래했던 매미나 쓰르라미의 귀에 익은 음률이 멎으면 여름이 끝났음을 알리고 이어서 가을의 소리, 귀뚜라미와 여치가 이어서 자기 소리로 귓전의 영역을 차지한다. 봄은 여성의 계절이고 가을은 남자에게 제철이라는 속뜻을 조금은 이해할 것 같다.

새로운 생명체를 만들어 후손을 이어갈 생명의 후계를 마련하는 계절은 봄이고 여성에 어울린다. 반면에, 결실을 거두어 이 산물로 자손을 보살피고 살찌우게 키우는 역할은 남자의 몫이 아닌가 하는 생각을 해본다. 그래서 계절의 특성에 맞게 여성은 봄을 타고 남자는 가을에 추운 겨울을 준비하기 위해서 옷을 여미느라 감정의 기복이 심한가 보다. 가을의 소리는 자연의 울림으로 들리지만 많은 사람의 마음속에서도 공명현상으로 느끼는 것이라 여긴다. 계절의 변화를 느끼기 어려운 도시의 소음은 계절의 소리없는 소리를 없애버린다. 자연의 변화를 느끼기보다 인위적인 환경의 변화에 더 익숙한 도시인의 감정은 무디어져 가슴 속 감정의 우물을 들여다볼 여유를 잃어버린 지 오래다.

가을은 밝은 보름달을 있는 그대로 품어 안을 수 있으며 달빛을 조심스럽게 밟아 볼 수 있는 여유로움의 공간으로 시골이 제격이다. 소슬바람을 맞는 정취는 나 홀로, 조용하면서도 소음 없는 한적한 대자연 속이 제격이다. 풀숲에 맺힌 아침이슬이 바짓가랑이에 묻어나는 찬 경험을 해봐야 오는 가을을 제대로 느끼는 것이다. 가을은 구름에 가린 햇볕을 조용히 기다리면서 따뜻함을 기대하는 여유를 보이는 계절이다. 말리려 널어놓은 볏가리 한쪽에 자리하고 해바라기를 하며 시간을 잡아보는 연습을 하는 계절이기도 하다. 다시 구름에 가린다 해도 또다시 햇살이 비치리라는 기대와 바람을 여유롭게 즐긴다. 이제 가을이 다음 계절로 자리를 넘기려 고개를 넘어가는 숨찬 소리를 내는 것도 가을이 아니면 볼 수 없는 또 다른 정취다. 이제와 오늘이 다르고, 달라지는 내일을 다시 기약하는 가을의 정취에서 이 계절이 흐르는 소리를 듣는 것은 내 마음의 여유에서만 느낄 수 있다. 여기에 가을의 향기, 국화의 청순하고 소박한 자태와 오묘한 향기가 겹치면 더욱 지나는, 소리 없는 가을의 소리를 즐길 수 있다.

계절의 소리는 각기 다르다. 봄은 사뿐사뿐 오고 여름은 투박하면서 요란하고 진하다. 가을은 바람을 닮아 가볍고 경쾌하면서 가슴에 파고드는 아쉬움의 소리로 답한다. 겨울은 가다가 멈춤의 정적을 준다. 가을의 소리는 자연에서만 느낄 수 있으나 이 울림은 마음속으로 잔잔히 전달된다. 자연은 풍요로우나 마음은 쓸쓸함으로 무언가 채워지기를 기다리는 계절이 가을이다. 가없는 자연 속에 먼지보다도 작은 부분을 차지하고 있지만, 이들이 하나 되어 같이 공감하는 순간은 결코 잊을 수 없다. 크고 탐스러웠던 오동잎이 뚝 떨어지는 소리, 댓잎이 서로에게 사각거리면서 나누는 대화, 어느 것 하나 가을 소리에서 빼놓을 수 없다. 그리고 그 푸르렀던 가로수 잎이 길바닥에 떨어져 바람에 날리는 스산한 소리, 이들 가을의 소리를 조용히 가슴에 담는 요즈음이다.

흙과 생명체

아스팔트와 시멘트로 길과 건물을 온통 도배한, 삭막하고 온기 없는 도시에서 사는 사람을 제외하고 그 수는 꽤 줄었지만, 시골에서 생활하는 사람은 아침 눈 뜨고부터 흙을 접하면서 산다. 흙벽으로 둘러진 방에서 나와 토방을 딛고 나서면 흙 마당이고, 한 걸음 뗄 때마다 흙을 밟지 않은 수는 없다. 대부분의 우리생활은 흙과 접하면서 살았고 마지막은 흙으로 돌아간다. 흙은 이 세상 모든 생명체를 창조한 어머니다. 탄생의 근원은 모두 흙으로 향하기 때문이다.

우리는 보통 흙에서 와서 흙으로 돌아간다고 한다. 그렇다. 삶의 여정은 흙이 만들어 주어 독립시켰던 개체를 다시 그의 품에 안아 원래의 자리, 흙 속으로 받아들이는 과정이다. 흙이 품어 안아 시간을 들여 만든 모든 생명체에게 어머니인 흙은 아무 보상을 바라지 않는다. 흙에 뿌리를 내어 어머니의 젖인 양 진기를 뽑아 열매 맺은 곡식들은 한동안 보살폈던 인간의 먹이가 되나 흙이 언제 내가 그들을 만들어 주었으니 그 은혜를 갚으라고 재촉하는 경우를 보았는가? 농촌에서 어린 시절을 보낸 경우 매일 흙과 대화를 나눈다. 이른 봄 대지가 따뜻해지기 시작하면 흙에서 뭉글게 올라오는 친숙한 입김을 온몸으로 느끼며, 시간이 되면 논과 밭에 나가 일하는 어른들의 뒤에서 흙과 나누는 친숙한 대화를 듣는다. 논갈이

하는 삼촌의 쟁기에서 위로 올라오는 찰진 흙에서 그 매끄러운 모습은 그 자체가 아름다운 순간 작품이며 흙의 무한한 변신이다. 논갈이한 흙두렁은 다음을 받아들일 흙만이 가진 한없는 너그러움의 표시이다. 어떻게 요구하든 자기를 모두 내주어 상대의 필요에 부응해준다.

모 심으러 논에 첫 발을 들이밀 때 흙이 주는 미끄러지듯 한 그 부드러움과 매끄러운 촉감은 아직도 내 발과 종아리에 남아있다. 가을 철 벼 베고 나서 보리씨 뿌리고 흙덩이를 부수어 덮는 과정은 흙과의 긴밀한 대화를 나누는 순간이다. 여름 내내 키워주었던 벼를 내주고 다시 다음 곡식의 씨를 안아 키움의 보살핌을 준비하는 과정이기 때문이다. 흙은 어느 한순간도 쉼이 없다. 햇볕을 흠뻑 받아들이는 시간이 있는가 하면 어느 날 시원스레 쏟아지는 비를 받아들여 목마름을 해결하고 다음 찾아온 생명체에 줄 생명수를 갈무리한다.

밭은 어떤가? 씨 뿌리는 대로 받아서 밀이나 콩을 키워내고 조금의 쉼의 여유도 없이 메밀을 받아들여 넓은 가을 들판에 철 이른 흰 눈밭을 만들도록 온 정성을 다한다. 가을걷이가 다 끝나고 난 텅 빈 논밭은 다음 계절을 위하여 준비하는 시간이다. 빔을 텅 빔으로만 여겨지지 않는 그 기간이 대지의 겨울이다. 한시도 허투로 시간을 보내지 않으면서 있음의 본뜻을 간직하고 있다. 겨울 빈터에는 외롭지 않게 여리고 파릇한 독세기 풀이 같이 있어 대화의 상대가 되고 땅속깊이에 자리를 마련한 우렁이는 몸집을 불리고 있다. 가을까지 여기저기 돌아다니며 부지런히 먹이를 채워 몸집을 불린 미꾸라지는 겨울잠을 자기위해 논 밑에 아늑한 제 집을 마련하였다. 이들이 있어 흙은 결코 외롭지 않다.

더욱 태양은 매일 제 시간에 흙과 천년의 대화를 나누고 바람은 때때로 찾아와 어제와 같은 손길로 어루만져준다. 시절에 맞게 눈이 쌓이면 그런 대로 제 모습을 안으로 감추고 흰 빛의 눈을 더 돋보이게 한다. 흙은 한 뼘의 빈터를 그대로 놓아두지 않는다. 나무와 풀을 초청하여 알뜰히 키우고 있으며 물길을 만들어 흘러가게 하면서 생명력을 북돋아 주고 있다.

한구석 빈 땅에 정성들여 심어 놓은 장미 한 송이가 건물 틈에서 아름다운 꽃을 피우고 진한 향을 뿜어내게 만드는 것은 빈 터를 메우고 있는 흙이 이루어 내는 신비요 불가사의한 기적이다. 흙은 이 세상에 존재하는 모든 생명체를 창조한다. 그리고 무한히 변신을 하도록 도와준다. 흙이 갖고 있는 모든 것을 내어 주어 새로움을 만들고 전연 서로 다름을 선사한다. 자기가 갖고 있는 것 전부를 아낌없이 주고 보상을 바라지 않는 그 품성은 욕심에 본심을 잃는 인간들의 삶에 큰 교훈을 주고 있다. 줌은 준다는 것 자체를 인식하지 못 할 때 참이 있다. 오른손이 한 것을 왼손이 모르게 하라고 하는데 내 어찌 그런 경지에 이를 것인가. 말과 생각은 옳은 방향으로 가는데 행동은 그렇게 되지 않으니. 어머니의 품성을 닮은 흙이 만들어준 내 마음과 몸뚱이는 언제나 흙의 심성을 닮아갈 것인지, 삶의 석양에 이르러 초조한 마음이 인다.

대나무를 좋아하는 이유

한겨울 흰 눈을 머리에 이고 있는 모습하며 바람을 맞아 사각거리는 천년의 소리를 내는 대나무가 좋다. 유독 대나무에 애착이 가는 또 다른 이유는 곧고 사계절 푸름을 간직하면서 청량한 모습이 좋기 때문이다. 더 넓게 보면 우리와 함께 사는 이 지구의 모든 동식물들을 자세히 보면 볼수록 모양과 생존방법이 신비롭고 경이롭다. 특히 움직이지 못하고 한곳에 붙박이로 살면서 우리 언어로 의사소통이 되지 못하는 식물은, 그 겉모습이나 성장하는 특성을 보면서 자연의 이치를 이해하려 넘보기에는 한계가 있다는 것을 절감한다. 사람마다 자연에 존재하는 생물에 대한 감정이 다르겠지만 내 개인적인 생각은 동물보다는 식물을 더 좋아한다. 매일매일 눈에 띄지 않게 변화가 있고 계절 따라 자태를 바꾸면서 무언의 감정이 전달되기 때문이다.

어릴 적 소박한 꿈이 대나무를 뒤뜰에 두고 그 앞에 자그마한 창문이 있고 봄볕을 맞을 수 있는 마루가 있는 아늑한 집에서 매일 대나무를 접하면서 그들의 소리를 듣고 싶었다. 아직 이 나이까지 그 꿈을 이루지는 못했지만 내 머릿속에 그려진 모습을 즐기면서 살고 있다. 언젠가 이루어 지리라는 기대를 마음속에 품는 것도 나쁘지 않다.

대나무는 외떡잎식물로 분류상으로는 벼과로 알려진 화본과에 속하는 여러해살이 식물이다. 세계적으로 120속, 1,250종이 분포하며 우리나라에는 19종이 알려져 있는데 추위에 약하여 서울에서는 한정된 지역에서만 자라는 것을 볼 수 있다. 대나무는 남한 전역에서 자라고 있지만 잘 알려진 곳은 담양의 죽녹원과 이율곡선생의 역사가 얽혀있는 오죽헌이다. 오죽헌은 그 말대로 오죽이 자라고 있기 때문이며 더 깊은 뜻은 신사임당과 우리가 존경하는 이율곡선생의 자취가 남아있기 때문이다. 그러나 대숲의 규모와 대와 관련된 행사로 전국적으로 알려진 곳은 담양이 아닐까 한다. 왕대가 군락을 이루어 촘촘히 자라고 그 진한 초록의 잎사귀와 곧은 대나무 모습을 보려면 아마도 죽녹원이 좋을 것 같다. 담양에서는 연례행사로 대나무 공예품 박람회가 열려 대나무로 다양한 생활집기와 예술품을 만들 수 있다는 것을 세세히 보여주고 있다. 플라스틱이 우리 생활집기를 모두 대체해버리기 전에는 대밭은 금밭이라고 하여 소득을 올리는 좋은 수단이었다. 우리 가정에서 필요한 바구니, 집기, 벼를 저장하는 저장고 등 어느 것 하나 대나무로 만들지 못하는 것이 없었다.

여름 더위를 피하려 사용했던 죽부인은 남자의 좋은 짝이었고 대나무로 만든 돗자리에 누우면 더위는 일거에 물러간다. 대나무 토시는 운치가 있는 남자의 소품이었다. 더욱 예술적 가치를 뽐내는 것은 다양한 모양의 부채를 빼놓을 수 없다. 부채살은 당연히 대나무를 쪼개서 만들고 대살에 붙인 한지에 그림과 글이 들어가면 일생 간직하고 싶은 명품으로 탄생한다. 부채의 살을 플라스틱으로 대체 할 수는 없을 것이다.

나에게는 아련한 추억이 있다. 매년 대보름 저녁에는 마당 한가운데 모닥불을 피우고 거기에 생대나무를 넣어 툭 튀는 폭죽 소리가 나게 한다. 대의 마디 안에 들어있는 공기가 뜨거운 열기를 받아 폭발하면서 내는 소리이다. 이 큰소리에 놀라 집 안에 있는 잡귀가 혼비백산 물러간다고 여겼다. 그런데 우리 집에는 대나무가 없으니 어쩌나 …

나와 내 밑 동생은 건너편 산 밑 동네로 원정을 나가 대나무 사냥을 해오곤 했다. 잘들 알고 있는 이웃 동네이니 낮에 부탁해도 되련만 어찌해서 밤중에 대나무 서리를 해서 살금살금 두세 그루를 베어 가져왔는지 … 지금도 아슬아슬한 마음이 전해온다. 여하튼 이렇게 준비된 대나무가 활활 타는 모닥불에서 큰소리로 터지는 소리를 들으면 가슴이 툭 터지는 기분이 든다. 계속해서 대나무가 내는 폭죽 소리를 즐기며 휘영청 밝은 보름달과 함께 저녁을 지낸 기억이 지금도 머릿속 깊은 곳에 생생히 남아 새롭게 옛 광경을 불러온다.

내가 대나무를 좋아하는 이유를 덧붙이자면, 봄에 돋아나는 굵은 죽순을 자세히 보면 탐스러우면서도 생기가 넘치고 쑥쑥 크는 모습이 눈에 보인다. 대나무는 일년에 자기키가 다 자라는 식물이다. 그리고 죽순에서 한번 정해진 굵기도 변함이 없다. 일년생은 진초록으로 다른 앞선 형들과는 다르나 나이를 먹어가면서 색이 변하여 흰색을 더해간다. 모습만 보아도 몇 년이 되었구나 하고 짐작이 간다. 더욱 마음에 드는 것은 외형의 굵기는 그대로이되 속살이 계속 차올라 강도가 더해간다. 외형이 아니라 내실을 중하게 여기는 식물이다. 인간들도 대나무를 닮아 외형이 아니라 내실을 중히 여기고 그 힘으로 내면이 더욱 더 강해져야 한다는 교훈을 주고 있는 듯 하다.

오동나무의 쓰임새

농촌마을 어디에 가도 동네 집 안 이곳저곳에 몇 그루씩 오동나무가 자라고 있다. 그만큼 우리 주위에서 쉽게 볼 수 있는 친근한 나무이다. 큰 잎사귀가 특징적으로 눈에 들어오고 가까이 코를 대보면 독특한 냄새가 난다. 그리고 봄이 한참 지난 때 꽃이 피는데 자주색에 끝 부분은 황색으로, 잎이 없으니 꽃만이 돋보이며 자라는 속도가 매우 빠르다. 10여년 자라면 제법 큰 나무로서 자태를 갖추고 여름에는 시원한 그늘을 만들어 준다. 더욱 고마운 것은 해충이 싫어하는 특수한 물질을 뿜어내어 모기 등 날벌레의 접근을 막아 여름밤에도 해충의 공격을 피할 수 있다. 또한 여기저기 험한데 나타나는 구더기들도 오동잎을 만나면 맥을 못 춘다.

빨리 자라는 특성으로 목질은 단단하지 못하고 무르며 가볍고 방습, 방충효과가 있다. 이 특성을 이용하여 옛날부터 딸을 낳으면 오동나무 한그루를 심는다고 한다. 오동나무가 신혼살림용 장롱을 만들 때 유용하게 쓰이기 때문이다. 장롱의 외부는 무늬가 좋은 느티나무 등 단단한 나무를 쓰나 서랍과 내부자재는 모두 가볍고 부드러운 오동나무 재료를 쓴다.

오동나무는 거문고 등 악기의 울림통으로 사용하며 사람이 마지막 갈 때 함께 가는 관도 오동나무를 최고급으로 쳤다. 땅속에서 쉽게 썩고 다른 벌레와 뱀의 침범을 막을 수 있기 때문이다. 또한 고급한약재의 포장용기로도 쓴다. 오동나무는 다른 단단한 나무와는 다르게 가구를 만들거나 방안 집기를 만들어 놓았을 때 뒤틀리거나 갈라지지 않고 원형을 그대로 유지하는 특성으로 사랑을 받고 있다. 단단한 참나무는 버팀목이나 말뚝 등으로 제격이고 우리나라 산에 가장 많이 심어져있는 소나무는 집지을 때 기둥이나 서까래에 유용하게 쓰인다. 참나무와 소나무는 그 상태로는 단단하나 가구로 만들어 오래 지나면 뒤틀리고 갈라져 볼품이 없어지고 너무 무겁다. 절이나 궁궐의 기둥이나 대들보는 금강송 같은 특수한 재목을 사용하였고 좀벌레를 막기 위해 소금이나 다른 벌레 기피제를 같이 넣어두기도 하였다. 오동나무의 껍질은 동피(桐皮)라고 하여 약재로 사용하였다.

오동나무의 정취는 늦은 가을이다. 휘영청 밝은 달빛아래 오동나무를 보고 있으면 그 넓은 잎에 달빛이 내려앉으면 그 무게를 이기지 못하여 뚝 소리를 내며 떨어진다. 그 소리가 또한 일품이다. 수북이 쌓인 오동나무의 낙엽은 또 다른 정취를 불러일으킨다. 색깔이 달라지는 다른 나무 잎사귀와는 다르게 본 모습을 거의 그대로 간직하고 있으며 모양도 찌그러짐이 없다. 겨울에도 벌거벗은 모습으로 다음 오는 한해를 기다리는 모습이 당당하다. 매번 출근길에 길가에서 자라고 있는 키 낮은 오동나무의 모습을 보면서 어릴 때 뒤뜰에서 자랐던 아름드리 오동나무의 추억을 끌어올려 한동안 마음을 나눈다.

오동나무는 그 특성에 따라 용도가 정해지고 그 쓰임새에 맞게 사용되고 있으며 지금도 용도에 맞게 목재로 사용되고 있다. 우리 사람도 이들 나무와 비슷하지 않을까 생각해본다. 대들보로 사용할 수도 있는 사람이 있고 작은 서까래, 혹은 기둥으로 쓰임새가 정해질 수도 있다. 그러나 이런 용도가 아니면 가구의 소재로 쓰이거나 목판으로 하여 좋은 글을 후세에 남겨주기도 한다.

집을 지을 때 오동나무를 기둥으로 사용하거나 버팀목으로 사용한다면 약하여 오래가지도 못할 뿐 아니라 주어진 역할을 다하지 못한다. 이들 나무의 용도와 같이 우리 교육도 개개인의 타고난 품성과 자질을 판단하여 그 용도를 찾아주는 과정이 아닐까 생각한다. 개개인의 타고난 자질에 맞게 성장하도록 도와주고 더욱 북돋아 사회의 일원으로 훌륭히 커가도록 바르게 이끄는 것이 교육이다. 본래 타고 난 자질을 무시하고 모두가 큰 기둥이나 대들보로 만들어야 직성이 풀리는 우리 교육현상에서, 나무의 용도와 같이 자라나는 우리 젊은이들이 이 사회에서 자기에 맞는 용도를 찾고 특성을 다듬어 즐겁고 유익한 일생을 살도록 북돋아주는 것이 부모와 기성세대의 역할이라 생각한다.

오동나무는 오동나무의 특성에 맞게 사용되어야 하고, 소나무는 소나무가 갖고 있는 성질과 모양에 따라 기둥이나 대들보로 쓰여야한다. 오동나무를 대들보로 만들려 헛된 노력을 하지는 말아야겠다. 각자 타고난 품성을 진작시켜 자기만의 존재로 보람을 찾도록 했으면 한다.

매미야 반갑다

한여름 정자나무 아래에 돗자리를 깔고 목침에 머리를 맡기고 편안히 누워 듣는 매미 소리는 하늘에서 울려 퍼지는 천상의 음악 소리가 이렇겠지 않겠나 하는 엉뚱한 생각을 하게 한다. 매미소리는 한 여름철만 잠시 들을 수 있는 자연의 소리요, 그 소리의 주인공인 매미는 여름과 함께 왔다가 계절이 바뀌면서 그 짧은 생을 마감한다. 매미는 종류가 다른 녀석들이 어울려 합창을 하는데 그 울음이 기막힌 조화를 이룬다. 맴맴맴 하는가 하면 찌르르 소리를 연속으로 내는 종류도 있다. 가끔은 까치 등 저보다 큰 날짐승에게 수난을 당하는 예도 있지만 한 계절을 노래하며 지내다가 생을 마치고 땅에 떨어진 마지막 흔적을 보이기도 한다. 이 자취를 보면서 일 년 중 한 계절이 지나고 있다는 것을 알아차리게 해준다.

매미 소리는 자기 짝을 찾아 번식하려는 본능의 표출이나 듣는 우리에게는 자연의 곡조를 갖춘 음악으로 들리지만 자기들에게는 오랜 기다림 끝에 맞는 놓칠 수 없는 짝짓기 행사, 축제임은 분명하다. 우리에게는 여름의 정취로 빼놓을 수 없는 정경이긴 하지만 매미의 인생은 우리가 아직 알지 못하는 많은 시련을 안고 있다고 한다. 땅속에 오래 애벌레로 머물다(최장 17년까지) 밖으로 나오면 약충(번데기시기를 거치지 않는 불완전 변태)에서 날개가 나오는 우화 과정을 거쳐 성충, 매미가 된다.

나는 7월에 들어서면 집 근처를 다니면서 어째 매미 소리가 안 들리나 궁금하고 이상하게 생각하면서 그 귀에 익은 소리를 기다린다. 해에 따라서 조금씩 다르지만 7월 말, 8월 초에는 어김없이 매미가 그 울음소리로 자기 존재를 크게 알린다. 올해는 기다리던 울음소리가 조금 늦었다. 읽어본 정보에 의하면 매미는 체온이 15℃를 넘어야 소리를 낸다고 한다. 즉 외기온도가 제 마음에 들어야 짝을 찾기 위한 활동을 한다는 얘기다. 아마도 이 때 수태가 가장 잘 된다는 것을 알고 있는 것이리라.

나무 위에서 피 토하는 외침의 기간도 겨우 10여 일에 불과하니 땅속에서 지낸 그 긴긴 세월 인고의 기다림에 비하면 너무 짧은 수명을 타고났다는 아쉬움이 있으나 어쩌랴 그것이 자연의 법칙이고 그 누구도 여기에 이의를 달 수 없으니. 우화하고 남은 껍데기는 자기가 살았던 나무를 타고 오는 중간에 남겨 놓는데 허물 모습도 독특하다. 발과 겉눈도 다 갖추었는데 매미 성체를 위해서는 이 과정을 거쳐야 한다니 이 또한 신비의 영역에 남겨 놓아야겠다.

여름철 짧은 시간동안 왔다가 다음 이어질 자기 후손을 남기고 미련 없이 떠나는 매미에게 허무하다고 말하는 것은 도리어 예에 맞지 않을 것 같다. 자연의 순리에 따르고 그 법칙에 한 치도 어긋남 없이 순환되고 있으니. 이런 현상을 보면서 우리 인간 세상을 비교해 본다. 한낱 곤충과 삶을 비교할 수는 없지만, 생명을 타고 나서 마무리하는 과정은 같다고 여겨진다. 매미의 생활환에 비하여 길어야 100년을 이 지구에서 살아가는 인간은 자연이 주어진 몫을 제대로 하고 가는가를 자신에게 물어보는 기회를 가졌으면 한다.

우화한 매미가 바라는 것은 다음 세대를 잇는 노력이고 10여 일만 내 소리를 내고 사라지는 삶에서 소리라는 음성으로 우리 기억 속에 흔적만을 남기고 빈껍데기만 뒤에 두고 생을 마감한다. 소리를 내는 기간 동안 겨우 나무 즙액을 빨아 먹고 그 큰 소리를 내는 에너지를 받으니 그것도 또한 신비롭다. 우리 주위에는 매미를 포함하여 알게 모르게 나타났다가 사라지는 생명체들이 한둘이 아니다.

여름 그렇게 귀찮게 하면서 질병까지 옮기는 모기도 자기 종족을 이 지구상에 계속 유지하기 위하여 사람에게 죽임을 당할 줄 알면서 피를 뽑아먹고(물론 암컷만 산란을 위하여 동물 피가 필요하다) 다음 세대를 이어주는, 죽음을 무릅쓴 노력을 하고 있다. 지구에 같이 사는 모든 동식물이 한 가족이라는 생각을 몇몇 선지자에게서 받은 깨달음으로 어렴풋이 알고 나서야 매미의 일생을 마음속으로 생각해 보면서 다시 내 삶을 뒤돌아보는 계기가 된다.

하긴 나는 사계절 매미 소리를 듣고 산다. 잘 때와 몰입해서 일 할 때를 빼고 왼쪽 귀에서 낮익은 참매미 소리를 듣는다. 생을 마감할 때까지 같이 가야 할 이명증이다. 내가 안고 있는 이명증은 내가 생각을 집중하도록 유도하는 매체라고 여겨 고맙게 생각하면서 이제 함께하는 경지까지 이르렀다.

산 벚꽃의 정취

사계절 중 꽃이 피지 않으면 어찌 봄이라 말할 수 있으랴. 앞서거니 뒤서거니 순서를 다투며 피는 봄소식의 전령사, 개나리, 벚꽃, 철쭉, 영산홍이 조금씩 시간의 뜸을 들이면서 때맞춰 대지를 환하게 밝힌다. 색채의 향연에 눈이 부시다. 이들 중 그득한 꽃무리를 이루는 벚꽃은 그 자태로 보아 봄 꽃 중 맨 앞으로 세워야 할 것 같다. 절정에 이른 흰색, 분홍의 꽃 잔치는 가히 절정기 봄을 향하여 계절이 바뀜을 확실히 알려준다. 땅에 떨어진 이른 낙화를 밟지 않으려 발 조심 한다. 물론 벚나무 아래에도 작고 앙증맞은 보라색 별꽃들도 무리지어 피어있어 대지 위아래로 조화를 이룬다. 대자연의 오묘한 꽃의 향연을 지금 이 순간에 보고 즐길 수 있다는 것에 가슴으로 전달되는 행복감에 젖는다. 아직도 싱싱함이 남아있는 벚꽃 잎이 떨어지고 나면 이어서 연둣빛 여린 잎이 꽃받침의 뒷자리를 차지하여, 지는 꽃과는 또 다른 감흥을 준다.

평지의 벚꽃이 끝마무리 할 때쯤 앞산, 뒷산에 앙상한 가시만 남은 단조로운 숲속 여기저기 흰색의 반점으로 피어나는 산 벚꽃은 또 다른 봄의 기운을 느끼게 한다. 멀리 산 중턱에 있으니 가까이 다가갈 수는 없지만 먼발치에서 보이는 산 벚꽃은 한철 쉬고 있는 겨울나무 숲에서 드디어 내가 있다는 것을 알리는 첨병으로서 역할을 다한다. 평지 벚나무와는 다른 모습이고 열매인 버찌도 그리 크지 않고 작다. 그러나 큰 산 중간 중간에 드문드문 박혀있는 흰 꽃무리를 보고 있으면 대자연의 아름다운 모자이크를 감상하는 기분이 든다. 다른 활엽수는 아직 눈도 트지 않았는데 꽃을 먼저 피우고 봄을 맞으면서 같이 생활하고 있는 나무들에게 겨울 긴 잠에서 깨어날 때가 되었다고 귀띔해주고 있나보다. 다른 나무들이 거무튀튀한 겨울옷을 아직 입고 있으니 산 벚꽃의 색깔과 그 모습이 훨씬 두드러진다.

이때쯤이면 이제 모든 나무들이 땅으로부터 물기를 빨아들여 새싹을 밀어 올릴 준비를 하고 있지만 우리 눈에는 아직 아무런 기미를 느끼지 못한다. 하긴 이때 고로쇠나무의 수액을 받는 작업으로 바쁜 사람들도 있는데 우리 눈에는 나무 속 물기의 흐름이 보이지 않으니 그냥 쉼의 연속이라고 여기게 된다.

큰 나무 무리에서 산벚나무는 같은 모습이 아닌 두드러진 색깔과 자태가 사람의 눈길을 끄는데는 제격이다. 산 중턱 여기저기 자리 잡은 산벚이 돋보이는 것은 4월 중순, 바로 이때이다. 이 시기를 지나면 모든 나무가 초록 잎으로 뒤덮여 그 존재는 연두와 초록의 물결에 덮인다. 이때가 되면 산벚나무는 잎이 큰 떡갈나무나 키 큰 참나무 등에 묻혀 어디에 있는지 조차 분간하기 어렵다. 다른 나무가 미처 잎을 피어내기도 전에 꽃망울을 터뜨려 자기 존재를 확실히 알리는 벚나무의 차별화는 우리 인간의 삶에서도 한 생활방법으로 배워야 하지 않을까 여겨진다. 모두가 고만고만한 조건에서는 자기를 나타내기가 무척 어렵다. 무엇인가 다름이 있어야 눈에 띄고 존재한다는 것을 알릴 수 있다. 돋보이고 두드러지길 원하지 않는 사람들도 많지만 나를 부각시키고 내 능력을 드러낼 기회를 만들려 노력하는 사람들도 있으니 말이다.

우리 교육도 비슷하지 않을까 생각해본다. 각자 타고난 특성을 살려 다름을 내보이고 그 속에서 자기의 존재감을 높이는 것은 결코 나쁜 의도가 아니다. 산벚꽃처럼 다른 나무들의 활동이 멈춰있을 때 자기가 먼저 꽃을 피우고 활동을 개시하면 차별화가 가능하고 존재감을 부각시킬 수 있지 않을까 여겨진다.

자연의 섭리는 어느 것 하나라도 모두가 똑같지 않게 만들었다. 우리의 유전자도 70억 인구 중 어느 누구와도 같지 않으며 손에 있는 지문도 몇 억 분의 일의 확률로 같을 수 있다니 모두가 다르다고 치부해도 될 것 같다. 식물이나 동물이든 어느 개체 하나라도 다른 대상과 꼭 같을 수 없게 조물주가 만들었나 보다. 한판에 찍어낸 것이 아니라 각자의 특성을 최대한 살려 개성을 돋보이게 하고 있다. 떨어지고 있는 벚꽃 잎사귀도 하나하나를 자세히 관찰하면 어느 것 하나 가까이 있는 꽃잎과 같은 것이 없다. 모양은 물론이고 독특한 색깔까지도…, 참으로 오묘한 자연의 섭리요 신비의 극치이다. 그런 속에서도 차이를 두드러지게 만드는 노력을 하고 있으니. 산벚은 보통 벚꽃 피는 시기를 조금 지나 산속 조용한 속에서 다른 나무들이 쉬고 있을 때 자기의 존재를 알리고 있다. 그것도 우리가 접근하기 어려운 산 중턱에서.

오늘도 자동차로 한가한 산길을 지나면서 먼 산에서 독특한 흰 꽃으로 자기를 알리고 있는 산벚에 먼 눈길로 인사하면서 기약하기 쉽지 않지만 내년 다시 만나기를 기대해본다.

아파트 안 화분과의 대화

시멘트로 사방을 두른 성냥갑 같은 단조로운 아파트 안에 나름대로 생기를 불어넣기 위해 작은 공간, 베란다에 여러 종류의 화분을 들여놓았다. 오래되다 보니 종류가 꽤 많아졌다. 잠깐 꽃을 피웠다 사라지는 화초는 이별해야 하는 서운함과 뒷마무리가 짐이 되나, 오랜 친구가 된 신비의 향을 내는 동양란과 행운목 등 관목들과는 제법 오랫동안 같이 생활하고 있다. 특히 소철은 어린 것을 심어 놓았는데 수십 년이 지나 제법 굵어졌고 매년 옛 잎사귀 흔적을 뒤로 하고 여린 연두색 새싹을 틔우면서 제 몸집을 키우고 있다. 추위가 물러가면 한갓진 바깥 복도 구석에 내놓고 마음을 주면 어린잎을 내고 점점 굳어져 가을쯤은 내 손의 접근을 거부한다. 군자란은 어떤가. 잘도 자라 친척에게 분양해주고도 원뿌리에서는 매년 나팔을 닮은 주황색 꽃을 피운다. 꽃은 거의 두 달 동안 집안을 환한 분위기로 바꿔준다.

이들 중 가장 정이 많이 든것은 다른 녀석들이 질투할런지는 모르지만, 바로 행운목이다. 나무토막에 겨우 싹이 두 개 붙은 상태에서 집안에 들여 물이 있는 화병에 꽂아놓았더니 가는 뿌리를 내리고 잎이 쑥쑥 자란다. 물만 가끔 갈아줄 뿐인데 활기차게 진한 녹색의 잎을 뻗어내면서 아마도 2~3년을 그 화병에서 지냈지싶다. 뿌리가 화병을 가득 채우고 잎도 스스로 가누기가 어려운 상태가 되자 제 집을 마련해 주어야겠다는 생각에 좀 큰 화분을 사서 분토를 넣고 정성스레 이사를 시켰다. 화분에서 흙 맛을 알더니 그 줄기가 무럭무럭 자라는 것이 눈에 보일 정도이다. 짙푸른 큰 잎사귀가 차례로 뻗어나고 옥수숫대 같은 모습에서 관목의 형태를 갖춘다. 더욱 신기한 것은 재작년에 나온 잎 틈새에 꽃대를 쭉 뻗더니 탐스런 꽃망울을 터뜨린다. 꽃대에서 나온 여러 가지에 작은 흰색 꽃이 다닥다닥 붙어있는 모습이다. 자기의 모습과는 어울리지 않는 꽃송이의 모습이다. 이 녀석이 내는 향기가 너무나 신비롭다. 굉장히 진하면서도 사람을 끌어당기는 묘한 매력을 갖고 있다. 향을 뿜어내는 시간도 딱 정해져 있다. 아침이 아니고 내가 퇴근할 때쯤인 오후 6시 전후이다. 이웃 간에 별로 알릴 일이 없는데 좋은 향기로 소통하니 이 또한 행운목이 주는 혜택이 아닌가 한다. 거의 한 달여를 행운목이 주는 향기에 취해서 즐거운 저녁시간을 맞는다. 더욱 신비한 것은 꽃을 피울 때 방울방울 진한 액을 꽃받침에 내놓는다. 신기하여 맛을 보니 꿀처럼 아주 달다. 아마도 벌과 나비를 모시기 위한 유인책인데 창문 닫힌 베란다 안으로 어떻게 날짐승들이 찾아올 것인가…, 조금 안타까운 마음이 든다.

한때 난을 키울 때 꽃대에서 비슷한 진한 액을 분비하여 호기심으로 분석을 해봤더니 과당과 포도당의 혼합물이었다. 아마도 행운목에서 나오는 진액도 비슷할 것이라 여겨진다. 화분에 넣어준 분토와 물만 가지고 어떻게 이 달콤한 수액을 내고, 표현하기 어려운 감미로운 향을 만들어낼까. 과학이 모든 것을 해결할 것 같은 이 시대에도 이들의 신비를 풀어내는 데는 한계가 있다는 것을 실감하고 있다. 행운목이 꽃을 피우면 좋은 일, 행운이 찾아온다는데 이미 많은 축복을 받은 나를 넘어서 이 나라,

이 국민들에게 더 큰 행복과 축복이 고루고루 퍼져 나갔으면 하는 생각을 해본다.

지난 가을 너무 키가 커져 시멘트 천장을 뚫을 것 같아 아픈 마음으로 중간 줄기를 눈 딱 감고 잘랐다. 물론 자른 줄기는 다시 물병에 꽂아놓아 생명을 유지하게 하는 배려를 하면서…, 그런데 거실에 내놓은 이 녀석이 자른 것에 반작용을 하듯 자른 곳에서 새싹을 힘차게 뻗어내고 있지 않은가. 천장과 자기 사이에 별로 큰 간격도 없는데. 저 녀석이 더 자라 천장에 닿아버리면 어찌할거나. 더 뻗어나가지 못해 답답함을 호소할 터인데. 그렇지 않으면 곧장 가는 길을 접고 옆으로 뻗어나가는 편법을 쓸 수밖에 없을 것 같구나. 하늘을 향하여 곧게 뻗어나가야 제 모습을 갖추는 것인데 성질에 반하여 구부러져야 하니. 그 본성을 억제하고 구부림의 편법을 써야하니 내 마음도 썩 편안치는 않다. 추위만 풀리면 조금 천장이 높은 베란다로 옮겨 얼마의 간격이라도 더 마련 해 주어야겠다.

매일 자람을 멈추지 않고 날마다 달라지는 모습을 보면서 나무에게서 많은 것을 배운다. 나이 먹었다고 이룬 것만 만지작거리거나 뒤를 돌아보고 사는 인간의 삶은 자라기를 멈추지 않는 이런 식물들 보고 좀 배워야하지 않을까. 모든 어려움을 이기고 견디며 오늘도 천장을 향하여 새순을 뻗은 행운목이 쉬지말고 성장하라고 나를 가르치고 있다.

꽃향기로 느끼는 행복

매일 아침 오가는 길가, 건물 옆 비좁은 공터에 장미 한그루가 실하게 사계절 모습을 달리하면서 자리를 지키고 있다. 가장 아름다울 때는 한겨울을 지나 봄에 새싹을 보여 주면서 여름으로 넘어가는 계절에 탐스런 꽃을 피울 때이다.

아마도 관리하는 주인이 장미의 성질을 잘 알아 미리 가지치기를 해주어 잘라진 줄기에서 새싹이 밀고 올라와 연약한 새잎을 내밀기 시작하면 그때부터 내 관심의 대상이 된다. 하루가 다르게 잎이 커지면서 쑥쑥 자라고 며칠이지나 꽃망울이 보인다. 이때부터 꽃이 될 때 까지 일주일은 넘게 걸리나 보다. 내가 이 장미에게 쏟는 관심은 애착어린 눈길을 주는 것과 함께 꽃 봉오리가 올라오기 시작하면, 그 여린 부분에 진딧물이 꼬이기 시작하는데 이를 퇴치하는 하는 일이다. 이 한적한 도시 구석에서 외롭게 자라는 장미 어린순에도 어김없이 진딧물이 찾아와서 함께 살자고 하니 생명체의 신비를 또 느낀다. 진딧물에게는 좀 안됐지만 조심스레 진딧물을 손으로 눌러 더 이상 장미 순을 괴롭히지 못하게 한다. 서너 송이에서 진딧물 퇴치 작업을 하다보면 손가락에 황색 진딧물 체액이 잔뜩 묻는다. 진딧물은 자기 스스로 이동이 자유롭지 못하여 진딧물의 꽁무니에서 내는 체액을 개미에게 주는 공생 관계로 개미의 힘을 빌려

이동한다는데 개미의 모습은 보이지 않으니 나 없을 때 이동을 도왔는지는 알 수가 없다.

드디어 장미꽃이 수줍은 듯 꽃 봉오리를 살며시 열 때가 되면 내 후각을 총동원하여 장미꽃향기를 맡는다. 진하면서도 지나치지 않은 향, 귀족의 위상을 갖춘 고상함으로 나를 환상의 세계로 인도한다. 향수로서 최고의 자리를 차지할 충분한 자격을 갖추었다. 장미의 향은 아침이 가장 강하고 서서히 농도가 약해지다가 다시 아침이면 향을 되찾는다. 단단하던 봉오리에서 꽃잎이 조금씩 피어나기 시작하여 매일 벌어지는 꽃의 모습을 관찰하다 보면 그 속도만큼 시간이 지나감을 느낀다. 꽃 한 송이가 환갑을 지나고 나면 옆에 있던 가지에서 다른 젊은이가 고개를 내밀고 앞 선배의 자리를 차지한다. 역시 장미꽃은 너무 진하지 않은 붉은색, 사람의 눈길을 잡을만한 매혹적인 색깔, 그 색이 향과 어울려 더 아름답다.

이렇게 여름 내내 한 송이 한 송이씩 나를 맞아주고 새로 피는 꽃에서 신비롭고 향긋한 향기를 맡으려 조심스레 코를 대면서 감사의 인사를 마음으로 전한다. 내 마음이 전달되는지 이어지는 개화는 추위가 와서 쌀쌀할 때까지 계속된다. 조금 추워지면 어떻게 꽃을 피울까하고 걱정하나 늦게 피는 꽃에서 나는 장미향은 이때도 내 감각을 깨우기에 충분하다. 그리고 잎을 다 떨어뜨리고 내년을 기약하면 나와의 아침 만남도 끝이 난다. 이따금 남아있는 줄기를 보면서 내년까지 이 추위를 잘 견디라는 당부의 말을 마음 속으로 전한다.

장미는 꽃향기 중에서 가장 고급스럽지만 정원에서 울타리용으로 많이 심고 있는 쥐똥나무 꽃은 어떤가. 초여름에 삼각추 모양으로 무더기형태의 작은 꽃송이로 이루어졌고 흰색의 네 잎 꽃은 태어난 순서에 따라

위로부터 아래로 피기 시작하여 내려가는데 이때 뿜어내는 향기는 또 다른 감흥을 준다. 장미향과는 다르게 독특하고도 은은한 향을 내면서도 우리에게 친근감을 불러일으킨다. 바람에 실려 오는 은은한 쥐똥나무 꽃향기는 한동안 나를 행복하게 만든다. 한 1-2주동안 지나다니면서 이 향기를 감상하다보면 이 꽃향기에서 내가 살아있다는 행복감이 되살아난다. 한 심리학자는 냄새에는 외로움을 달래는 특성이 있다고 하며 우울한 사람은 후각기능이 떨어진다고 한다. 무력감을 느낄 때도 냄새를 맡는 세포가 무디어 진다고 한다. 이런 어려움을 겪는 사람은 의식적으로라도 피어나는 꽃의 향기를 맡아 무디어진 후각 기능을 회복하여 가라앉은 마음상태를 기쁨을 받아들이는 심리상태로 바꿔 긍정 쪽으로 방향을 바꿨으면 한다.

익숙하고 친근한 좋은 향기를 통하여 오랫동안 잊고 있었던 추억을 되살리기도 한다. 기억에 남는 냄새, 꽃향기도 좋지만 특히 뇌리에 깊이 박혀있는 태어날 때 각인된 어머니의 체취는 어느 꽃향기에 비유할 수 없는 최고의 향기일 것이다. 그 어머니 향기가 애타게 그리워진다.

미생물에서 배우는 교훈

지구상에는 햇빛의 밝음이 있어 모든 생물이 생명을 유지하고 어둠을 물리치고 있다. 더불어 살고 있는 생태계에서 우리 눈에는 보이지 않는 미생물들은 동식물에게는 생존의 기본요소인 햇빛과 밝음을 크게 반기지 않는다. 특히 곰팡이는 어둡고 음습한 곳에서만 제 생명을 유지할 수 있다. 번식의 속도는 얼마나 빠른가. 온도, 습도, 영양이 갖춰지면 세균의 경우 10분 만에 자식을 낳고 20분이면 손자를 볼 수 있다. 이들 미생물을 시조로 지구의 모든 생명체가 출현한 계기를 마련하였다고 하나 지금에 이르러서는 서로 도움을 주거나 해를 끼쳐 생명까지 위협하는 예도 있는데 대부분의 미생물은 인간에게 뚜렷한 영향을 주지 않고 남남으로 각자 생존한다.

이 지구상에 미생물이 존재하지 않는다면 모든 다른 생명체도 생존하기 어려울 것이다. 이유는 모든 생명체가 생산해 내는 각종 유기물이 계속 쌓여 지구가 수용할 수 있는 한계를 넘으면 스스로 자멸할 것이기 때문이다. 유기체의 분해는 자연 순환의 가장 큰 역할이고 이를 통하여 새로운 생명체가 탄생하는 바탕을 제공하며 자연 순환의 확실한 교훈을 전하고 있다. 유기체를 분해하여 자연으로 되돌리는 역할은 다양한 미생물이 맡고 있다.

미생물이 생명체의 유한함과 성하면 쇠한다는 자연의 법칙을 아주 쉽고 명확하게 보여준다. 미생물의 생활 고리를 보면 처음 변화가 없는 듯 한 적응기를 거쳐 왕성한 성장을 한 다음 시간이 지나면서 불어나는 수와 사멸하는 속도가 일정해지고 다음은 그들의 숫자가 급격히 줄어드는 사멸기에 접어든다. 증식하다가 쇠퇴하는 이유는 자기가 사용한 영양분의 부족도 원인이나 스스로 생존하면서 만들어낸 찌꺼기가 거꾸로 자기 생명을 위협하는 물질로 작용하기 때문이다. 생명체의 생존에는 필연적으로 생물자원을 필요로 하나 이들 유기물의 이용과정에서 나온 부산물은 결코 자기에게 유리하게 작용을 하지만은 않는다. 결국 자기가 만든 부산물에 의해서 성장을 저지당하고 결국은 사멸의 과정을 거친다.

만물의 영장이라고 으시대고 있는 인간에 의해 만들어진 탄산가스며, 메탄, 분해되지 않는 플라스틱, 그런 각종 화학물질로 구성된 오염물질들, 지구가 이들을 수용하여 제자리로 돌려놓기에는 그 한계를 지난지 오래다. 미생물의 생활환경에서 보면 자기 스스로 만든 부산물에 의해서 증식을 억제당하는, 정지기나 더 나아가면 사멸기에 접어들었다고 여겨진다.

근세까지 지구의 인구는 많이 증가하지 않았고 석기시대 인간의 평균수명은 20년밖에 되지 않았다. 이때 10~50%에 달하는 유아사망률이 영향을 미쳤으나 미생물과 같이 새로운 환경에 적응하기 위한 단계에서 숫자는 크게 증가할 수 없었기 때문이다. 1800년대만 하더라도 지구에서 사는 인구가 20억에 불과하였고 2000년에 이르러 60억에 달하였는데 2025년 80억에 이를 것으로 추정하고 있다. 국제연합(UN)의 자료에 의하면 2200년 110억을 넘어갈 것으로 보인다. 지구가 수용할 수 있는 적정 인구는

100억 정도로 인류학자들은 추정하는데 그 이유인즉 미생물과 같이 계속 증식하다가 자기 스스로 증식속도가 느려지고 역으로 인구가 감소할 것이라 예상하기 때문이다. 우리나라를 포함, 선진국에서는 이미 인구감소 현상이 일어나고 있으며 서서히 중진국으로도 펴져나갈 것이라 예상된다. 여기에도 성하면 쇠한다는 이론이 성립되고 있다. 잘 알려진 화무십일홍(花無十日紅)이란 격언을 통하여 세상의 이치를 알리고 있다. 보통 이 격언을 권력을 쥐고 있는 사람들에게 경고하기 위하여 사용하는데 불행하게도 자신의 능력범위를 벗어나서 권력을 과도하게 줬을 때 자기 처신을 조심하는 사람을 쉽게 보기 어렵다. 이 권력과 부가 영원히 갈 것이라 착각하고 정도를 벗어나는 행동을 양심의 가책 없이 행하는 것을 경험한다.

세계역사에서 이런 사례를 수없이 보고 있으며 현재도 진행형이다. 눈에 보이는 현상에서 교훈을 얻지 못하고 "나는 예외다"라는 착각에 빠진 것을 보면 안타깝다. 우리 생명의 근원이며 불손하게 하등생물로 분류하는 미생물의 세계에서도 자기의 번성하는 힘을 과시하다가도 일정 수준에 달하면 더 증식을 멈추고 생존만을 위한 버티기 형태로 자기를 낮춘다. 한번 존재하면 시간의 요술에 따라 스러지는 과정을 거치는 것이 이 대자연의 순리이며 절대불변의 진리이다. 하물며 인간의 운명이야 말하여 무엇하리오. 우리의 선조, 미생물이 후배를 위하여 지금 따끔한 교훈을 주고 있다.

우주에서 본 지구와 인간

우주는 우리의 상상력을 훨씬 뛰어 넘어서는 망망한 영역이다. 어릴 때 여름밤 멍석에 누워 하늘의 무수한 별을 헤아리면서 궁금하고 알지 못하는 세계를 나름대로 상상해 보곤 했다. 그리고 아름다운 밤하늘의 별은 미지의 세계를 유영하는 나만의 꿈을 꾸는 대상이 되었다. 지금도 많은 과학자들이 연구를 계속하지만 그 실체를 파악하는 데는 한계가 있어 보인다. 지금까지 과학에 기초한 정보와 지식들이 차곡차곡 쌓여가고는 있지만 우주가 품고 있는 몸체에 비하면 아는 것이 지극히 제한되어 있다는 생각이 든다.

우리 보통 사람들은 가을 맑은 저녁 하늘을 꽉 채우고 있는 별들을 통하여 우주를 가늠할 뿐이며 눈에 익숙한 은하수며 북두칠성과 북극성, 좀생이별 그리고 밤하늘을 가로 지르는 가장 밝게 빛나는 샛별(금성) 정도이며 지구 가까이 다가올 때 화성을 신비롭게 볼 수 있다. 지구의 위성인 달은 친근한 우리의 동반자로 여기는 수준이다. 조금 더 지식의 범위가 나아가면 북두칠성과 같이 있는 곰 자리며 북극성 옆에 있는 카시오페아 자리 등을 알아내고 친근함을 보일 수는 있으나 보통 그 범위는 제한되어 있다.

옛 우리 조상들은 천문을 살펴서 국가의 대소사의 변화를 예측하려

했고 역대 지도자들은 하늘의 비밀을 밝혀 통치에 활용하고자 하는 노력을 계속 하였다. 이미 신라 때 첨성대를 세워 하늘의 변화를 관찰하였고 세종대왕께서도 천문변화에 큰 관심을 가져 천체를 관측하는 혼천의 등 여러 과학기구를 창제하였다.

우리가 살고 있는 지구를 떠나서 우주공간에서 지구를 관찰하기 시작한 것은 지구의 영역을 벗어난 우주선이 지구를 돌면서 부분적으로 모습을 관찰할 수 있었으나 먼 우주에서 지구를 관찰하는 것은 우주탐사선 보이저 1호가 최초였다. 이 우주선은 태양계를 항해하는 임무가 주어졌고 천문학자 칼 세이건의 제안에 따라 이 우주선이 태양계 외곽을 돌고 있는 해왕성 근방에서 지구의 모습을 촬영한 것을 전송 받았다. 획기적인 일로, 우주에서 지구는 어떤 모습일까 하는 많은 사람의 궁금증을 풀어주었다. 촬영한 보이저 1호와의 거리는 지구로부터 60억 킬로미터나 떨어진 지점이었다. 보이저 1호가 최초로 우주공간에서 촬영한 지구는 폭넓은 큰 융단에 떨어진 먼지 같은 모습이었다. 엄청나게 큰 공간에서 한 점으로밖에 보이지 않는 희미한 푸른빛의 행성이고 그 행성인 지구에 현재 78억의 인구가 꼬물거리며 살고 있다. 그래도 멀리서 본 색깔이 희미한 푸른 점으로 보인다는 것은 빛의 작란이겠지만 마음이 놓이는 색깔이라 기분이 낫다. 이처럼 실로 작은 점 위에 수많은 자연물이 존재하고 그 자연물에 기대어 동식물이 삶을 이어가고 있으며 이 군집에 인간도 끼어 있다. 내 눈에 보이는 이 지구는 넓고 거대한데 조금 더 떨어져 보면 작아지고 더 멀리에서는 한 점의 티끌로 보이니 우리가 살고 있는 집, 지구는 광활한 끝을 모르는 암흑 한쪽에 놓인 작고 외로움에 묻힌 행성일 뿐이다. 이 티끌 위에서 그 티끌에 기대어 살고 있는 인간의 삶은 진정 어떤 의미가 있는 것인가.

비행기 여행에서 착륙할 때 지상을 지켜 본 기회가 있을 것이다. 눈익은 김포나 인천공항에 내리기전 지상을 보면 움직이는 자동차가 성냥갑 크기만도 못한다. 이럴 때 문득 내 존재의 초라함이 왜소해진 나를 굽어본다. 이런 순간에는 기대했던 것이 축소되어 존재 자체를 잃는 기분이 든다. 하긴 이 작은 몸뚱이가 우주를 담고 있고 하늘의 비밀을 찾고자 노력하고 있으니 한편 대견하다는 생각을 하기도 한다. 우주의 한 티끌, 지구에서 생명을 갖고 살아가면서 여러 사람들을 만나 생활하는 것 자체가 기적이며 그 기적 속에 지금 내가 숨 쉬고 있다는 것에 무한한 감사를 한다.

이 작은 행성에서 살아가는 동안 서로의 다름을 받아들이고 그 다름이 한사람을 이루는 본성이며 축복해야할 일이고 나도 상대에게 다름의 감정을 주고 있다는 것을 느낀다. 말로 표현하기 어려운 크고 공허한 우주에서 이 나라 이 지역에서 태어나 삶을 같이하고, 한 시대의 공간에 같은 시간대에 숨을 쉬고 부대끼면서 살고 있다는 사실 그 자체만으로 몇 억겁 만에 찾아올 수 있는 기적의 순간이라 여겨진다. 이런 생각에 젖어들면 내 주위에 있는 모든 자연생명체와 부모형제는 물론이고 이웃, 친구 그리고 만나고 있는 모든 사람이 귀하디귀한 존재라는 것을 다시 느낀다.

시들은 봉선화, 다시 기력을 찾다

우리민족의 애환이 깃들은 봉선화(봉숭아)는 김형준 시인이 썼고 홍난파 작곡인 우리나라 최초의 가곡인 "울 밑에 선 봉선화야 네 모양이 처량하다"로 시작하는 노랫말로 더 정답게 우리 가슴에 와 닿는다. 여름철 봉선화는 시골이 아니라도 도시 좁은 땅에서도 마음만 있으면 키울 수 있고 땅을 가리지 않고 잘 자라 때가 되면 독특한 꽃을 피운다.

좀 나이들은 세대에서 봉숭아는 나름대로 떠오르는 자기만의 아련한 추억과 마음속으로 느끼는 정다운 느낌을 갖고 있을 것이다. 여름날 저녁 봉선화 꽃을 따고 거기에 잎사귀를 몇 잎 넣고 백반을 추가하여 곱게 찧어 반죽을 만들면 재료는 준비되었고. 이제 각자 손가락을 내밀면 어머니는 이 반죽을 손톱위에 조금 나눠넣고 미리 준비한 피마자 잎으로 손가락을 감싸 삼끈으로 묶는다. 보통 양손 약지와 새끼손가락이 선택된다. 곱게 자야 묶음이 빠지지 않는다고 주의를 준다. 자고나서 아침에 일어나 손가락에 묶은 끈을 풀면 아름다운 붉은 색깔이 손톱에 곱게 배어 있다. 신비하고 아름다웠다. 남자애들은 조금 꺼렸으나 어린 여자애들이나 처녀들은 여름에 꼭 거쳐야 할 연례행사였고 할머니들은 봉선화 물을 드려야 저승길이 밝다고 믿었다.

말갛고 곱게 붉은색으로 물들여진 손톱은 가을, 겨울까지 계속 남아있고 손톱을 자르면서 겨울을 지나는 동안 초승달 모양으로 손톱 끝에 흔적이 남는다. 그 모습은 지난여름의 추억이 담긴 아름다움을 곱게 선사한다. 이 자연의 선물을 어찌 매일 바르는 인위적인 매니큐어와 비교할 수 있겠는가. 봉선화물을 들이고 조금씩 손톱이 자라면서 달라지는 모습은 시간이 지나면서 내가 커가고 있다는 증표이기도 하다. 자매간에 봉숭아 물들여진 손톱을 비교하면서 서로의 모양을 견주어 보기도 한다.

이 봉선화가 내가 출근하는 길, 카센터 건물 옆 작은 빈터에 모종을 해서 자라고 있는 모습을 봄부터 눈여겨 봐왔다. 마음의 여유가 있는 분의 배려이겠지. 무럭무럭 탐스럽게 자라서 한여름이 되니 꽃을 피우기 시작한다. 튼튼한 줄기에 싱싱한 잎사귀들 사이로 붉은색, 흰색, 그리고 분홍색 등 꽃 색깔도 다양하다. 내가 시골에서 클 때 보았던 그 모습을 여기서 다시 보니 정답고 살뜰하다. 매일 출퇴근하면서 자라는 봉선화와 안부를 주고받는다.

어느 날 월요일인가. 비가 며칠 오지 않고 더위가 계속 되었는데 아뿔싸, 봉선화 몇 그루가 더위에 지쳐 늘어져 바닥에 거의 닿을 만큼 누워버렸다. 안타깝고 답답하다는 생각으로 주위를 둘러봤으나 카센터나 옆의 가게들도 너무 일러 문을 열어놓지 않아 물을 얻을 수 없었다. 미안하고 죄스런 마음을 안고 지나칠 수밖에. 하루 일하면서도 드러누운 봉숭아가 자꾸 눈에 밟혀 마음이 편하지 않았다. 퇴근 후 재빠르게 봉선화를 보러 갔다. 아 어쩐 일, 카센터 직원이 봉선화 옆에 앉아 담배를 피운다. 그런데 아침에 누워버렸던 봉선화가 싱싱하게 제 모습으로 실하게 서있지 않은가. 너무나 고마워 그 직원에게 물어봤더니 아침에 와서 바로 물을 주었다는 얘기이다. 토요일, 일요일 쉬기 때문에 관리하지 못했다고 한다. 그분도 시골에서 봉선화를 가꿔봤고 식물에 대하여 관심이 많아 잘 관리하고 있었다. 한동안 봉선화에 대하여 가벼운 대화를 나눴고 역으로 내가 부탁을 하였다. 가물면 잊지 말고 물을 줬으면 한다고. 그렇게 하겠다는 말을 진심으로 한다. 그리고 만날 때마다 인사 나누는 사이가 되었다.

이제 봉선화 꽃을 따서 손톱에 물들이는 세대는 보기 어렵지만 그 정취는 많은 사람들의 머릿속에 남아있을 것이다. 매일 지나는 길에 손톱 관리하는 가게의 이름이 봉숭아손톱이다. 봉선화를 쓰는지는 모르겠으나 이름이 정다워서 기억에 남는다.

봉선화 꽃은 꽃 끝에 깜찍스런 공작 꼬리를 갖고 가을까지 계속해서 피고, 먼저 핀 꽃은 순서대로 열매를 맺는다. 그 열매 또한 어릴 때 가까이 한 신비한 경험이 있다. 잘 익은 길쭉한 꼬투리 열매는 옅은 줄이 세로로 나있고 살짝 손을 대도 툭 터지면서 까만 씨를 쏟아낸다. 어린 마음에 신기하였는데 완전히 익지 않으면 터지지 않는다. 이렇게 하여 봄부터 시작한 봉선화는 다음 세대를 이어갈 자손을 생산하고 가을 막바지에 서리와 함께 삶을 마감할 것이다. 하긴 여름 내내 싱싱한 줄기와 잎, 그리고 꽃까지 선사하였고 씨가 터지는 모습까지 우리에게 보여주었으니 봉선화로부터 받은 기쁨은 충분하다고 여긴다.

식물을 가까이 하다 보면 자기가 갖고 있는 본성을 그대로 나타내면서 많은 것을 전해준다. 씨를 심어 싹이 나오는 모습부터 줄기를 뻗고 싱싱한 잎을 펼치는 것, 그리고 꽃과 열매, 다년생 나무와 다르게 일년생 식물은 단기간에 탄생과 소멸, 그리고 자손으로 이어지는 과정을 보여준다. 삶의 전 과정을 짧게 요약하여 알려준다.

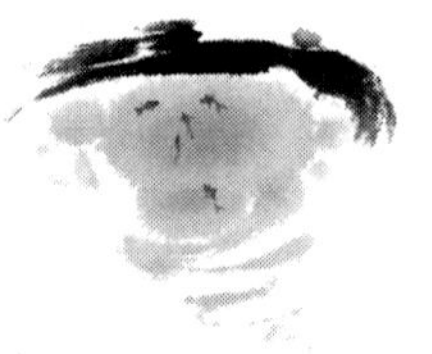

도심을 흐르는 개천과 잉어

거대 도시를 가로지르는 개천에 잉어가 노닐고 야생 오리는 한가롭게 헤엄치고 있다. 폐수로 오염되어 물고기는커녕, 잡초도 자라지 못했던 때가 있었는데 인간의 노력으로 옛 정취가 물씬 풍기는 자연의 개천으로 복귀했다는 것에 우리가 노력하면 할 수 있다는 자긍심을 갖는다.

집 근처에 산책할 수 있는, 맑은 물이 흐르는 내가 있다는 것은 큰 행운이다. 계절의 변화를 제일 먼저 느끼는 것도 이곳이요, 봄의 연둣빛 새순들에 매혹되며 청청한 여름의 녹음, 이어서 가을 단풍의 변색모습도 여기서 만끽한다. 일요일 오후 한가한 시간에 여유롭게 물가를 거닐다 보면 잉어들이 떼 지어 몰려온다. 항상 내 호주머니에는 이들에게 줄 과자를 넣고 왔기 때문에 아마도 이 녀석들도 내가 자기들에게 먹이를 줄 것이라는 것을 알고 있나보다. 혹여 내 얼굴까지 기억하고 있는지 물어볼 수는 없으나 몰려오는 것을 보면 분명 무슨 낌새를 채고 있다는 것을 느낀다. 개천 관리를 맡은 분은 이들에게 먹이 주지 말라고 주의를 주지만 몇 년간 해온 내 버릇과 잉어와의 약속을 어길 수 없어 어제도 먹이 주는 약속을 지켰다. 비스킷을 먹기 좋게 잘게 잘라서 한 조각씩 던져준다. 먹이를 주다보면 오리도 낌새를 채고 빠른 발놀림으로 가까이 온다.

이들 오리와는 특별한 인연을 맺었다. 건너편 물가에 알을 낳고 튼튼하게 10마리를 부화시켜 키우는 것을 보았다. 하루는 자기 새끼 오리 10마리를 뒤에 거느리고 자랑스럽게 내 앞으로 헤엄쳐 왔다. 무럭무럭 자라는 것이 얼마나 탐스러웠던지. 지난 주일에 봤을 때는 이미 어미와 새끼를 구별하지 못할 정도로 훌쩍 컸다. 그리고 엄마의 품을 떠났다는 것을 몰려다니는 숫자로 가늠할 수 있다. 어린 병아리 오리들을 데리고 왔을 때는 내가 먹이를 던져주면 자기보다 새끼들에게 양보하는 것을 보면서 동물도 끔찍한 자식 사랑 현장을 확인하는 기회였다. 못된 사람을 꾸짖을 때 짐승만도 못하다고 비유하는데 이런 광경은 그것이 참이구나 하는 생각을 한다.

이 개천도 비가 많이 올 때는 홍수가 져서 개천을 건너는 징검다리가 잠겨 잉어나 오리를 마주할 수는 없으나 일주일이 지나면 또 다른 만남의 시간이 온다. 아쉬운 때는 얼음이 얼고 추워지면 친구들이 모두 사라진다는 것이다. 아마도 이 개천으로 연결된 강으로 겨우살이를 갔나보다 하고 아쉬운 마음을 달랜다. 야생의 오리는 철새로 알았는데 성질이 변하여 이곳의 텃새가 되지 않았나, 여겨진다. 하긴 까마귀도 원래 철새인데 어쩐 일인지 일 년 내내 까악, 까악 소리를 들을 수 있다. 조류 전문가의 얘기로는 우리나라 텃새 형 까마귀와 철새 형이 있다는데 내 눈에는 그놈이 그놈 같은데 전문가들은 구별을 하는 모양이다.

모든 생명체는 하나의 뿌리로부터 진화되었다고 하는데 여기 잉어와 오리, 그리고 까마귀도 거슬러 올라가면 어디에선가 내 조상과 만나는 점이 있을 것이고 우리와 생명의 뿌리가 같다는 것이 밝혀질 수 있다니 더불어 살고 있는 생명체에 애틋한 사랑의 마음이 들기도 한다. 세계적으로 채식주의자들이 급격히 늘고 있는 현상은 건강의 이유도 있으나 우리와 같이 살고 있는 짐승이나 물고기 등도 결국 같은 뿌리를 두었다는 생각에 동물 살생과 먹는 것을 삼간다는 생각이 든다. 결국 동물 복지는 같은 생명을 타고 태어난 생명체를 우리와 같은 생명체로 존중하려는 자애의 발로라고 여겨진다.

일찍이 불교에서는 살생을 금하였고 육식을 철저히 배척하고 있으니 아마도 생명의 근원이 같다는 것을 부처님은 일찍이 깨닫지 않았나 여겨진다. 이 세상에서 많은 죄를 지었으면 다음 생에서는 축생으로 태어난다고 하는 윤회사상은 심오한 생명체의 근원을 밝히는 깊은 뜻이 숨겨져 있다.

오늘 일요일도 천변을 거닐면서 자연의 조화를 느끼고 감탄하면서 잉어와 오리에서 또 다른 자연의 섭리를 배우고 있다. 나와 같이 살아있는 자연은 모든 것이 서로 연결되어 있고 나와 무관한 것이 하나도 없다는 것을 알아가고 있다.

겨울, 봉선화와 함께하는 시간

지난 초가을 무성했던 길가 봉선화가 아름다운 꽃을 피우고, 지는 과정을 반복하더니 어느 날 작은 씨방이 맺히고 살을 붙인다. 연한 초록색의 씨방에는 몇 줄기 가느다란 줄이 처져 있고 길쭉한 미식축구공 같은 모양이 점점 크기를 더하기 20여 일, 자기 씨가 다 익었다는 표시를 색깔로 나타낸다. 신비하게 툭 건드리면 씨방 전체가 폭발하듯 터지면서 흑갈색 씨를 멀리 품어낸다. 경이롭다. 아마도 자기 바로 밑보다는 더 멀리 퍼지게 하려는 자손 번식의 식물 본능인가보다. 여름과 가을까지 커가는 모습과 꽃의 아름다움에 취해서 내년에도 같은 즐거움을 줄 것으로 기대하면서 씨 몇 개를 받아 내 사무실 건물 앞뜰에 골을 파고 정성스레 뿌리고 덮어 주었다. 내년 봄 새싹이 돋을 것을 기대하면서. 그런데 아뿔싸, 일주일이 조금 지나 새싹이 삐죽이 올라오기 시작하더니 2개의 떡잎을 실하게 젖혀 내지 않는가. 아차, 이 봉숭아 씨는 춘화작용(낮은 온도를 접한 후 발아하는 습성-예: 보리)이 없다는 것을 미리 알지 못한 무지한 처사였다는 것을 느끼기에는 이제 늦었다. 그때야 봉선화가 물을 좋아하는 남방 따뜻한 나라가 원산이라는 것을 확인하였다.

떡잎을 내 밀었던 어린 묘가 무럭무럭 자란다. 벌써 쌍떡잎 안에 속잎을 밀어내고 있다. 조금 있으면 날씨가 추워지고 영하로 기온이 떨어지면 얼어 죽을 텐데 이를 어쩌나 걱정이 된다. 어쩔 수 없이 비교적 충실한 녀석 두 주를 급히 화분과 화분토를 구하여 심었다. 화분이 작아 두주는 어렵고 한 녀석을 키울 요량으로, 마음속에 키우기로 생각한 한 주를 가운데 심고 하나는 옆에 심어놓아 성장 상태를 보아가며 한 주는 제거할 생각이었다. 그런데 이 두 녀석이 경쟁하면서 어찌나 잘 자라는지 한 녀석을 제거할 수가 없었다. 또한 없애기로 마음먹었던 녀석이 나에게 속삭이지 않는가. '나를 버리지 말아 주세요'. 그 절규가 무언으로 내 가슴에 와 닿는다. 내칠 수가 없었다. 지금 작은 화분에 2주가 경쟁하면서 꽃을 피우고 있다.

봉선화의 꽃 모양은 밑 입술 2개가 아래쪽을 향하여 쑥 내밀고 있고 이 꽃잎은 끝에서 둥글게 갈라져 있다. 아래쪽 꽃잎과 비교해 훨씬 짧은 윗 꽃잎은 세 잎으로 나뉘어 있고 조금 긴 가운데 꽃잎 뒤에는 한 가닥 공작 머리 깃털이 뒤로 삐죽이 나와 있다. 아름다움의 극치다. 전체적으로 크고 긴 아래 2개의 꽃잎과 위쪽에 붙은 잎으로 우아하게 꽃봉오리의 안정적인 모습을 띤다. 이 꽃을 받치고 있는 꽃대는 연약해 보이나 바람을 거역하지 않는 유연함을 보인다. 꽃의 가운데는 노란 꽃가루를 안고 있는 꽃술이 있고 꽃술 위로 작은 덮개가 감싸고 있다.

놀랍게도 이 방 안에 있는 봉숭아꽃을 찾아 벌 사촌이 방문하였다. 여느 벌과는 모습이 다르나 이 꽃 저 꽃으로 찾아다니는 것은 영락없는 벌이다. 한참 이 벌을 신기한 눈으로 관찰하면서 시간을 보내고 있다. 꽃을 피운지 1주일이 지나자 꽃 색깔이 옅어지면서 씨방에 자리를 물려줄 채비를 한다. 이제 자기가 할 일을 다 마쳤으니 미련을 두지 않고 자기가 왔던 흙으로 돌아가나 보다. 그리고 아주 앙증스럽고 작은 씨 주머니가 꽃대에 매달린다. 이 씨방도 매일매일 몸집을 키우는 모습이 보인다. 한창 꽃이 왕성할 때는 잎사귀보다 꽃무리의 집단이 커 보이는데 이 때 사무실은 온통 봉선화 꽃으로 가득 차서 화사하고 따뜻한 기운이 감돈다.

옛날 같으면 손톱에 봉선화 꽃물들여야 하나 화분의 꽃을 따내기가 아까워 딸 수가 없고 이 겨울에 야생하는 괭이풀이 없으니 눈으로 호사를 누리는 것으로만 만족하고 있다. 계속 위로 자라면서 또 새로운 꽃대를 밀어내고 있는 두 녀석에게 격려와 감사를 보내면서 즐거운 하루를 보낸다. 살아있는 생명체에서 오는 신비의 느낌, 이 대자연의 이곳 한구석에도 우주가 존재한다는 것을 느끼고 있다. 매일 물을 주면서 오늘은 어떤 변화가 있는가를 유심히 살핀다. 한동안 모습을 보이지 않았던 벌 사촌이 오늘 모습을 다시 나타낸다. 나 여기 있다고 더듬이를 날름거리고 있다.

화단에서는 여름 내내 싱싱한 잎과 꽃을 선사했던 봉선화가 내 사무실에서는 조건에 꼭 맞지는 않나 보다. 2달여 지나면서 서서히 생기를 잃어간다. 그래 내가 부탁한다. 너희의 다음 세대를 위해서 씨는 남겨다오. 그래야 오는 해 다시 네 후손을 맞을 수 있지 않겠냐고.

추워지는 겨울에 봉선화가 사무실에서 생명의 신비를 스스로 알려주고 나에게 아름다움을 선사하는 역할을 톡톡히 하고 있다. 감사할 따름이다.

밋밋하게 자란 나무에도 옹이가 있다

길가에 자리 잡고 많은 길거리 사람들과 무언의 대화를 나누는 가로수의 겉모양은 성한 곳이 없을 정도로 상처가 많다. 뭇 사람과의 스침, 자동차, 그 외에 움직이는 물건에 다쳐 생긴 흉터다. 얕은 상처 자국도 있지만 깊이 파여 속살을 드러내고 안에까지 제 모습을 갖추지 못하고 검게 변한 흉한 모습을 보게 된다. 사람도 험하게 생활한 사람은 겉모습에 나타나기도 하지만 쉽게 내면을 보이지는 않는다. 그러나 나무는 거친 환경에서 자란 모습을 외양에서도 쉽게 알아볼 수가 있다. 깊은 산에 들 때 눈에 띄는 나무들은 사람들에게 치인 가로수처럼 밖으로 나온 상처가 쉽게 눈에 띄지는 않는다. 밋밋한 외양이 유복한 집안에서 곱게 성장한 자제 같은 모습이다.

그러나 어느 나무치고 묘목에서부터 시작하지 않은 경우가 있으랴, 자라면서 어릴 때 벌레의 침범을 받고 자기 줄기를 내리고 나면 그 줄기가 비바람으로 꺾어지기도 하고 자기들끼리 부딪히면서 상처를 입을 경우도 있을 것이다. 또한 크면서 제 역할을 다한 곁가지는 스스로 성장을 멈추게 하거나 잘리면서 그 상처를 몸속으로 안아 들인다. 그래서 밋밋하게 자랐다고 여기는 나무에도 흉터를 감싼 옹이가 생긴다.

어떤 이유로든 상처받은 것을 안으로 삭이는 과정에서 생긴 흔적이

옹이다. 나무는 정직하게 자기가 받은 어려움을 자기 자신에게 분명하게 내면의 흔적으로 남겨 끝까지 간직한다. 이렇게 자란 나무는 인간의 필요에 따라 온몸을 내어주어 한겨울 따뜻하게 품어 주는 난로의 화목이 되는가 하면 그들 삶의 터전인 집을 짓는 용도로 자신을 통째로 내어주는 일도 있다. 몸을 갈가리 쪼개어 집기를 만드는 경우, 나무가 일생동안 간직했던 상처로 만들어진 응어리가 나뭇결로 고스란히 자기가 겪은 흔적으로 나타난다. 옹이가 박힌 부분은 우리가 볼 때 아름다운 무늬이지만 나무의 입장에서는 아픈 상처를 감싸기 위한 또 다른 고통의 증표들이다.

성장하는 과정 중 봄, 여름, 가을을 거쳐 겨울 동안 일어난 흔적을 고스란히 제 몸에 기록하고 간직하는 것이 나이테이며 옹이의 모습이다. 나무는 자기가 맞았던 여러 상처를 고스란히 자기 몸의 어느 한구석에 기록으로 남기며 생을 마감할 때까지 그대로 간직하고 있다. 하긴 사람도 물리적인 상처는 외양에 남지만, 내면의 상처와 아픔은 어디에 기록되는가. 그 누구도 알 수 없는 마음의 깊은 속에 응어리로 남지만, 그것이 표출되어 다른 사람이 알 기회는 별로 많지 않다. 어찌 보면 나무는 가장 정직하게 자기의 상처를 있는 그대로 솔직하게 표현하고 있으며 그 아픔을 밖으로 표출하기보다는 내면에 있는 그대로를 간직하고 있다. 소나무 가지가 꺾였을 때나 상처가 났을 때 송진이 흐르는 것을 보면 내 상처에서 피가 난다고 느껴진다.

이 세상을 살아가는 모든 사람들은 느낌에 따라 다르겠지만 계속되는 삶의 길목과 여울에서 크고 작은 어려움을 겪고 그 고난을 하나하나 이겨가면서 생활하고 있다. 그 아픔은 경제적인 것이 있는가 하면 사람의 관계와 함께 자신의 건강, 가족의 질병에 따른 고통, 다른 사람의 어려움을 같이 느끼는 일도 있지 않은가. 부모가 자식의 아픔과 괴로움을 본인보다 더 심하게 앓는 경우를 쉽게 보고 있다. 육체적 질병은 쉽게 느끼지만, 마음의 괴로움은 그 누구와 그 고통을 나눌 수도 없다.

나무는 자기가 당하는 아픔을 고스란히 자기 몸에 안고 간직하고 있지만, 우리의 아픔은 어디에 기록하고 저장되는지 알 수가 없다. 부처님이 출가한 이유가 생로병사(生老病死)가 직접 원인이 되었다는데 타인이 처한 아픔을 같이 느낄 때 일어나는 자비의 감정이다. 종교지도자들이 중생과 같이 느끼는 감정은 비슷하지 않을까 생각한다. 그래서 어찌 보면 나무의 옹이와 사람 마음속에 있는 아픈 상처도 같은 부류에 속하지 않을는지. 지나가는 길에 꺾어진 나뭇가지에서 수맥이 흐르는 것을 보면 나무가 아픔을 표현하는 진한 눈물이 아닌가 하고 곱게 쓰다듬으며 위로를 하는데, 그 위로가 도움이 되려는지.

나무를 포함한 모든 생명체는 한 뿌리에서 시작되었다는데 나무인들 다를 것인가. 대자연의 품에서는 여러 생명체가 같은 동지임을 느끼고 살아가야겠다.

자연의 소리를 들을 수 있어 행복하다

오묘하고 음색이 각기 다른, 자연이 내는 소리를 들을 수 있어 행복하다. 듣는데 어려움이 있는 장애를 가진 분들에게는 참으로 미안한 마음이다.

내 귀로 듣는 자연의 소리는 순간순간 마음에서 이는 행복에 젖게 한다. 아마도 태어나서 처음 알아듣는 음성, 일생 잊지 못할 소리인 어머니의 목소리는 하늘의 소리였고 평생 귓가에 머무는 정다운 목소리다. 내 주위의 생명체가 내는 소리이건, 자연의 바람이나 물 흘러가는 소리든 있는 그대로 덧붙임 없는 맑은 떨림임에는 틀림이 없다.

오래전 송광사 옆 여관에서 하루를 가족과 함께 지냈는데 옆을 흐르는 시냇물 소리에 하루 저녁을 참으로 귀가 호강을 하였다. 귀 기울여 가만히 들어보니 한 순간도 같은 소리가 아니고 다르면서도 독특한 운율이 있다. 그 정적인 물이 어떻게 이렇게 오묘한 울림을 내서 나에게 무엇을 전하려 하는가. 그렇게 해서 내가 누구인지를 찾지 못한 나에게 깨우침을 주려 함인가 하는 조금 철학적인 마음이 들기도 하였다.

무르익어가는 가을의 문턱에서 혼자 부드러운 달빛을 맞으며 조용히 듣는 귀뚜라미와 여치 소리는 어떤가. 짝을 찾는 애틋한 울림이 내 가슴까지 울렁거리게 만든다. 자장가로 들려 잠들면 잊어버리지만 늦은 저녁까지 울림은 계속 될 것이다.

살다보면 서로 다른 많은 소리를 듣게 되지만 내 기준으로 유쾌하고 나를 즐겁게 하는 소리가 있는가 하면 그 반대인 경우도 있다. 공사장의 기계 소리, 철공소의 쇠 가는 소리, 자동차의 소음 등은 그렇게 유쾌하지는 않지만 그래도 내가 들을 수 있다는 것에 감사함을 느껴야 하지 않을는지. 소리란 공기의 흐름에 의한 떨림의 반응이고 그 음파를 우리 고막이 감지하는 영역으로 감별하는 범위가 한정되어 있다. 음파가 너무 높거나 낮으면 우리 고막은 잡아내지 못한다. 초 고음, 저 음파는 우리 생리적 능력 영역을 벗어난다. 그런 음파들이 실제 존재하나 우리는 알지 못한다 하니 감지하지 못하는 영역은 잊고 들리는 소리라도 즐기고 싶다.

초가집 해맑은 한지로 바른 창호지문의 문풍지는 한겨울에 즐길 수 있는 떨림의 소리로 사색에 젖어 들 수 있는, 마음의 깊이를 더하는 친숙한 길동무가 되기도 한다. 부드러운 종이의 울림이 만드는 오묘한 소리는 아마도 우리 심장의 박동과도 관계가 있지 않을까 여겨진다. 끊어졌다 다시 울리는 낮은 음은 애틋하면서도 천년의 비밀을 알리려는 호소력이 있다.

요즈음은 듣기 어렵지만 초봄 높은 하늘에서 지저귀는 종달새 노래는 과연 누구에게 그 아름다운 마음의 소리를 전달하려는 것일까. 짝이나 자기 새끼에게 무언가를 알리려는 애틋한 소리이겠지만 듣고 있는 나는 즐겁다. 여름 철새인 따오기며 뻐꾸기의 울음소리는 어떤가. 산란기 장끼의 목소리는 짝을 찾는 소리라는 것을 알 수 있는, 그 소리를 귀담아들어본 사람이면 그 운율의 미묘함을 감지할 수 있을 텐데. 새 소리야 말로 자연이 보내는 교향곡이다. 깊은 산속을 거닐다 보면 소리로는 분간할 수 없는 여러 생명체의 서로 다른 그들만의 소리는 전혀 겹치지 않고 독특한 음역으로 내 귀에 전달된다. 어떻게 주파수를 서로 조정하며 다른 새소리의 영역을 침범하지 않고 내 것을 정확히 전달할 수 있는가. 이것 또한 자연의 법칙이요 신비의 영역이다. 자연의 소리와 동물이 인위로 내는 소리는 분명 다르다. 자연에서의 울림은 작위가 없이 스스로이며 어느 경우도 같은 소리를 내지 않는다. 단지 우리 귀가 더 예민하지 못하여 그 차이를 느끼지 못할 뿐이다.

어제 바람소리가 오늘과 같지 않고 지난 주 빗소리는 오늘 부슬비소리와 같을 것인가. 그러나 동물의 소리는 종간 차이는 있지만 같은 종은 비슷한 음색을 갖고 있다. 선천적이건 부모에게 배웠던 비슷한 음역을 갖고 있다. 그래서 작위적인 동물의 소리보다 한 순간 밖에 느끼지 못하는 자연의 소리가 더 신비하고 다시 못 옴에 아쉬움이 더한다. 지금 이 창문을 흔드는 바람소리는 내 일생 다시 듣지 못할 것이다.

자연과 동물의 소리를 귀로 즐기면서도 이제 내 마음속에서 나는 나만의 소리를 가끔 들었으면 한다. 자연의 소리처럼 내 마음속의 소리는 다르다. 양심의 소리, 순수하고 오염되지 않은 소리 없는 소리를 들어야겠다. 근래 이 양심의 소리를 듣지 못하고 엉뚱한 행동을 하는 후천성 청각장애인들이 자꾸만 늘어나는 것 같아 안타깝다.

한 겨울을 봉선화와 함께하다

우연치 않게 봉선화와 인연을 맺어 한겨울을 함께 하고 있다. 지난 늦은 가을 길가에서 자라던 봉선화 꽃씨를 얻어 내년을 기약하고 앞뜰에 뿌려놓았는데 이 녀석들이 계절을 잘못 알고 새싹을 틔워 떡잎이 커지기 시작했다. 별수 없이 심어 놓은 업보로 겨울을 대비, 내가 일하는 사무실 화분에 옮겨 심었다. 이 어린 묘가 튼튼히 자라면서 줄기를 힘차게 뻗어내는데 한 달이 지나니 꽃망울이 맺히고 조금 지나니 자기 부모가 물려준 그대로 모습, 붉은 색 꽃을 피우기 시작한다. 매일 매일 새로운 잎의 겨드랑이에 망울이 달리고 순서대로 시차를 두면서 꽃이 되기 시작한다.

우리나라 사람들은 상당부분 봉선화 꽃에 대해서는 아련한 기억 속, 친근감이 있을 것이다. 나도 봉선화를 보면 고향에서 나를 있게 해주신 어머님과 정이 담뿍 든 누나들의 기억들이 뭉클하게 가슴에 와 닿는다. 아마도 창가에 놓여 있는 이 봉선화 화분은 나에게 잊고 있었던 옛 추억을 불러일으키기 위해서 계획되어 이 자리에 있지 않나 하는 엉뚱한 생각도 해본다. 사무실 창가에서 자라기 시작하여 한 달 두 달, 그리고 석 달 동안 숱하게도 많은 꽃을 틔워 낸다. 한동안은 화분 전체가 붉은 봉선화 꽃으로 화환을 만든 것 같이 꽃 잔치를 벌였다. 꽃이 지고나면 이어서 꽃자리에 갸름한 미식 축구공 같은 열매가 계속 맺히고 또 그 위에서는 이어서 새로운 꽃이 핀다. 지난해 10월부터 시작하여 지금 봄 3월이 되었으니 거의 6개월을 나와 함께 생활하고 있다. 저들이 살았던 밖과 같은 여건과 같지 않은, 사무실 내에서 어색하지만 그래도 조금 다른 환경에 잘 적응하여 제 몫을 다하고 있으니 얼마나 대견한가. 특히 겨울에 봉선화를 본다는 것은 예상하지 못하여 사무실에 들르는 손님들도 겨울 꽃이라니, 신비하고 색다르게 여기면서 관심을 갖는다. 우리 노래에 "동지섣달 꽃 본 듯이 날 좀 보소" 라든가, 처음 맞는 겨울 봉선화에 관심을 가져주는 손님들에게 내심 흐뭇한 생각도 든다. 관심이 없어 보이는 내방객에게는 일부러 인도하여 꽃의 정취를 느끼도록 귀띔하기도 한다.

생명체는 모두가 생이 있으면 마무리하는 끝이 있는 것이 자연의 이치, 3월 들어 봉선화 전체가 서서히 푸르른 잎사귀가 황갈색으로 변하면서 꽃들도 생기를 잃어간다. 줄기도 점점 약해지고 맺혀있는 씨들은 그래도 착실하게 다음을 이으려고 노력하나 힘에 부치는 것 같아 안타까워 보인다. 처음 틔웠던 꽃에서는 이미 검고 알찬 작은 씨를 받아 놓았으니 이 봉선화의 다음 세대는 착실히 이어질 것이라 여겨진다. 이 씨를 다시 날씨가 따뜻해지면 앞뜰에 심어서 겨울을 나와 함께한 자기 선조의 기억을 되새겨보려 마음먹고 있으니 안심하라고 얘기 해 준다.

노쇠해 가는 화분에 있는 봉선화 모습을 보면서 우리 인간과 다름이 없다는 것을 느끼고 있다. 줄기는 점점 힘을 잃어가고 위에서 자라고 있는 순을 가누지 못하며 비틀거리고 있으니 내가 받침대를 해주지 않으면 중심 잡기가 어렵다. 우리들도 늙어지면 지팡이에 의존하고 그것도 어려우면 움직이는 것을 포기하고 집안에 들어가 있는데 이 봉선화는 움직일 수는 없으니 자기가 자란자리에서 연약한 꽃을 피어내고 있다.

자기 선대들과는 다른 모습으로 생기가 없이 쇠잔해 보인다. 생의 마지막 수순을 밟고 있는데 이 봉선화의 마지막을 어떻게 정리할까 하는 것이 요즈음의 고민 사항이다.

아직도 위순에서는 꽃이 피고 난 꽃에서는 연약한 씨가 맺히고 있는데 이들과 어떻게 작별을 할 것인가를 생각하니 다시 내 삶과도 연결된다. 살아 있을 때 곱게 마무리해야 할 터인데 그것이 마음대로 되지 않으니 타의에 의해서 마지막을 결정한다고 생각하면 괜히 서글퍼지기도 한다. 내 경우도 의식과 의지를 갖고 있으면서 마무리를 해야 할 터인데 의식이 없는 딴 세상에서 머물다 최후를 맞는 불행은 없어야겠는데 이것을 생각하니 이 봉선화도 의식이 있다면(식물도 의식이 있다는 것이 학자들의 의견이다) 내 고민을 이해할 것이라 여겨진다. 살아있다는 것에 대한 애착은 물건과는 다른 감정이 있다는 것을 이 봉선화에서 느끼고 있다. 반려동물을 키우는 사람도 비슷한 생각이겠지.

며칠사이 봉선화의 조촐한 장례식을 가져야하지 않을까, 마음속에서 갈등한다. 그러나 씨를 받아놓았으니 내년에 후손을 잘 키우겠다고 약속하면서 위로한다.

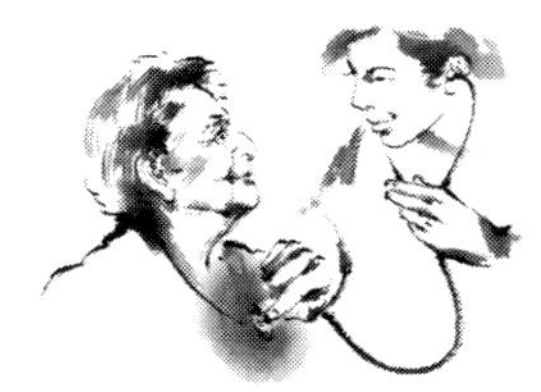

전염성 질병과 인간의 투쟁

인류의 조상이 이 지구상에 모습을 드러낸 250만 년 전 이후, 어느 한 시절도 질병이 없이 지나간 적은 없었다. 심지어 천연두는 기원전 1600년 경 이집트 미라에서 마마자국이 발견되었으니, 이미 그때도 인류가 질병으로부터 고통을 받았다는 표적이다. 오랜 수렵 · 채집의 시기를 지나 인간지혜의 발달로 동물을 사육하면서 가축과 접촉의 기회가 많아지면서 짐승이 갖고 있는 질병이 옮겨와 질병의 종류도 다양해지고 그 질병으로 사망하는 숫자는 급격히 늘었다. 대부분의 가축화된 동물은 인간의 체온과 같고 생리작용도 비슷하기 때문이다.

문자가 발명되어 기록된 때부터 과거를 더듬어 올라가보면 끔찍한 질병으로 사망한 예는 흑사병이 가장 맹위를 떨쳤다. 기록으로 보면 1352년부터 단 4년 사이에 유럽 전역에서 3천만 명이 죽었고 일부 지역에서는 사망률이 70%에 이르렀다. 아시아와 동유럽까지 지배했던 몽골제국이 흔적도 없이 멸망한 이유도 흑사병으로 보고 있다. 콜럼버스가 아메리카에 도착했을 때 그 지역에 거주한 인디언의 수는 2,000만 정도로 추정하는데 유럽인에 의해서 옮겨진 천연두, 홍역, 장티푸스, 인플루엔자 등에 의해서 얼마 지나지 않아 거주인의 95%가 생명을 잃는 불행을 겪었다. 남미의 잉카 제국도 스페인 군대에 의해서 멸망되었다고 알려져 있으나 사실 원인은 스페인 군대에 의해서 옮겨진 천연두 등 전염병에 의해서 거의 대부분의 거주인이 사망해서 그 거대하고 찬란한 문화를 만들었던 잉카인들도 흔적만 남긴 채 사라지게 되었다.

이런 끔찍한 질병의 피해를 알게 된 것은 그렇게 오래되지 않았다. 미생물을 우리 눈으로 확인한 것은 불란서 상인이었던 파스퇴르(1632-1723)이었고 그 이후 많은 질병이 미생물에 의해서 일어난다는 것이 밝혀지면서 감염성 질병을 획기적으로 막기 시작하였다. 우선은 열처리를 하면 병을 옮기는 미생물이 죽는다는 것을 알아 음식이나 물로 옮기는 미생물을 끓이고 삶아 죽임으로써 안전성을 확보하게 되었다. 특히 페스트나 장티푸스, 이질 등 원인균은 열에 약하기 때문에 간단한 열처리로도 안전을 지킬 수 있었다. 물로 전파되는 대표적인 전염병인 콜레라로 인하여 1832년 런던에서는 5,300명이 죽었고 파리에서도 1만 8천명이 희생당하였다. 이후 곰팡이 기원 항생물질이 발명되면서 치료효과는 크게 개선되었다. 1927년 플레밍에 의해서 곰팡이가 내는 항생물질에 의한 미생물 억제 가능성이 발견되면서 1943년 페니실린이 최초의 항생제로 실용화되고 인간의 질병 치료에 획기적인 전기를 마련하였다. 2020년 우리를 불안하게 만든 코로나 바이러스는 완전 미생물의 영역에 들지 못하는 불완전 생명체도 결국 백신에 의해서 억제가 가능한 영역으로 들어오고 있다.

앞으로도 미생물들과 인간의 투쟁은 결코 끝나지 않을 것이다. 미생물도 생명체이며 본능적으로 자기 후손을 퍼트리려는 속성은 동식물과 비슷하다. 자기를 죽이려 달려들면 그에 대응하는 방법을 개발하여 대응한다. 감염성 미생물의 변종이 생기는 이유는 자기 종족을 유지하고 후대까지 생존시키려는 생명체의 극히 자연스런 대처방법이다. 근래 인간의 질병에 의한 사망 원인은 위해성 미생물보다는 인체 유전자 변형에 의해 일어나는 암이나 부적절한 식습관, 나빠진 생활환경에 의해서 일어나는 만성병, 즉 고혈압, 당뇨병, 심장병 등으로 사망하는 순위가 훨씬 앞서고 있다. 물론 그 후위 수준에 결핵 등 미생물원인 질병도 자리를 차지하고 있는데 비전염성 만성병은 불행을 당한 한 사람으로 그 범위가 좁혀지나 미생물에 의한 전염병은 감염된 한 사람으로부터 여건이 맞으면 무한대로 번져가기 때문에 더욱 공포의 대상이 되고 있다.

의학기술이 계속 발전하고 감염을 일으키는 미생물에 대해서도 더 많이 알아가지만 인간이 생명체로 존재하는 한 병원성미생물에 의한 희생은 완전 차단은 지극히 어렵고 결국 공생의 대상이 될 것이다. 유행성 질병의 차단은 백신이 최선이라 알려지고 있으며 완전한 백신이 개발된 디프테리아, 소아마비, 홍역 등은 지구상에서 소멸되고 있다. 그래도 새로 나타나는 감염성 미생물은 영원히 근절은 어렵고 코로나 바이러스 등 또 다른 형태의 변종이 나와 인간의 허점을 파고들 것이다. 공생은 어려울 테니 잘 달래서 화나지 않게 하는 방법이 있을 것인가 생각해본다.

일상을 살아가기

마음속 여유 즐기기

어쩌다, 오래 굳어진 성격으로 뒤를 돌아보는 것을 별로 좋아하지 않지만, 나이 들다 보니 문득 살아온 뒤안길을 뒤돌아 보는 때가 가끔 있다. 기억이 가물거리는 초등학교 때까지는 내 의지에 상관없이 살았지만, 그 이후 의식이 깨이고 자의식이 돋아나면서 살아온 내력을 보면 한시도 여유를 갖고 하늘을 보면서 흘러가는 구름을 여유롭게 감상해보는 기회를 얻지 못한 것이 후회스럽다. 물론 시골에서 유년 시절을 보냈기 때문에 자연과 접한 기회가 누구보다도 많다고 생각하고 있으나 이후 제도에 억매인 군대생활을 하고 사회에 나와 취직을 한 후 생활한 시간은 여유를 부릴 만큼 한가한 시간을 가진 기억이 별로 없다. 직장에서 주어진 일을 하느라 바빴고 그 업무를 내 삶의 전체로 여기고 생활화하였다. 하긴 지금도 수 년 해왔던 버릇으로 월요일부터 토요일까지 무엇인가 하지 않으면 오히려 마음이 불안해지는 것은 굴러가는 공의 타성이라고 여기나 내 마음이 가는 대로 몸을 이끌다 보면 그렇게 되고 있다.

이런 것은 꽉 짜인 내 마음속 계획에 따라 움직이고 그것이 편하다고 생각하기 때문이다. 건강을 지키기 위해서는 일어고 자는 시간, 그리고 세끼를 거르지 않고 같은 시간을 지키는 것이 중요하다는데 내 습관에 정확히 맞는 지침이다. 그러나 여유를 부려야 할 때도 있어야 하지 않을까 생각하는 요즈음이다. 부담 없이 참가하는 회의나 내 관심 범위와 먼 내용의 세미나에 참석하다 보면 밀려오는 잠을 이기지 못하여 깜박 조는 그 시간, 꿈 같은 여유를 즐기는 순간이다. 잠깐 졸고나면 언제 그랬냐는 듯이 새 정신이 든다.

세상이 하도 복잡하고 경쟁이 심하다보니 심지어 참가비 내고 멍 때리기 대회도 참가하겠는가. 아마 혼자서도 가능하겠지만 한 집단을 이루어 전문가의 지침에 따라 실행하기 때문에 더 효과가 있는 것이라 여기나 보다. 멍 때리기, 아무것도 생각하지 않는, 나를 배우는 시간을 갖는 것, 아마도 살아가면서 모든 것을 잊고 무념무상의 경지를 느껴보고 싶은 심정이겠지. 종교에서는 명상을 강조하고 온 마음을 집중한 기도 등도 몰입의 경지에 들어 나를 잊는 멍 때리기와 비슷한 정신상태가 되지 않을까 여겨진다.

세상에 알려진 재벌들이 마지막 가는 순간에 남겨놓은 글을 보면 돈을 더 벌었다면, 혹 더 높은 지위를 탐하기보다 주위에 사랑을 베풀지 못한 것, 그리고 나만의 조용하고 호젓한 시간을 즐기지 못한 것을 후회하고 있다. 물질적 욕구보다 정신적 위안, 그리고 나만의 오롯한 시간을 갖지 못한 것에 대한 회한이라 여겨진다. 사실 가족 간에도 한 지붕 아래서 살면서도 나를, 내 심정을 그대로 이해해주는 상대가 있는가하고 자문할 때도 있다. 이럴 때 긍정적 결과가 나오면 안심이 되지만 그렇지 않을 경우 끝없는 외로움에 빠지기도 한다.

이제 오는 삶에서 모든 것을 털어버리고 홀가분하게 나만의 여유시간을 갖고 싶다. 그 시간에 지금까지 못해서 아쉬움과 미련 남았던 지난 일들도 다시 꿈꾸고 몽상 속에서 이루어 보는 행복한 순간도 맛 봤으면 하는 무지개 같은 바램을 가져보기도 한다. 바쁜 시간에 커피 한 잔을 앞에 놓고 아무 생각 없이 후후 불어가며 향을 즐기고 혀에 닿은 쌉쌀하고 친숙한 카페인의 맛을 마음 속으로 즐기는 여유도 갖고 싶다. 그냥 마시는 행위가 아니라 그곳에 있는 진수를 감상하면서 이 자리에 있는, 이 순간의 행복을 마음껏 즐기고 싶다. 조금 지나다 보면 또다시 현실로 돌아와 아웅다웅 부딪치면서 막힌 장애를 헤쳐 나가야겠지만 어느 순간, 여유를 갖고 나를 찾아 나와의 진정한 대화를 하고 싶구나. 잠깐의 여유는 장소와 시간을 따질 필요는 없다고 생각하며 인간에게 주어진 가장 큰 선물, 상상하고 꿈을 꾸며 그것을 쫓아 다가가보는 마음의 세계, 그곳에서는 내가 할 수 있는 모든 일을 내 의지대로 이루어 볼 수 있을 것이다. 잠깐 후 이 세상일에 다시 메인다해도 그런 순간을 갖고 마음의 위로를 받는 것은 복잡한 생활 속에서 느낄 수 있는 사막의 오아시스 같은 것이 아닐는지.

지상에서 성층권으로 올라가 세상을 내려다보는 느낌, 누구에게나 공평하게 신이 준 선물, 내가 살고있는 세상, 그 속에서 내가 생각하는 것을 해보는 즐거움. 때때로 시간을 내서 상상의 나래를 펴서 내 마음에 담고 있는 바램을 펼치고 싶다. 그러면서 다시 현실로 돌아올 때 새로운 에너지를 충전하여 더 의미 있는 시간을 보낼수 있지 않을련지.

집단속에서도 외로움을 느끼는 것이 우리 인간이다. 그러나 마음을 열고 여유의 시간을 가지면 우주와 교신하고 모든 사람과 교류하는 여유도 가질 수 있지 않을까 생각해본다.

지금 나이가 100세라고 가정하고

지금 내 나이가 100살이라면 지나오면서 뒤에 묻어놓은 시간을 생각하고 회한에 젖어들까, 또는 '아, 잘 살았어.' 하고 만족해 할까? 받아들이는 생각이 서로 다를 것이다, 지금 한참 젊은 사람에게 물어보면 나에게는 오지 않을 것 같은 먼 얘기라고 생각하거나 아예 생각도 하지 않는다는 반응이 되돌아 올 가능성이 높다. 나도 그랬으니.

의료기술의 발달과 풍족한 음식, 그리고 위생 등 생활환경 개선으로 수명 100세 시대가 성큼 다가왔다. 지금도 100세를 넘긴 분들이 급격히 늘어나고 있으며 더욱이 이들의 상당수가 좋은 건강상태를 유지하고 있다는 사실이다. 무심코 세월의 등에 타고 지나다보면 문득 나이 먹는 것을 느끼는 때가 있는데 아마도 그때가 정년을 얼마 남기지 않은 시기가 아닌가 여겨진다. 얼마 후면 수십 년 습관처럼 해 왔던 내 할 일을 내려놓고 자유인, 백수가 되어야 하는데 말이 자유인이지 하루 쉬고 하루 놀 수는 없다는 생각이 문득 든다. 이후 무엇을 할 것인가 하는 불안이 밀려온다. 일할 건강과 힘도 있는데 과연 이 에너지를 어떻게 써야 하나를 생각하게 된다.

100세를 건강하게 살고 계시는 노 철학자의 얘기는 우리에게 귀감이 되는 내용이 많다. 내가 이렇게 오래 살 줄 알았다면 정년 이후 이런,

저런 일을 했었을 텐데. 한 시대를 살고 100세에 이르면 지나온 세월을 다시 조명해 보는 기회를 가질 것이다. 우리는 다른 사람의 경험을 내 삶에 대입하여 앞으로 올 시대에 대처하는 슬기를 가져야하지 않겠나 생각해본다. 지금 100세이면서 건강한 상태라고 생각하고 20년 전, 30년 전으로 돌아가면, 즉 젊음을 다시 찾는다면 무엇을 하고 싶고 어떻게 살겠는가를 한 번쯤 마음속에서 가늠하면 좋겠다는 생각이 든다. 지금 100세라고 생각하고 거꾸로 계산하여 자기 마음에 맞는 나이에 무엇을 하고 싶은가를 생각하면 될 것이다. 앞을 예측하여 준비된 삶에서 늙음을 받아들이는 자세는 많이 달라질 것이다. 미리 마음속에 준비된 황혼을 망설임 없이 풍요롭고 여유 있게 받아들일 수 있을 것 같다. 크게 허둥대거나 앞뒤로 불만의 마음을 갖지 않고. 노학자는 뒤돌아보면서 일찍 떠나보낸 자기 짝을 대신하여 재혼을 했으면 하고 후회하였으나 이내 가버린 시간은 되돌릴 수 없으니 그냥 회한으로만 남는 마음의 여울로 머무를 것이다.

아직 100세가 되지 않고 젊음의 나이라면 앞으로 다가올 늙음을 대비한 준비를 미리 해보고픈 생각이다. 내가 생각해보면 정년 10년 전부터는 내가 갖고 있는 에너지를 몽당 쏟아 넣어 즐길 수 있는 취미를 정하여 틈틈이 몰입하는 연습을 하고 싶다. 진정 즐기고 기쁨을 생산할 수 있는가를 가늠해보면서. 초등학교 5학년 때 선생님께서 내주신 숙제 중 목각이 있었는데 부서진 밥상 한쪽을 얻어 장비도 없이 간단한 칼과 끌로 제법 그럴듯한 작품(?)을 만들고 나서 나에게 이런 소질이 있구나 하는 생각을 해본 적이 있다. 지금도 그때의 내 감정을 고스란히 간직하고 있는데 이후 한 번도 조각칼을 잡아 본적이 없으니 그냥 내 마음 저 밑창에 간직하고 있을 뿐이다.

역시 취미는 새로운 것을 창조하는 쪽으로 방향을 잡아야 할 것 같다. 아마도 대부분 정신영역에서 만족을 얻을 수 있는 분야, 예술이 아닐까 생각해본다.

은퇴 후 자아실현이 가능한 취미활동은 꼭 필요하고 여기에 경제적으로 도움이 되면 금상첨화이겠으나 이 욕심은 그냥 바람으로 밀쳐놓아도 될 것이다. 근래 내 경우는 글쓰기에 꽤 흥미를 갖고 있다. 고등학교와 군대에 가서도 틈틈이 시를 썼고 그 글이 군 사단 홍보지에 실린 경험도 있어, 내 생각을 다른 사람들과 공유하는 계기가 된다고 여겨졌다.

은퇴의 시기를 맞은 사람들은 그 사이 오랜 경험을 쌓아놓았고 나름대로 자기만의 지식과 경륜을 내면에 갖추었다. 이 축적된 지혜를 사회에 환원시켜야 할 당위성이 있다고 본다. 나라가 많은 투자를 하였고 살아왔던 사회의 배려로 내가 이런 경험과 지식을 쌓을 기회가 주어졌으니 이를 다시 사회에 돌려주어야할 의무가 있다고 여겨지기도 한다. 그런데 우리 사회는 아직 은퇴자의 축적된 고도의 경륜과 경험을 활용할 제도적 장치는 없지만 정년을 대비한 연령대에서는 스스로 향후 함께 일할 수 있는 분야를 선정, 미리 터를 닦아놓는 것도 한 방법이다.

해가 뜨면 석양을 맞듯 우리 삶도 시작이 있으니 끝이 다가오는 것은 당연하고 그 마무리를 내 의지에 맞게 미리 준비하는 것은 본인은 물론 이 사회의 발전을 위해서도 필요하다. 누구라도 여건은 다르지만 준비된 상태로 끝을 맞고 싶다.

뜸들이기

"뜸", 순수한 우리말이다. 우리 선조는 어떤 계기로 이런 마음에 여유를 갖게 하는 뜻 깊은 언어를 창조하였을까. "뜸"이란 말을 마음속으로 가만히 뇌여 본다. 그 뜻이 그냥 머릿속으로 전달된다는 느낌이 든다. 사전에 뜸은 몇 가지의 뜻이 있다. 무엇을 찌거나 삶아서 익힐 적에 불을 흠씬 때고 난 뒤에 뚜껑을 덮은 채로 얼마쯤 내버려두어 속속들이 잘 익게 하는 경우를 일컫는다. 또는 한방에서 쑥으로 뜸뜬다는 말과 함께 다른 뜻도 많으나 특히 "뜸들이다"로 더 많이 통용되고 있다. 이 말의 뜻은 모두 시간을 들여 한동안 멈춤의 상태를 지나 완숙한 경지에 이르도록 놓아두는 것을 말한다.

우리 일상생활에서 뜸 들인다는 말은 크게 두 가지로 나눠진다. 행동이 빠르지 않고 굼떠 미적거릴 때 너무 "뜸들이네" 하고 말한다. 이때는 빠르게 결론을 내야 할 처지인데 너무 시간을 끌고 있다는 표현이다. 그러나 긍정적인 말이 더욱 많다. 남녀가 사랑을 확인할 때 처음 만나시 바로 정이 드는 경우는 많지 않다. 만나는 기회를 더 가지면서 뜸을 들이고 씨앗이 움트듯이 사랑이 싹트기를 서로 기다린다. 내 마음속에서 뜸 들여 호감이 가면 서서히 뜸에서 사랑의 감정으로 넘어간다. 또한 쌀밥을 지을 때 센 불로 끓이고 나면 불을 낮게 낮추고 한동안 놓아두어야

밥의 맛이 제대로 난다. 그래서 무쇠 솥에 밥을 지어야 맛이 있다고 한다. 보통 무쇠 솥에 쌀을 안치고 장작불로 가열한 다음 끓기 시작하여 한동안 지나면 센 불을 빼고 남아 있는 숯불로 뜸들이기를 한다. 이때 익은 쌀의 내부까지 열이 침투하여 전체가 고루 익으면서 우리 입맛에 맞는 밥이 만들어진다.

식당에서 음식을 먹을 때 가장 중요한 것은, 모두가 공감하듯 밥맛이다. 그 다음이 반찬 순으로 넘어간다. 우리 어머니들은 대대로 내려오는 집안의 가보로 된 무쇠 솥에 밥하는 것에 한 경지를 이루었다. 솥에 안친 밥이 끓어 넘치려면 찬 행주를 솥뚜껑에 놓아 적절히 식힌다. 그러면서 적정한 온도를 유지하여 뜸 들이는 좋은 조건이 된다. 물론 쌀밥을 지을 때와 보리 등 잡곡으로 밥을 지을 때는 그 조건이 다르다. 온도계나 압력계 없이도 오랜 경험으로 참으로 신통하게 불을 꺼내야 할 때를 정확히 가늠하였다. 물론 다른 반찬을 만들면서도 머릿속에서는 뜸 들이는 시간이 자동으로 감지되고 있었을 것이다. 뜸 들이는 시간에 따라 누룽지(깜밥)의 정도가 달라지고 적당히 누룽지가 있어야 숭늉이 맛있다. 밥을 다 먹고 꼭 마시는 숭늉의 맛은 지금도 찾고 싶은 어머니 맛이다. 전기밥통이 나오면서 무쇠 솥에 뜸들인 밥을 먹는 호사는 언감생심, 기대할 수도 없고 이것을 바랐다가는 집에서 밥 얻어먹기 어려운 시대에 살고 있다. 시대를 거꾸로 살아갈 수 없으니 어쩌나, 차려주는 대로 고마운 마음으로 먹고 꼭 잘 먹었다는 말을 하지 않으면 뒤끝이 좋지 않다. 기억해야 한다.

아마도 뜸 들이기의 정수는 발효식품이 될 것이다. 술은 지에밥에 누룩을 비벼 넣고 물을 적당히 부어 따뜻한 아랫목에 놓아두면 며칠 사이 자연의 힘에 의해서 부글부글 괴면서 당화가 되고 이어서 효모에 의해서 알코올이 만들어져 우리 민족의 오랜 역사가 밴 막걸리나 맑은 윗물을 따로 떠낸 동동주가 된다. 이 술을 마시면서 얼마나 뜸을 잘 들였나에 따라 품질이 크게 달라진다. 또한 김치는 어떤가. 양념을 고루 섞어 잘 버무려 놓고 뜸을 들이면 자연이 알아서 숙성되면서 오묘하고 감칠맛 나는 발효제품인 김치가 된다.

우리 삶에서 오래 뜸을 들일수록 진미가 나는 경우가 있다. 친구와 부부다. 오랜 시간 뜸들이고 서로를 알아가면서 마음이 통해야 진정한 부부와 친구가 되고 일생동안 떨어질 수 없는 사이가 된다. 누구든 내 마음을 통째로 줄 수 있는 친구가 한둘 있다면 성공한 삶을 살았다고 말한다. 여기서도 시간이 축적된 뜸의 기회가 주어져야 한다. 나이를 먹을수록 그런 친구들이 하나 둘 내 곁을 떠나지만 가버린 친구를 그리워 하되 지금 내 곁에 있는 오랜 뜸을 들인 친구의 소중함을 알고 소중히 간직해 나가고 싶다. 이 친구는 이해관계를 떠나 생을 마감할 때까지 내 마음속의 중요한 자리를 차지 할 것이다.

기다림의 여유

우리 삶은 바라는 것을 기다리는 시간의 연속이고 기다림에서 원하는 대상을 얻고 물질이나 정신적인 것도 시간의 축적으로 희망하는 결과가 내 손안에 든다. 일상생활을 하면서 시간을 투자하는 기다림은 우리 삶의 큰 부분을 차지하고 있다. 기대와 희망, 기다리는 상대와의 만남에 따른 설렘을 가슴에 품고 산다는 뜻이다.

지나온 각자 삶을 시간으로 계산해 보면 적게 잡아 1/3 이상은 무엇인가를 기다리고 기대하면서 지낸 시간일 것으로 여겨진다. 각자 자신만의 필요 때문에 보낸 시간은 순전히 나를 위한 것이나 그 외는 사람과의 관계, 여러 대상과 연관되어 필요한 기다림은 내 생활의 상당한 부분을 차지하고 있다. 오늘 하루도 어제에서 오늘을 여는 시간의 기다림이 있어야 찾아오고, 자연현상의 모든 경우 기다림의 연속이다. 어느 식물이든 씨에서 싹 틔우고 자라면서 꽃피우고 열매 맺는 것은 결코 일순간에 일어나지 않는다. 기다리고 견디며 자연에 순응하면서 때가 되어야 바라는 것이 얻어지고, 얻어진 것에서 다시 다음으로 넘어가는 시간 흐름의 과정을 거친다. 매일 맞는 새로운 하루도 가장 많은 시간을 할애하는, 자는 시간은 내일을 맞기 위한 쉼과 준비의 멈춤이고 기다림의 시간이라 할 수 있다.

기다림은 여유다. 우리 민족은 오래전에 기다림에 순응하면서 자연과 벗하였고 그 자연에서 녹아드는 지혜를 배웠다. 급히 서두르는 것을 금기시하였으며 은근과 끈기를 바탕으로 한 기다림을 미덕으로 알았으며 너무 서두르는 것은 경망스럽다고 여겼다. 천자문 2번째 열에 일월영측(日月盈昃)이란 글귀가 있다. 해와 달도 차면 기운다. 그렇다. 다 채우고 나면 비우게 되고 기다리면 다시 채워진다. 인간이 있기 훨씬 전 자연의 순리이다. 이 순리는 영원히 계속될 것이다. 아직 이루어지지 않은 기다림은 그리움과도 맥을 같이 한다. 한 대상을 그리는 것은 머릿속 기다림의 표현이기도 하다. 우리는 그리움의 크기만큼 마음이 풍요롭고 그 풍요로움이 기다리는 에너지를 공급한다. 그리움과 기다림의 무게만큼 우리 삶도 진함을 더해가면서 다음을 맞을 마음이 가슴을 채운다. 기다림은 앞으로 올 만남에 희망을 거는 마음의 자세이기도 하다. 우리는 기다림의 시간을 어떻게 받아들이냐에 따라 삶이 많이 달라진다. 기다림의 시간이 긴, 봄에 피는 꽃은 크고 탐스러운 열매를 맺지만, 그 시간이 짧은 가을꽃은 작은 열매, 혹은 소국같이 꽃에서 더 나아가지 못하고 시드는 운명을 맞는다.

기다림은 시간의 투자이다. 투자한 것만큼 성과를 거둘 수 있고 그것에 비례하여 만족감도 더해질 수 있다. 기다림의 결과는 물질적인 것도 한 부분을 차지하지만, 더 큰 보람은 정신영역의 수확이 아닐까 한다. 한 줄의 시구를 얻기 위해 몇 날 며칠의 고뇌를 이기고 견디며 어느 순간 기다림의 응답으로 만족한 산물을 얻을 때 희열의 경지에 들지 않을까. 기다림 없는 산물은 그 기쁨이 비례하여 낮아진다. 모든 곡식과 과일, 채소류는 오랜 기다림의 산물이요 그 시간이 차곡차곡 쌓여 이루어진 결과이다.

늦가을 바람이 살갗에 쌀쌀함을 선뜻하게 전할 때 뒷마루에 앉아 중천을 지나는 해가 구름에 가려 지나가길 기다리는 해바라기의 여유는 기다림의 정수다. 저 구름이 지나고 나면 다시 따뜻한 햇볕이 내 몸을 덥히겠지 하는 기다림, 이 기다림이야말로 여유와 다시 맞을 희망의 바탕이 된다.

우리나라가 세계에서도 유례없을 경제발전을 이룬 것은 구성원인 국민의 정신자세와 이들의 힘을 북돋우고 모을 수 있는 혜안과 역량이 있었던 탁월한 지도자의 덕이긴 하지만 당시 회자하였던 "빨리, 빨리" 서두름의 급한 마음가짐에서 이제 경제력에 어울리는 느긋한 정신영역도 키워야 할 때이다. 경제가 인간 삶에서 전부는 아니다. 정신의 뒷받침이 없는 부는 졸부의 비천한 거들먹거림이다. 우리나라 국민의 행복 지수가 OECD 국가 중 최하위에 속하는 이유는 경제를 떠나 정신적 만족이 뒷받침되지 못한 결과이다. 이제 마음속 여유를 찾아 진득히 기다릴 줄 아는 정신자세를 갖출 때가 되었다. 근래 돌발형 끔찍한 사고가 많이 일어나는 것은 우리 정신상태가 조급하고 핍박해 가는 증거다. 기다림으로 여유를 갖는 우리 민족의 본성을 찾아 가야 한다. 살면서 기다림의 시간을 갖는 것은 얼마만한 즐거움이랴…

나에게 주어진 시간

오늘, 그리고 내일이 나와 더불어 항상 그대로 있을 것이라는 일상의 생각으로 지내다 어느 날 그게 아니구나 하고 늦은 깨달음이 온다. 거울에 비친 내가 갑자기 낯설어 보이고 머리에는 듬성듬성 이 여름에 서리가 내리고 자주 오르던 언덕이 높아 보인다. 그때야 비로소 문득 인생 변곡점을 한참 넘어 섰구나하니 마음속에 늦은 가을바람이 휙 하고 스친다. 은연중에 다가올 남은 날들을 어림잡아 보는, 철들은 때를 맞고 있지 않나 생각한다. 시작이 있었으니 당연히 언젠가 마무리하는 날이 올 것은 모두가 알고는 있으나 이 자연의 섭리를 지나치거나 나에게 해당되는 일이 아니라는 비논리적인 생각에 머물 때가 있다. 시간은 지금도 마무리를 향하여 쉼이 없는데도.

하긴 한창일 때는 닥친 일들에 묻혀 살다 보면 어찌 다가오고 있는 내 생의 마무리가 눈에 들어오겠는가. 어김없이 스쳐가는 시간에 조금씩 나를 내주다 보면 그 활력 넘치던 젊은 날은 어느덧 추억이 되고 그 추억도 잠시, 몸뚱이 이곳저곳에서 삐걱거리는 소리를 듣는다. 그러다 보면 내 의사에 관계없이 나에게 주어진 마무리의 운명을 받아들이는 단계에 접어든다. 저항하고 부정해 봤자 기울어지는 속도를 더 가속화시킬 뿐이다.

비물질인 정신 영역에 물질인 육체가 연결되지 않으면 우리는 생체로서 작용을 하지 못한다. 정신과 마음은 이팔청춘인데 육체는 여기에 따라가지 못할 때 느끼는 마음의 괴리를 미리 막아주는 역할은 참으로 긴요한 일이다. 마음이 젊으면 육체도 따라가는가, 심리학자들의 연구 결과에서 이를 증명하고 있긴 하지만 그 한계는 부정 할 수 없을 것이다. 즉 젊게 생각하면 육체도 그에 따라간다는 이론인데 실제 실험을 통해서 이를 증명한 학자도 있다. 그렇게 긴 시간이 아니고 제한된 환경과 시간의 제약조건에서 얻은 결과이니 인생을 살아가는 보통 사람들에게 그대로 적용되려는지 모르겠다. 분명 출생의 순간에 그 육체에 마무리의 씨앗이 내재해 있고 그 씨앗이 서서히 성장하여 삶과 등식을 이룰 때가 40대 고개가 아닌가 여겨진다. 이미 나에게 주어진 시간이 시작과 더불어 줄어들고 있는 것은 부인할 수 없다는 사실을 육체가 정신에 알려주기 때문이다.

나이 들수록 시간이 빨리 지난다고 생각하는데 그렇게 느끼는 이유를 증명해 놓은 글도 있으니. 절대 불변의 시간이 우리 생각에 따라서 고무줄이 된다니 그것 또한 이해하기 어려운 영역의 하나이다. 사실 시골에서 어린 시절을 보낸 사람들은 초등학교 저학년에서의 느낌을 지금도 갖고 있을 것이다. 오전 수업을 마치고 집에 돌아와서도 한참을 친구들과 놀고 냇가에 가서 목욕하고도 시간이 남아있는 것을. 우리 생체 시계는 육체의 나이와 관계가 있나 보다.

이제 나에게 주어진 시간을 얼마나 썼고 전체에서 빼면 얼마나 남아있는지를 알 수 있으련만 그것을 계산할 계산기가 나에게 없구나. 이런 생각을 하다 보면 왜 구태여 남아있는 시간을 가늠해 보려 하는가 하는 의심이 든다. 그 시간을 알아서 무엇 하려는고. 어떻게 생각하든 다가올 것이고 내 의지와 관계없이 째깍, 째깍 초침은 돌아가고 있는데. 근래 평균수명이 급격히 증가하여 70대는 청년이요 80대는 넘어야 좀 나이 먹었구먼, 하고 여기는 시대가 되었고 100세 장수는 일반적으로 그냥 받아들이는 풍토가 되어가고 있다.

이제 남아있는 시간을 셈할 것이 아니라 주어진 시간을 어떻게 쓸 것인가를 고민할 때가 되었다. 평생 일할 것이라 여겼던 직장의 수명은 점점 짧아지고 나이 든 사람들은 매일 변하는 사회 여건에서 발붙일 곳이 점점 좁아지고 있다. 평균수명이 늘고 있다는 것을 즐거움으로 받아들이기에는 현실이 너무나 팍팍하다. 컴퓨터나 IT 시대는 더욱 빠르게 변화를 거듭하고 있으며 나이 든 사람들은 새로운 정보화 시대에 완전하게 적응하는 것은 거의 불가능한 처지에 놓이고 말았다. 이런 추세를 따라가지 못한다는 소외감에서 느끼는 스트레스는 또 다른 심리적 압박으로 다가온다.

이제 지나온 젊음이 추억으로 회상되면서 주어진 미래의 길이가 점점 짧아지고 있다는 것을 실감하는데 이 속도를 늦출 묘안이 떠오르지 않으니 그 변화를 수용하는 쪽으로 내 생각을 바꿀 수밖에 없다. 큰 흐름의 파도에 떠밀려 가기는 하되 가는 방향은 알고 싶다. 더욱 신경 쓰이는 것은 내가 살아있고 지금도 내 육체는 생리작용을 하고 있다는 것이다. 이제 이 급격한 변화에 어찌 대응해야 할 것인가. 내 정신 영역에 소박한 꿈을 내 머릿속에 그려 넣어야 삶의 의의를 찾을 수 있을 것 같다.

젊음은 지나간 날로 묻히지만 꿈마저 사라지는 것은 아니다. 지금도 가슴속에 가꾼 꿈이 있고 그 꿈이 오늘을 사는 활력으로 작용한다. 꿈을 꾸는 것은 각자의 몫이다. 어느 날 마감할 때까지 우리 삶은 끝나지 않아야한다.

추억의 음식들

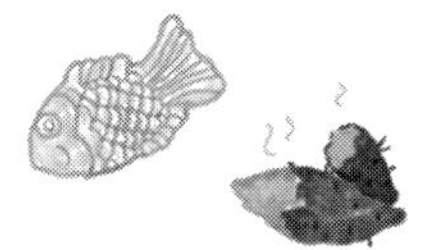

추억에는 지난날의 기억으로 즐겁거나 아쉬웠던 마음이 담겨 있다. 특히 음식과 관계된 기억은 인간의 생존본능에 속하기 때문에 간직된 생각이 쉽게 지워지지 않고 머릿속 깊은 곳에 새겨지는 경우가 많다. 나이 먹은 세대의 대부분은 먹는 것이 풍족하기보단 부족함을 느끼고 살았던 사람들이 많을 것이다. 그때는 맛보다 우선하는 것이 양이었고 음식의 종류를 가릴 여유 없이 세끼라도 제대로 먹을 수 있으면 다행이라 여기고 살았다. 이때 먹었던 음식들은 그래서 추억의 음식으로 각자의 뇌리에 깊게 새겨져 있을 것이다. 길거리를 지나다가 지금은 귀한 대접을 받지만, 붕어빵 굽는 냄새가 나면 본능적으로 킁킁거리며 둘러보는 것이 나이 먹은 사람들의 몸짓이 아닐까한다. 예전에 학교 앞 거리 한 구석에 전을 벌리고 손님을 끄는 국화빵은 이들을 아는 세대에게는 추억의 음식으로 제일 먼저 꼽을 것이다. 친숙하고 구수한 냄새가 마음속 저 밑에 잠자고 있던 기억을 쏜살같이 불러내어 옛적, 어릴 때의 마음으로 시침을 돌려놓는다.

근래 밀가루 값이 오르고 여러 군것질거리가 많아지면서 붕어빵집이 드물어졌는데, 그래도 길거리에서 가끔 만나는 붕어빵 가게를 그냥 지나가는 경우가 없는 걸 보면 추억이 나를 잡아끄는 자력이 있나보다. 짚불에

구워 놓은 군고구마의 구수한 향과 그 달콤한 맛이 주린 배와 같이 어울리면 어찌 그 맛을 잊을 수가 있는가. 한참 바쁜 여름 농사철에 가장 간단히 준비하기 쉬운, 듬성듬성 채 썰어 넣은 애호박으로 구색을 맞춰 내놓은 수제비국은 한 그릇을 뚝딱 해치우기에 제격인데 이 수제비국은 지금도 시장에서 눈이 가는 내 선호 추억의 음식이다.

쌀이 귀한 시절, 대체 식재료로 가장 많이 사용된 것이 밀가루였고 밀가루와 연결된 음식들이 많이 생각난다. 밀가루 반죽에 모시 잎을 찧어 혼합하고 걸쭉하게 만든 다음 솥에 채반을 걸고 그 위에 삼베포를 갈고 준비된 반죽을 부어 넣고 찐, 개떡은 주린 배에 어찌 어울리지 않겠는가. 그 따끈함과 손에 눌어붙는 촉감은 지금도 눈에 보이는 듯 그 모습과 맛이 군침 돌게 만든다. 새알심을 넣은 동지죽은 추운 겨울 날씨와 궁합이 맞고 늦은 저녁 어머님이 한 그릇 퍼 건네는 그 순간이 머리에 그려져야 추억의 음식으로 제격이다. 한 겨울 얼음을 깨고 소쿠리로 건져내는 민물새우를 넣어 시래깃국을 끓여 주시던 어머님의 그 손길이 있어야 추억의 음식으로 다시 살아난다. 겨울 동치미(상건지)는 따끈한 고구마와 만나야 제 맛을 낼 수 있고 그 따끈함과 시원함이 어울려지는, 지금도 그 정취를 머릿속에서 되살릴 수 있다.

배고픔은 모든 음식을 맛있게 만들지만 대단히 제한된, 먹을 수 있는 재료들로 정말 맛깔나게 다루고 조리하여 자식들의 입맛에 맞게 음식을 만들어 주신 할머니와 어머님의 정을 그때는 느끼지 못하고 당연한 것으로 알았는데 거슬러 생각하니 지금 다시 다가가지 못하는 아쉬움이 저리게 가슴에 와닿는다.

사람이 사는 곳에서는 어디나 비슷한 심정이 통하나 보다. 미국의 흑인

사회에서도 전통음식을 가리키는 말로 컴포트 푸드(comfort food), 혹은 소울 푸드(soul food)라는 말을 사용하고 있다고 한다. 편안한 음식이나 마음의 음식, 모두 물질이 아닌 정신으로 통하는 음식이라는 의미를 담고 있다. 그렇다, 개인에 따라서 대상은 서로 다르고 강도는 같지 않겠지만 우리 전통음식들은 모두가 편안한 음식이고 서로 마음을 나누는 대상이 된다는 것은 확실하다. 부족하고 아쉬움이 있을 때 주림을 해결해 주었던 음식들, 그 맛과 향은 절박함 때문에 우리의 유전인자에 그대로 투영되어 기록되고 수 십년이 흐른 지금도 그 맛과 향을 접하면 즉각 그 추억을 불러오는 마력이 생기나 보다.

어찌 보면 이런 추억과 기억이 내 몸속에 남아있다는 것은 나만이 즐길 수 있는 행복의 한 단초가 되어 마음속에 남아있다. 모든 것이 풍족하고 다 갖춰진 환경에서는 부족함에서 오는 절망감이 없고 그 대상에 대하여 특별한 감정을 가질 수가 없을 것이다. 추억의 음식은 다시 접하지 못하는 지난날의 정취에 가까이 하고 싶은 열망이 생겨 내 마음속에서 솟아나는 감정으로 마음속에 담는 음식이다. 가끔 눈을 감고 그 옛날로 돌아가 추억의 음식을 마음으로 냄새 맡고 맛을 볼 수 있는 경험은 나만이 갖는 행복의 한 순간이다. 이들 행복의 근원인 추억의 음식을 만들어 주신 분들을 다시 불러들인다.

그리움은 아쉬움인가

그리움, 마음속으로 다시 되뇌어본다. 잔잔한 호수에 비치는 햇살 같은 편안한 마음이 된다. 그리고 따뜻하다. 그리움을 불러일으킨 대상이 스르르 머릿속에 떠오른다. 오랫동안 마음 저 밑바닥에 고즈넉이 침착해있던 기억이 불려 나와 마음속 살아있는 영상으로 나타날 때 느끼는 감정이다, 그리움은 지금 이 자리에서 현실로는 마주할 수 없는 피안의 영역에 있는 것을 불러와 내 감정에 이입하는 현상이다. 그리고 완전히 개인적인, 나만의 것이다.

며칠 전, 마음을 주고받는 관계가 오래되어 깊게 의지하고 있는 친구를 만났다. 상처를 당한 후 처음이다. 평소 부부 사이가 무척 좋았고 성공한 삶을 살았는데 그만 큰 불행을 당하였다. 부인이 별세하기 전 꽤 오랜 기간 병원순례와 병구완으로 자기가 할 수 있는 최선을 다하는 모습을 긴 시간 봐왔다. 살고 있는 아파트의 도시공기가 나쁠 것 같아 도시생활을 접고 강원도 한적한 곳을 골라 집을 짓고 그곳에서 봄여름, 가을을 지내고 겨울에는 추위를 피하려 서울 아파트로 거처를 옮긴다고 하였다. 그 기간이 꽤나 길었다. 그 알뜰한 배려가 옆에서 보기에도 애틋한 정을 충분히 느낄 수 있었다. 그런 이신동체(二身同體), 정이 쌓여 한 몸같이 둘을 지켜 주었는데 한쪽이 자기 옆자리에서 사라졌으니 허망하고 외롭고 쓸쓸하지 않겠는가. 남는 것은 견디기 어려운 그리움만이라고 말한다. 상처의 아픔은 지피지기(知彼知己)가 아니 되는 오직 개인만의 영역이다. 나이 먹고 금슬이 좋은 부부에게서 오는 일반적인 감정이지만 내가 직접 당해 보지 않고 떠난 반쪽을 그리는 친구로부터 전해오는 느낌만으로도 가슴 가득 아픔으로 아려오는 기분이다.

그리움, 못내 아쉬움의 표현이고 가슴속에 찬바람이 이는 저린 감정의 표출이다. 그 그리움은 결코 현실에서 다시 만날 수 없는 단절된 피안의 세계에 대상이 있을 때 더욱 절절히 느끼게 된다. 보통 우리는 이 세상에 계시지 않는 부모님을 생각할 때 그리움의 감정이 솟긴 하지만 평생을 같이 해온 반쪽의 사별과는 다른 감정이라고 여겨진다. 부모에 대한 그리움은 나를 있게 해준 천륜의 감정과 키워주시고 보살핌이 어우러진 정의 합이나, 부부간의 정은 내 스스로 정하고 함께 살아온 삶의 여정에서 같이한 모든 사연이 모여서 그리움의 바탕이 된다.

그리움은 인간이 갖는 가장 순수한 마음의 표출이며 결코 누구와도 나눌 수 없는 나만이 갖는 사적인 감정의 표출이다. 그리움이 마음에서 일면 그 그리움으로 더 진한 감정으로 이어진다. 짝을 잃은 아픈 상처가 그리움으로 치유되는 것은 아니겠으나 그리움을 남겨준 상대를 다시 생각하는 여유가 다시 아픔으로 다가오지 않겠는가 하는 불안한 마음이 든다. 이제 그리움을 보듬어 안고 나만이 가진 소중한 자산이라고 에둘러 생각하는, 또 다른 변화가 필요하지 않겠는가. 끝없는 그리움 속에 빠져 다시 마음 상하는 어려움을 겪지 않았으면 한다. 수 십년의 추억을 하나하나 반추하면서 즐거움을 사막에서 보석 찾듯 하여 아픔을 승화시키는 노력이 필요하지 않을련지.

이제는 내 처지로 돌아와 지금을 보고 있다. 꽤 오랜 시간 아내와 같이 지난 듯하지만, 엊그제와 같이 잠깐의 시간으로 착각이 되곤 한다. 언제 내 머리가 대머리가 되어가고 아내의 숫 많고 윤기 나던 검은 머리카락이 희게 변하는 것을 안타깝게 쳐다본다. 함께한 긴 여정에서 지금을 둘러보면 그래도 지금 존재한다는 것에 감사하고 고마운 마음이다. 아직은 옆에 있으니 그리움의 대상은 아니고 같은 공간에 있어 주는 것만으로도 감사하고 또 고마울 따름이다.

돌아가신 숙모님의 얘기, 작은 아버님이 오랜 병고를 겪고 먼저 떠나시고 나서 하신 말씀, "벽에 기대고도 살아계실 때가 너무나 그립다". 그렇다 생존해 계실 때 보다 떠난 후 남은 마음의 허전함은 그리움으로 채워지지 않을 것이다. 이 지구상의 어느 동물이 떠난 대상에 대한 그리움으로 과거를 불러올 수 있을까. 같이 나누었던 모든 감정, 함께한 모든 일에서 받은 느낌이 생생히 남아 지금으로 재현되어 가슴을 적시는 느낌으로 나타나는 것이 그리운 감정이다. 가버린 것에 대해 아쉬움과 다시 보지 못할 안타까움을 그리움이라는 표현으로 나를 달래 보지만 그리움 다음에 오는 허전함은 어찌 채울 수가 있겠는가.

매일매일 우리 삶에서 평범한 일과로 하루를 접다가 언젠가 소중한 사람을 잃을 수 있다는 불안감을 어찌 지금 생각해야하는가. 그날 올 때까지 남은 오늘을 더 의미 있게 살면서 나만의 기억의 창고에 그리움 꺼리를 많이 만드는 시간을 보내야 하지 않을까 하는 마음가짐으로 오늘을 보내고 있다. 지금 가진 마음 넉넉함에 가끔 찾아오는 일렁이는 마음속 잔물결을 조용히 다독거려본다. 나에게는 꿈을 이룰 다른 내일이 기다리고 있다.

앞으로 150세까지 산다는데

인간의 수명이 최근 몇 10년 사이 급격히 늘어나고 있다. 나라마다 차이는 있지만 일반적인 현상이다. 먹는 것이 풍족해지고 의료기술 발달과 위생관리, 청결한 물 공급 그리고 하수처리 때문으로 여겨진다. 장수이유를 밝히기 위하여 이 분야 과학자들은 생리적으로 노화가 어떻게 일어나는지를 알아가고 있다. 그 과정은 인체의 세포 속으로 들어가 초미세 크기, 즉 나노 단위까지 뒤져서 세포핵 안에서 일어나는 변화를 관찰하고 있다. 즉 우리 수명에 관계되는 요인을 유전인자 수준에서 관찰하면서 노화이유를 밝혀내고 있다. 지구의 인구가 5억 명이 넘은 것은 1492년 콜럼버스가 미국에 도착할 때쯤이었고, 200년 후 인구는 2배에 달하였고, 지금은 78억 명이 지구에서 북적이면서 살고 있다. 급격한 증가 속도는 멈춰지지 않을 추세이다.

하버드 의대 싱글레어 교수 등은 그들의 저서 "노화의 종말"에서 노화는 자연현상이 아니라 질병의 일종이라고 단언하면서 원인을 밝히고 다른 질병과 같이 퇴치방법을 쓰면 수명연장이 가능함을 과학적으로 밝히고 있다. 노화억제제를 처리한 쥐나 동물들을 보통 수명이 보다 50%이상 연장시키고 있다. 이런 결과를 바탕으로 이제 인간은 100세는 보통이고 150세까지 살 수 있다는 것을 제시하고 있다.

현존하는 인간 중 공식적으로 120세가 넘은 경우는 없었는데 앞으로 일반적인 현상이 될 것이라 예측하고 있다. 장수는 인간의 오랜 꿈이고 욕구이며 지금도 갈망하는 희망사항이다. 우리가 살면서 3대 거짓말 중에 하나가 노인이 빨리 죽어야겠다고 독백하는 것이 들어있다. 누구도 이 세상을 떠나고 싶지 않다는 얘기이다. 개 똥 위에서 굴러도 이 세상이 좋다는데 과연 150세까지 산다면 그사이 동물적 수명은 길어지고 정말 정신적으로도 행복을 느끼면서 살 수 있을 것인가 하는 의문이 생긴다. 지금도 노년기를 맞고 있는 사람들은 극히 일부를 제외하고 건강과 제정 문제, 더 심각한 외로움으로 고통을 받고 있으며 사회에서도 노령연금과 의료보험 증가로 별반 달가워하지 않는 눈치가 역역해지고 있다. 더욱이 출생 율은 떨어지고 평균수명은 늘어 현재 65세 이상이 전체 인구의 15%를 넘어서고 있다. 출생율과 수명연장이 반비례하는 지금 현상이 계속되면 이 간극은 급격히 커져 노인천국이 될 날도 멀지 않다는 즐겁지 않은 예상이 가능하다.

우리나라 절대빈곤 노인비율이 50%에 접근하고 있으며 부의 양극화가 심화되는 현상은 구조적으로 더 심해지지 않을까 염려된다. 호주의 후랭크 패너나 세계적인 물리학자였던 스티븐 호킹은 생을 마감하기 전 지구의 최대 인구수용능력을 80억 명 정도로 예측하였고 그 이후 큰 혼란이 올 것이라 예측하였다. 그러면서 앞으로 지구에 인간이 살 수 있는 기한을 100년으로 예측하였는데 그 이유는 계속되는 인구증가, 무분별한 소비를 들었다. 지금의 상황은 여기에 더하여 산업화에 따른 지구 공기조성의 변화, 물 오염, 지구온도상승, 그리고 크게 늘어나고 있는 비가역적인 폐기물증가가 지구의 마지막 기한을 더 단축하지 않을까 심히 염려가 된다.

이 지구의 주인이 인간이라는 주장은 역사를 모르는 사람들의 생각인데 최초 이 위성의 생명체는 미생물이었고 이들이 무수한 생명체로 진화하였으며 인간이 출현하기 전 실로 수많은 생명체들이 지구를 뒤덮고 있었다. 지구의 산소와 질소가 균형 이루어 우리가 숨 쉴 수 있는 여건을 만든 것도 미생물과 우리와 같이 생존하고 있는 식물의 덕이다. 이들이 존재하지 않으면 인간의 생존도 마지막을 맞을 것이다. 더욱 안타까운 것은 우리와 함께 생을 같이했던 동물의 68%가 지난 50년 사이에 사라졌다니 이 안타까운 사실을 실제 피부로 느끼고 있다. 여름을 항상 같이 지냈고 눈뜨면 볼 수 있었던 그 흔하던 제비는 제주도에서나 간간히 볼 수 있고 뜸부기는 자연에서는 자취를 감추어 인위적으로 인공 부화하여 관리한다는 것이 뉴스로 보도되고 있다. 더 심각한 것은 멸종위기에 처한 동 · 식물의 목록이 계속 늘고 있다는 것이다.

이 지구에 인간만이 홀로 존재할 수는 절대로 없다. 후손의 생명보존을 위해서 이 세대에서 저질러 놓은 잘못을 바로 잡아가야할 책임이 우리에게 있다. 같이 사는 동물과 식물, 그리고 인간이 더불어 같이 사는 방법을 찾아야 한다. 이들은 우리의 이웃이었고 이들과 함께하지 못한다면 머지않아 인간은 서서히 끓어가는 냄비 속 개구리가 될 것 이다.

담배에 대한 생각

담배 피우는 사람이 아직도 상당수이다. 흡연에 따른 이익도 있으나 피해가 너무 크다. 담배뿐만 아니라 한번 빠지면 쉽게 헤어 나오지 못하는 심한 중독성이 있는 대표적인 것이 아편, 술, 도박, 등이다. 모두가 건강과 삶을 황폐하게 만드는 요인이 된다.

이들 모두가 중독성이 강하여 이성적으로는 거부하여 멈춰야 하겠다는 생각을 갖는데도 행동은 실제와 다르다. 이들 중독성 물질은 모두가 육체와 정신 건강에 지대한 영향을 주며 일부는 이성을 마비시켜 자기의 정상적인 삶을 살지 못하고 전 인생을 망치며 가족에게까지 큰 상처를 준다.

마약이나 도박은 법으로 금지하고 있으며 위법으로 처벌을 받으나 술과 담배는 합법적으로 마시고 피울 수 있으니 어찌 보면 당사자는 물론 주위에도 상당한 피해가 있음에도 불구하고 법적제재대상은 아니다. 그러면서 국가는 세금 걷는데 쏠쏠한 재미를 보고 있다.

술과 담배는 일시적으로 정신을 고양하여 문학 등 예술인에게는 뗄 수 없는 관계를 맺고 있고 중국의 잘 알려진 많은 문인들도 술과의 깊은 인연을 글로써 나타내고 있다. 그러나 두 대상 모두 과한 경우 암이나 장기에 이상을 일으키는 것이 과학적으로 밝혀져 멀리해야 할 대상이나 기호라는 측면에서 쉽게 결별하지 못하는 사람들이 많다. 하긴 우울하거나 기분이 침체 되어 있을 때 담배 한 대면 정신적으로 안정 될 수 있고 적당한 음주는 활력을 얻는데 도움이 되는 것은 사실이다. 어느 의미에서 보면 술과 담배는 육체에 해를 끼치기는 하지만 정신에 긍정적인 영향을 주니 어느 쪽 편을 들어야 할지 망설여지는 경우도 있다.

나는 처음부터 담배를 피우지 않았다. 그러나 우리 할아버지, 아버지도 골초셨다. 어릴 때 할아버지 담배 심부름은 내 담당이었다. 오죽으로 만든 긴 담뱃대(장죽)에 봉지로 포장된 엽연초를 대통에 눌러 담고 화롯불을 대령해드리면 내 일은 끝난다. 한동안 지난 후 담뱃대 안에 담배진이 차이면 빨대와 대통을 분해하여 말려놓은 줄(길게 자라는 풀)로 청소하는 일 또한 주기적으로 내가 했다. 아버지는 장죽이 아닌 곰방대를 즐겨 하셨고 담배쌈지에 넣어 갖고 다니셨다. 아련한 추억이지만 그 담배 연기 냄새가 할아버지 냄새로 인식되고 있으니 지금으로 말하면 간접흡연의 덕을 봤다는 것이다. 그런데 그 당시도 그 냄새가 싫지 않았는데 커가면서 담배냄새가 싫어졌다. 그래서 논산훈련소에서도 내 옆 동료는 나를 좋아하였다. 배급해주는 화랑담배 내 몫을 통째로 그 친구에게 주었으니. 그 보답으로 내 식기 설거지는 대신 해주었다. 그 친구는 지금쯤 어디에서 간혹 담배를 준 내 생각을 하려는지 궁금하구나.

담배의 기원은 술보다는 늦지만 7세기 마야신전 벽에 제사장이 담배 피우는 그림이 있고 흡연모습은 기원전부터 곳곳에서 나타나고 있다. 특히 멕시코나 북미에서도 그 역사가 꽤 되었다. 유럽에는 콜럼버스(1492)가 미 대륙을 다녀와서 담배를 퍼뜨렸다고 한다. 우리나라에는 임진왜란 때 들어와 남령초, 연주, 담바구 등으로 불리면서 일반화 되었다고 한다.

담배 피우는 예법도 달라 서양은 아버지에게 담뱃불을 붙여 피우지만 우리나라는 상하 관계에 따라 웃어른들과의 맞담배질은 엄격히 금지되었다.

담배의 폐해는 많이 연구되어 수백 가지 독성물질이 알려져 있고 폐암과의 관계는 과학적으로 밝혀졌다. 담배에 들어 있는 벤조피렌은 폐암 증가율을 500배, 50세에는 900배, 70세에는 1,000배를 증가시킨다는 연구결과도 있다. 이런 건강위해에 대한 홍보로 남자 흡연율은 매년 감소하여 35% 정도에 그치나 여성들의 흡연율은 계속 증가하여 거의 11%에 이르는데 젊을수록 흡연율이 높다고 한다. 내 사무실 앞에서도 점심시간에 젊은 처녀들이 흡연하는 것을 보면 안타깝다. 남성에 비하여 여성의 경우 자식들에게 영향을 미치는 정도가 더 심하다고 하니 더욱 염려된다. 일부 학자들은 기형을 낳을 확률이 높아진다고 보고하고 있어 본인 한 사람의 문제가 아니라 후대에 영향을 미친다니 깊이 생각할 문제이다. 이런 현상이 같이 함께 얽혀있는 이 사회에서 나에게는 관계가 없다고 말할 수 없다.

출산율 저하로 국가의 인구가 줄어 국력이 쇠해지고, 다른 사람이 암이나 질병에 걸릴 경우 본인의 불행은 물론 나도 공동으로 의료보험료를 부담해야 하기 때문에 더욱 신경이 쓰인다. 우리 인생은 모두가 거미줄같이 연결되어 있음을 다른 사람의 습관인 흡연에서도 느끼고 있다.

오늘도 길거리에 무수히 버려진 꽁초로 아침 산책길이 유쾌하지 않다.

"다행"이 있어 다행이다

우리가 일상생활을 하면서 "다행이다"라는 말을 자주 쓴다. 잘못되지 않고 아주 썩 좋지는 않지만 받아 들일만한 상태를 그렇게 표현한다. 자동차 사고가 난 친구를 문병 갔다가 목발 짚고 돌아다니는 모습을 보면서 그만하니 천만다행이네 하고 위로한다. 다행은 행복과 불행, 만족과 불만족의 중간 어디쯤엔가 있다는 생각이 든다. 더 큰일이 벌어질 상황에서 그렇게 되지 않고 조금 비꼈을 때도 큰일 날 뻔했다고 하면서 다행이란 생각을 한다. 다행은 자신을 스스로 위로하는 말이기도 하다. 만족한 상태라면 그 결과로 행복의 순간을 맞기도 하나 일이 아주 잘못되었을 때는 심리적으로 불행하다고 느끼게 된다. 그렇게 행복하거나 만족스럽지는 못하지만 그렇다고 불행하거나 더 나쁜 상태가 아니라는 상황, 아마도 다행이라는 말로 내 마음의 좌표를 찍는 지점이겠지.

우리가 생활에서 항상 만족한 마음의 상태인 행복만을 느끼면서 살아갈 수는 없다. 길거리에 다니면서도 하마터면 교통사고가 날 뻔했는데 그것을 비켰다면 그때도 참 다행이라고 얘기한다. 아주 큰 불행을 당하지 않았을 때의 느낌을 우리는 다행이란 표현으로 그 상황을 설명한다. 다분히 자기 내면에 존재한 심리상태를 말한다. 물론 행 · 불행도 모두가 내 기준에 따른 분류이긴 하지만 같은 상황이라 하더라도 느끼는 당사자에 따라서 행 · 불행은 다르게 받아들여진다. 다행이란 생각도 느끼는 사람의 상태에 따라서 다를 것이다. 몸이 불편했을 때도 비교의 상황에서 어느 쪽을 택하느냐에 따라 행 · 불행, 그리고 다행인가가 판가름 난다. 그래서 지금 비교하는 그 무엇보다 낫다는 것이 다행이라고 표현한다.

나의 경우 나이가 드니 자연히 배뇨 기관이 노쇠하여 배변, 소변의 어려움을 겪는 때가 많아진다. 그럴 때 내 괴로움을 얘기하면 그렇게 작은 고통을 느끼면서 그래도 배설할 수 있으니 아예 작동하지 못하는 것보다 낫다고 여기고 살라는 안사람의 얘기를 듣는다. 그렇다. 최악의 불행한 상태에 비교하면 조금 불편하고 또 처치 방법이 있는 경우 얼마나 다행이냐 하고 받아들이면 마음이 한결 가벼워진다.

우리 마음은 시시 때때로 변하고 항심(恒心)을 갖기가 어려운데 항상 불행의 씨앗인 비교의 늪에서 벗어나지를 못하는 것 같다. 일상 살아가면서 위만을 쳐다보지 말고 아래도 같이 보라는 얘기를 한다. 나와 비교하여 경제적으로 여유가 있거나 여건이 좋은 사람과 비교하면 내가 가진 것이 초라하거나 불만족스러운 상태가 된다. 그러나 갖지 못한 상대와 비교하면 내 것이 훨씬 더 풍족하다는 것을 느낄 수 있다. 앞서가는 사람도 있지만 뒤따르는 사람도 있어 이를 비교하면 어느 쪽을 보느냐에 따라 마음에서 받아들이는 상태는 크게 다르다. 살아가면서 남과 비교는 안 할 수는 없지만 비교야말로 살면서 가장 나를 불행하게 만드는 첩경이다. 물론 앞서가는 사람을 본봐 내가 더 노력할 수도 있지만 경쟁의 상대가 되면 결코 편하지 못할 것이다. 결국 행 · 불행과 만족, 불만족은 내 마음의 상태이고 어느 쪽을 택하느냐에 따라 받아들이는 영역이 다르다는 것을 느낀다.

모든 현인들이 내 자신을 알라고 거듭 강조하고 나를 돌아보는 기회를 갖도록 권유하고 있다. 쉽지는 않지만 나를 올바르게 보고 나만의 경지를 구축하는 것은 행 · 불행을 극복하는 가장 빠른 길이 아닐까 여겨진다. 순간 실수로 큰 사고를 당했을 때도 아이쿠, 죽을 뻔했네 라는 말을 하면서 목숨을 부지한 것에 감사한다. 평상시에는 느끼지 못하는 감정의 표현이고 그 상황에서 크게 다행이라는 생각을 한다. 아무 일도 일어나지 않은 상태였다면 그것을 다행스럽다고 느끼는 감정의 여유를 가졌으면 한다.

우리 일생을 살아가면서 많은 고난과 험한 일을 당하면서도 무사히 어려움을 이기고 여기에 와있다는 것에 다행하다는 마음이 든다. 지금의 고난이 그래도 더 불행한 것보다 다행이라는 생각에서 나를 다잡고 내면을 보는 기회를 가졌으면 한다. "나"는 "나"이고 그 누구와도 비교할 수 없는 특별한 존재이다. 항상 이쯤에서 다행이라는 생각을 마음속에 품고 불만족이나 불행을 잠재우고 나만의 길을 묵묵히 찾아 갔으면 한다.

전철 안 풍경

대중교통수단으로 우리나라 전철은 쾌적함이나 연계제도, 그리고 다양한 노선은 세계 어디에 내놓아도 뒤질 수 없을 것이다. 청결의 정도, 그리고 안내방송 등은 편리함을 넘어 우리 교통체제에 대한 자긍심을 느끼게 한다. 이렇게 자랑할 만한 전철이나 기차를 이용하다 보면 10여 년 전에 비하여 차량 내 승객의 분위기는 엄청난 변화를 가져왔다. 전철 내 승객의 90% 이상은 핸드폰을 열심히 들여다보고 있다. 승객의 연령대는 상관없이 남녀노소 불문하고 참으로 열심히 손바닥만 한 화면에 몰입되어 있다.

지난 풍경으로 전철 내를 돌아다니면서 선반에 버려진 신문을 수거하는 분들이 있었다. 전철을 탈 때 신문을 사서 무료한 시간에 읽을거리로는 신문이 제격이었고 필요한 기사나 흥미 거리를 골라보고 나서 내릴 때 선반에 올려놓았다. 미처 사지 못한 승객은 선반에 올려 진 신문을 내려보았고 다시 제자리에 돌려보내곤 했다. 이 읽은 신문지는 수명을 다하고 전철 안을 돌아다니는 수거 인에 의해서 모아져 폐지로 팔려나갔을 것이다. 당시 전철이나 기차 내에서 신문이나 책을 읽는 모습은 전혀 생소하지 않았고 어찌 보면 여유있는 자투리 시간을 의미있게 활용하는 면에서 바람직한 일이었다. 또한 근래 종이신문 매체의 구독자가 줄어 어려움을 겪는다고 하는데 이런 대중교통 수단 내에서 읽는 부수도 결코 가볍게 여길 수 없었을 것이다. 그런데 요즈음 신문이나 책을 펴서 전철이나 기차 안에서 읽는 것 자체가 외계인 취급을 받는 시대가 되었다. 핸드폰에 온 신경을 쓰다보면 종이에 활자화된 신문이나 책은 거추장스럽고 가판대까지 찾아가 현금주고 사야하는 번거로움이 있다. 스러져간 여러 풍습 중에서 종이신문과 책을 읽는 것이 없어진 지금의 상황은 큰 아쉬움으로 남는다. 책이나 신문을 읽는 승객을 보면 정감이 간다.

요즈음 아침신문을 배달받아 읽는 가구도 크게 줄었고 읽을거리가 핸드폰 안에 다양하게 널려있는데 구태여 번거로운, 돈 주고 사는 종이신문이나 책을 읽을 필요가 없다는 생각이다. 아날로그시대 사람인 나 같은 경우 핸드폰의 글자는 머리에 쏙 들어오지를 않는다. 종이신문의 독특한 형태와 촉감 그리고 글쓴이와의 무언의 대화, 그 속에 들어있는 저자의 생각을 유추하면서 나름대로 다시 해석하는 여유를 부리는 것은 또 다른 종이신문과 책이 주는 호사이다. 활자로 된 글은 그자체로 신비한 힘을 갖는다. 글의 내면에 흐르는 뜻을 쫓아 갈수 있고 나만의 여유를 갖고 다시 새겨보는 기회를 갖기도 한다.

운 좋게도 부친께서 유명 신문 2부를 정기 구독하여 초등학교 들어가기 전에 ㄱㄴㄷㄹ이 아닌 글자로 한글을 익혔고 여기에 따른 한문공부를 할 수 있었다. 이런 몸에 밴 습관은 지금도 종이신문이나 책을 접해야 읽는 맛이 난다. 물론 핸드폰에 몰입하는 세대에게는 엉뚱한 얘기이지만 활자화된 글에서 느끼는 그 감정을 공유할 수 있는 세대가 따로 있나보다. 문명의 이기이니 잘 사용해야겠지만 책으로 읽는 소설과 핸드폰으로 내려 받는 내용을 이해하는 것은 차이가 날것이다. 신문은 첫 면부터 전체 모습이 한눈에 보이고 넘겨가면서 큰 제목을 읽으면 그날 세상 돌아가는 것이 한꺼번에 가늠이 된다. 지나간 세월에 향수로 치부하라는지 모르나 깊은 사고의 산물인 성현의 말씀을 기록한 서적들은 종이매체가 아니면 그 깊이가 다르지 않을까 여겨진다.

기차도 특등을 타면 그날 발행된 신문을 놓아두곤 했는데 그것마저도 집어가는 사람이 적으니 승객을 배려하여 도입한 제도가 곧 사라 질것으로 생각되어 아쉽다. 세상의 흐름을 아는 방법은 사람 간 직접 접촉시대에서 신문 등 간접접촉매체에 의한 시대로 진화 한 다음 라디오 등 공중파로 진입하여 소리가 전달수단이 바뀌었고 이제 눈과 귀를 동시에 사용하는 TV가 일반화되면서 더 나아가 이제는 손안에 핸드폰이 대세가 되어 소식을 접하는 것이 시와 때를 구분하지 않게 되었다.

활자가 살아있는 신문이나 책은 우리사고의 폭을 넓게 하는 좋은 매체인데 이들 매체가 크게 위축되는 것 같아 심히 안타깝다. 내가 뒤떨어진 사고를 하고 있다고 생각하니 더욱 쓸쓸해진다. 이를 극복해야 정신 건강에 도움이 될 것 같다.

Beauty is nothing without brains 

아침저녁 출퇴근하는 작은 골목길 중간에 자리한 아담한 미장원 창문에 쓰여 있는 글귀이다. 쓰여진 글을 따서 붙인 것은 아니고 아마도 주인이 손수 페인트로 유리창에 직접 쓴 정감 가는 글씨이다. 몇 년째 왔다 갔다 하면서 보는 순간 나를 다시 둘러보는 습관이 생겼다. 내 모습의 표현은 외모에서 나오는가, 내 마음에서 우러나오는가를 생각하면서 조금은 혼란이 인다. 그렇다. 진정한 아름다움은 마음과 자신이 갖고 있는 정신 속에서 베어 나오는 것이 아닐까 여기고 있다. Brain이라 말했지만, 마음은 결국 뇌의 지령을 받는 것이니 물리적으로는 뇌이나 밑에 깔린 의미는 결국 우리 정신과 마음이라는 것은 거의 확실한 것 같다. 언젠가 이 글을 쓰신 분의 속내를 알고 싶은데 무턱대고 미장원에 들어가 불쑥 내 용건만을 물어볼 수 없어 그냥 나대로 유추하고 글의 숨은 뜻을 내 나름대로 해석하려 노력하고 있다.

우리는 살아가면서 실로 많은 사람을 만난다. 태어나서 제일 처음 눈으로 익히는 얼굴은 어머니이고 다음 가족들이다. 그래서 처음 인식하는 어머니의 모습은 아마도 일생 잊지 못하는 천사의 모습으로 내 마음속 저 깊은 곳에 간직하는 영상이다. 어떤 분은 노쇠하여 생을 마감하는 순간에도 엄마를 부르며 “나 아파요, 엄마” 하고 마지막 숨을 거두는 경우도 있다고 한다. 내 마음속에 간직한 어머니의 얼굴은 외모가 아니라 모심(母心)이고 어머니가 안고 있는 자식에 대한 무한한 사랑이 뒷받침된 영상일 것이다. 어머니의 얼굴에서 나타나는 푸근함은 마음 밑바닥에서 끌어올려진 나를 향한 사랑이요 자혜의 표현이다. 마음이 응축되어 밖으로 표출되는 무언의 힘을 자식들은 받고 있다. 어찌 외모에서 느끼는 감정일까? 완전히 마음과 정신에서 발산하는 나 하나를 향한 순수함이요 사랑의 결정체가 전달되는 과정이다. 어머니는 아무리 나이를 드셔도 항상 젊음의 모습으로 자식들에게 전달된다.

요즈음 들어 여자들의 나이를 가늠하는 것은 거의 불가능하다. 화장은 물론이요 주름은 땅기고, 늘어진 피부는 지방제거 수술로 팽팽하게 하여 젊게 만드는 요술을 부리고 있으니 어찌 외모만 가지고 나이를 가늠할 수 있겠는가. 화장품도 발전에 발전을 거듭하여 색조나 성능까지 개개인의 취향과 연륜에 맞게, 맞춤형 제품을 내고 있으니 조금만 신경 쓰면 나이를 거스르는 것은 그렇게 어려운 일이 아니다. 남자들은 예외인가. 이제 남자들도 화장하는 것이 일반화되어가고 특히 젊은이들에게서 유행하고 있다는 얘기를 듣는다. 외모를 가꿔 더 젊고 아름답게 꾸미는 것을 어찌 나쁜 감정으로 얘기하겠는가. 그러나 "Brain"이 빠진 아름다움은 말 그대로 "Nothing", 아무것도 아니다. 외모는 결국 허울이요 가식이며 알맹이 없는 껍데기일 뿐이다. 주름이 연륜을 말해주고 있는 테레사 수녀의 모습에서 우리가 느끼는 것은 경외의 감정이요 은은히 전달되는 완성된 인격의 파장을 가슴으로 받아들일 수 있다. 잔잔한 미소와 마음에서 우러 나는 인품의 향은 김수환 추기경에서도 느낄 수 있었다. 나는 종교인은 아니지만 정신의 정수를 승화시켜 마음속에 간직하지 않으면 그런 완성된 얼굴의 모습을 갖기가 어려울 것이다.

한 번도 직접 만난 적은 없지만 성철스님의 사진에서도 비슷한 감정을 느낀다. 아마도 사람은 정신영역이 어느 한계를 넘으면 비슷한 모습을 갖게 되나보다. 인간으로 도달할 수 있는 지극의 경지가 아닐까 한다. 미장원 창가에 써져 있는 글귀도 이런 경지를 탐하고자하는 마음의 표현이 아닐까 여겨진다.

마음의 수양, 물질적인 것에 집착보다는 정신적 풍요를 추구하는 삶이야말로 우리가 지향하는, 쉽지 않은 길이긴 하지만, 탐해보고 싶다. 더 늦기 전에 그 경지의 언저리라도 얼쩡거려 보려고 다짐하는데 오늘 이 순간에도 신문을 읽으며 안타까운 감정을 나도 모르게 표출하고 있으니. 그냥 많은 사람이 왔다간 궤적대로 범인의 생활로 그냥 마무리하지 않을까 은근히 조바심이 난다. 그래도 아쉬움이 남아 될 수 있으면 탐하는 물욕을 버리고 정신수양을 통하여 원숙한 생으로 마무리하고 싶은 생각은 품고 있다. 그 미장원에 들러 주인에게 가르침을 받아야 하나.

벌떡, 웬 떡, 꿀떡

오래전 불렀던 동요 한 토막, 리리리 자로 끝나는 말은 개나리, 보따리, 댑싸리, 소쿠리, 유리, 항아리(윤석중 작사). 우리말을 쉽게 익히기 위한 동요이다. 여기에서는 떡 자로 끝나는 순수한 우리말을 모아보았다. 벌떡, 웬 떡, 꿀떡 등이 있다. 이 외에도 찰떡도 있으나 이 말은 먹는 식품이고 나머지는 행동이며 상황을 설명하는 말이다. 이들 말은 예상하지 못한 상황에서 갑자기 행동한다는 공통점이 있다.

벌떡은 갑자기 일어나는 행동으로 내가 예상하지 못한 상태에서 급히 행하는 몸짓이다. 편안히 방에 누워 있는데 어른이 들어오시면 예의 바른 사람이면 벌떡 일어나 바른 자세를 갖춘다. 또는 늦장을 부리고 있을 때 벌떡 일어나 이 일을 하라고 다그칠 때도 쓴다. 웬 떡, 예상하지 못했는데 자기에게 이익이 되는 것을 얻게 될 때로 떡이 갑자기 굴러 왔으니 기쁨도 있겠으나 당황의 뜻도 내포되어 있다. 꿀떡은 음식을 갑자기 목에 넘기는 행동을 표현하는 말이나 은유적으로 약속을 했을 때 답이 없이 지나쳐 버리는 경우를 말한다. 즉, 내가 말한 것을 꿀떡 삼켜버렸냐 하고 힐난 할 때 쓴다. 또는 해야 할 일, 혹은 하기로 한 행동을 잊거나 의식적으로 뭉개버리는 마음 행동을 의미한다. 사전을 찾아보니, 벌떡은 앉았거나 누워 있다가 갑자기 일어나는 꼴이고 웬 떡은 뜻밖의 좋은 일을 만나거나 좋은 물건을 만나는 경우의 말이며, 꿀떡은 음식물 따위를 목구멍으로 단번에 삼키는 꼴 또는 그 소리란다.

그렇다. 우리 일상 삶에서 예상하지 못하는 일들이 가끔 일어난다. 밋밋이 자랐다고 보이는 나무도 자세히 보면 공이가 박히고 경우에 따라서 밖에서는 보이지 않으나 안에는 생체기의 흔적이 보인다. 모두가 외부에서 가한 충격에 대응한 기록이고 그것을 이겨낸 나름대로의 역사이다. 특히 소나무는 가지가 잘렸거나 껍질에 상처가 나면 이를 치유하기 위해서 송진을 품어 내어 지신을 보호하는 생리적인 작용을 한다. 나무를 껴서 판자를 만들었을 때 그 상처의 모습이 곳곳에 보인다. 이것을 우리는 무늬라고 하여 아름다움의 대상이 되나 나무에게는 갑자기 당한 고난의 흔적이다.

우리 삶에서도 예상하지 못하고 닥친 어려움은 마음의 충격으로 어디엔가 기록되고 저장되는 것이 아닐까 한다. 한번 놀란 경험이 있으면 같은 상황이 닥치면 놀램의 정도는 더 커진다. 식물의 경우도 어려움을 겪은 경우는 자기 몸에 기록하여 갖고 있는데 하물며 사람의 경우에야. 갑자기 당하는 어려움도 있으나 살아가면서 축적되는 어려움도 있다.

어찌 보면 매일 접하는 일상의 우리 생활은 한 번도 경험해보지 못한 상황의 연속이지만 우리는 그저 무덤덤해 어제와 같은 오늘이라고 여기고 지나치고 있다. 결코 다시 못 올 이 순간이고 다시 경험해보지 못할 귀한 시간들이다.

살면서 벌떡, 웬 떡, 꿀떡을 무수히 경험한다. 이런 예상치 못한 상황이 일어났을 때 어떻게 대처하느냐에 따라 내 삶의 가는 길이 바뀌지는 경우가 있다. 갑자기 일어나는 상황은 대비할 시간도 없어 우리의 반사신경에 의한 본능적 대처가 되지만 어찌 보면 우리 생활 하나하나가 맞을 준비를 갖추지 못하고 부딪치는 경우도 적지 않다. 전염병도 미리 예상치 못하는 상황에서 어느 날 갑자기 병균이 나를 공격하여 어려움에 처하게 만들기도 한다. 예상하지 못했으니 대처 방법도 준비되지 않았다. 그저 본능에 맡기는 수밖에. 그러나 마음 수양이 된 경우, 묵직이 마음의 중심을 잡고 있을 때는 헛되이 가볍게 움직이지 않고 상황을 판단하여 행동할 수 있다. 성질이 급한 사람과 느긋한 사람의 차이인데 과연 어느 것이 우리가 본받아야할 일인가. 각자 나름대로 다른 생각을 갖겠지만 한 가지 확실한 것은 갑자기 닥친 일에 차분한 대처는 우리같이 갖추어야 할 마음의 자세가 아닌가 한다.

우리말에 급할수록 돌아가라는 말이 있는데 여유를 갖고 행동하라는 의미일 것이다. 모든 일, 조급하게 결정하여 실패하는 경우보다 조금 늦더라도 다지면서 가는 것이 바람직하지 않나 여긴다. 그러나 지금 시대가 우리를 그렇게 여유롭고 한가하게 결정할 시간을 주지 않고 있다. "빨리 빨리"는 우리 공통적인 생각 저변에 깔려 있고, 외국인도 한국인에게서 처음 익히는 말이 빨리 빨리라고 하니 한번은 생각해 볼 일이다. 예상하지 않은 일, 좋든, 나쁜 일이건 이제 조금 여유를 갖고 생각하는 마음의 자세가 필요하지 않을는지. 멈춰 선 전철 에스컬레이터 앞에 안내판, "조금 늦어도 완벽하게 고치겠습니다". 뜻이 속 들어온다.

식사는 배를 채우는 것만은 아니다

식사(食事)는 한문 풀이로 보면 먹는 일이다. 그런데 확실히 "육체적"일만은 아니다. 유명 일간 신문 한쪽에 실린 기사가, "챙겨 먹기 귀찮은 식사, 알약 하나로 대체한다면" 오래전부터 미래 식사 방법의 변화로 거론된 희망사항이다. 결론부터 말하면 어림없는 기대다. 물론 인간의 생존에 꼭 필요로 한 5대 영양소와 미량 성분들을 한 끼에 균형 있게 공급할 수는 있을 것이나 만물의 영장인 인간이 음식을 먹는 행위는 필요 영양소만을 충족시키는 것만은 결코 아니다. 기아선상에 있는 경우를 제외하고 우리는 음식을 먹을 때 오감을 모두 사용한다. 눈으로 보고 코로 냄새 맡으며 혀로 진미를 감상하면서 형태가 있는 것은 씹고 깨물면서 독특한 조직에서 비교할 수 없는 아삭아삭하는 쾌감을 느낀다. 또한 뜨겁고 차가운 감각은 음식을 처음 대할 때 가치를 평가하는 중요한 기준이다.

커피를 마실 때를 생각해보자. 우선 컵에 담긴 커피 잔의 외형에서 시각이 동원되어 구미를 당기게 하고 보는 즐거움으로 감상하고 향긋한 냄새는 맛보기 전에 커피의 진수를 미리 느끼게 한다. 입으로 마실 때 따끈하거나 찬감각은 혀에서 맛을 느끼기 전에 자기 판단으로 호감을 불러일으킨다. 입 안에 번지는 커피의 씁쌀한 카페인의 맛은 하루를 즐겁게 맞게 하는 촉진제가 된다. 음료뿐만 아니라 모든 음식은 우리의 오감을 모두 동원한 종합 감각을 자극하는 것이고 느끼거나 그렇지 않거나 우리가 살아있다는 사실을 알게 하는 예민한 감각이기도 하다.

매일 먹고 있는 밥과 한상차림은 어떤가? 윤기가 사르르 흐르는 쌀밥에서 김이 모락모락 올라오면 그 자체로 우리 몸은 먹고 싶다는 긍정적인 반응을 보인다. 따끈한 밥 한 숟갈에 김치 한 가닥을 올려놓고 씹어 먹을 때의 행복감은 결코 배를 채우려는 동물적 감각과는 차원이 다르다. 물론 먹는 것은 제일 목적이 배고픔을 해결하기 위한 본능적 욕구이다. 그러나 동물과는 다르게, 물론 동물도 먹는 것을 가리기는 하지만, 인간은 먹는 행위에서 온갖 즐거움을 찾으려 노력하고 이들이 행복감을 불러일으키는 촉진제가 된다.

본능에 따른 행복감을 느끼는 순서는 사람마다 조금씩 다르기는 하겠지만 먹는 행위가 첫 번째이고 다음 성욕이 될 것이다. 모두 본능에서 우러나는 욕구이지만 음식은 우리 생명과 연관되어 어느 욕구보다도 앞선다. 우주에서 장기체류하는 우주인에게 물어본 결과 우주여행 중 가장 불만족사항은 음식이라는 대답이 나온다고 한다. 튜브에 들어있는 음식을 빨아먹어야 하는 제한된 식사에서 어찌 먹는 행복감을 이해할 수 있을 것인가. 그렇게 먹어도 완벽한 영양 섭취는 가능할 것이고 결코 영양결핍에 의한 생리적 기능의 변화는 없을 것이다. 그러나 먹는 즐거움과 그 감각이 행복감으로 승화되지는 않을 것이다. 발표된 결과를 보면 우주인들이 우주선에 채류하는 동안 우주선안에서 채소 등 식재료를 길러 공급하려는 연구가 진행 중이다. 음식을 먹을 때 느끼는 즐거움을 주기 위함이다.

잘 차려진 한 상, 한정식을 대하면 우선은 아름다운 색의 조화와 배열 등 시각에서 오는 경이로움이 먼저이고 하나하나 맛을 보면서 느끼는 서로 다른 감각을 종합하여 행복감을 불러일으키는 매체가 되고 있다.

한 끼 식사로 소이렌트라고 하여 대두(soy)와 렌틸콩(lentil)의 합성어인데 콩과식물 자원에서 필수 성분인 단백질을 얻고 필요영양소를 채우기 위해 35종의 재료를 사용하여 분말 형으로 만들어 물에 타서 먹도록 한 것이다. 건강도 좋아지고 식료품비도 1/3로 줄었다고 한다. 과연 이런 유의 식품으로 몇 날 며칠, 일 년을 견디면서 먹는 즐거움을 느낄 수 있을까? 아니다. 3~4일만 같은 것을 주면 싫증이 나고 거부반응을 일으킬 것이다. 일반적으로 같은 음식을 며칠 먹었을 때 금방 짜증이 나면서 거부반응을 보인다. 그래서 식품개발을 할 때 맛과 함께 연식가능성 유무가 중요한 검토사항이 된다. 주부가 며칠 출타할 때 남편을 위하여 곰탕을 끓여놓는다는데 이야말로 행위가 없는 고문이다.

다른 면에서 식품은 안정성이 절대 요건이긴 하지만 다음은 맛이다. 우리 오감을 통하여 느끼는 종합적인 맛은 음식을 평가하는데 기본요건이다. 그 맛도 같은 것이 계속되었을 때는 바로 싫증을 낸다. 우리 인체가 요구하는 것은 새롭고 또 다른 맛을 추구하는 것이며 생리적으로도 다양한 종류를 섭취하여 균형영양소 섭취를 위한 본능적 욕구일 것이다.

음식을 먹을 때 느끼는 행복감은 결코 다른 것으로 대체 할 수 없는 감각이다. 그래서 식품과 관련된 직업인의 책임은 크다. 먹는 사람들에게 행복한 감정을 불러일으켜야하니. 그래서 이 분야에서 일하는 것에 자부심과 책임감을 느끼면서 산다.

노인과 "듦이"

이 세상 만물은 생(生)하면 쇠(衰)하고 언젠가 멸(滅)하는 이치를 따른다. 그 어떤 생명체뿐만 아니라 심지어 무생물체까지 예외는 아니다. 천년을 갈 것이라 생각했던 바위도 시간이 흐르면서 풍화되어 조각을 넘어 가루로 변해간다. 하물며 길어야 100년을 가지 못하는 인간에게야. 정한 나이는 없지만 보통 60세를 넘으면 늙은 사람 혹은 노인, 거북한 언어, 늙은이라 구분하고 있다. 모든 사람이 거쳐야할 과정, '유년기, 청년기, 장년기, 그리고 노년기' 이런 자연의 순환이 있어 어찌 보면 지루하지 않고 변화되면서 새로운 경지를 개척해 나가는 과정을 겪는다.

지난해 우리나라 인구는 연간 2만여 명이 줄어 순 감소를 보였다. 즉 새롭게 탄생하는 신생아 수보다 생을 마감한 인구가 더 많아졌다는 통계다. 예상했던 시기보다 훨씬 더 앞당겨졌다. 이런 현상은 출산율 통계에서 예측되었던 것으로 관련학자나 기관에서도 인구절벽이라는 의견을 내고 있었다. 우리나라는 OECD 국가 중 출산율이 0.81%(2020)로 예상되어 가장 낮다. 이 추세는 우리사회여건과 경제사정을 볼 때 개선될 기미를 찾기 어렵다. 이런 큰 흐름은 결국 노인의 인구 비율이 늘어나고 구성비율이 높은 만큼 노인들이 담당 할 역할을 더 깊이 생각해볼 때이다.

나이가 듦에 따라 신체적 변화는 가장 자연스러운 것이나 상당수에서 정신적인 면에서는 농밀해지고 모든 사물에 관심을 더 깊게 가져 생각의 폭이 풍요로워지는 과정이다. 사고와 사물에 대한 생각의 깊이가 깊어지고 대하고 있는 자연에 대한 경외심도 남다르다. 내면의 삶은 더 풍요해지면서 내 생활에서 행복을 느끼는 범위를 넓혀 갈 수도 있다. 사소한 일에 크게 동요하지 않고 이성으로 중심을 잡아간다. 물론 옹고집이나 사고의 폭이 좁아지는 경우도 있으나 이런 예외적인 경우를 제외하면 대부분의 나이 든 사람은 젊음의 객기는 사라지고 원숙한 경지에 이르는 경우가 많다.

살아오면서 온갖 풍파를 이겨냈고 닥쳤던 어려움을 슬기롭게 해결하며 오늘에 이르렀다. 지식은 단시간에 습득할 수 있는 가능성은 있으나 경험과 지혜는 결코 시간과 동 떨어져 얻어 질수는 없다. 나이 먹은 노인에게서는 오래된 나무와 같은 듬직함과 흔들리지 않는 마음의 자세를 느끼는 경우가 많다. 시간의 축적인 경험과 이 경험을 바탕으로 한 나만의 지혜는 결코 가벼이 넘길 수 없는 개인의 갖춤이요 더 확대하면 사회, 그리고 국가의 중요한 자산이다.

세상이 하도 빨리 변하고 있으니 속도감이 없으면 그냥 밀려나 용도를 다시 찾기가 어려운데 사람이 갖고 있는 경험과 지혜는 기계의 차원과는 다르다고 본다. IT나 AI 등이 이 사회를 지배하는 첨단기술로 받아들여지고 있으나 이들도 결국 사람의 머리에서 구상되어 현실화 된 것은 확실하다. 인간의 기술과 여기에 뒷받침하는 혜안이 없으면 아마도 앞으로 나가는데 큰 장애가 될 것이다. 세세한 기술은 젊은이가 훨씬 빠르게 접근할 수 있으나 앞으로 나아가는 방향과 변화를 예측하는데 있어서는 해당 분야에서 경험과 경륜을 쌓은 사람들에 의해서 가늠이 가능하다.

노인의 지식과 경험을 통하여 얻은 지혜는 머릿속에 존재할 것이고 누구도 범할 수 없는 자기만의 자산이다. 그래서 노인의 호칭을 "듦이"로 하여 새로운 개념은 부여했으면 한다. 지식과 경험, 그리고 지혜가 가득한 듦, 그런 사람을 "듦이"라 부르고 대우해주면 한다.

나이 드는 것도 개인에 따라서 크게 차이 나는 것은 당연하다. 학교 동기모임을 참석해보면 거의 비슷한 나이인데도 근 열 살 정도 차이 나게 보이는 경우가 있다. 이는 건강관리의 측면도 있으나 정신적으로 진취적이고 새로운 것을 탐하여 호기심을 갖고 자기 머리를 계속하여 사용하는 경우, 늙음을 크게 늦출 수 있다. 특히 어느 것이건 취미를 갖고 새롭게 배우고 익히면서 그 속에서 즐거움을 찾고 즐기는 경우이다. 또 다른 요인으로는 자기가 할 수 있는 일을 갖고 그 일에 몰입하여 내 에너지를 쓰되 재창조의 기회를 만드는 것이다. 내가 찾을 수 있는 것을 손을 뻗어 잡아야한다. 늙어가면서 나이 때문에 이제는 안 돼 하고 포기하는 것은 금기다. 몸이 늙지 마음은 청춘이라는 생각으로 살아갔으면 한다. 그리고 이렇게 생각하는 사람들 간에 끈끈한 관계를 갖고 서로를 북돋아 주어야 한다. 이제 부정적인 늙은이, 노인이라는 개념을 벗어나 "듦이"로서 존경받는 나이든 사람으로 개념을 바꿨으면 한다.

노인은 노쇠해 가는 것이 아니라 노련하고 노숙해 가는 과정이다.

말과 글

인류 역사상 물질적인 면에서 가장 획기적인 변화를 불러온 전기를 들라면 먹이를 해결하게 여건을 만들어준 1만 2천 년 전 농업 혁명이라고 말할 수 있을 것이다. 그러나 정신적인 면에서는 농업보다도 훨씬 먼저 인류문화에 영향을 끼친 영역은 아마도 말과 글이라는데 이견이 없을 것이다. 말로 서로의 생각을 전달하고 협력할 수 있었으니 이 필요에 따라 집단생활의 필수요소로 정착되었다. 말은 즉석에서 의사를 전달하는 수단이었고, 현장성으로 한정되는 단점이 있다. 그러나 말한 내용을 남에게 전달하는 데는 눈으로 볼 수 있는 매체가 필요했고, 태초의 기록은 여러 형태를 나타내는 그림으로 의사를 전달하는 것이 가장 효과적으로 방법이었다. 이 그림은 후손에게도 자기들의 의사를 전달하는 가장 확실한 방법이었다. 기원전 많은 기록은 그림으로 표현했으며 각자의 뜻을 이해할 수 있게 효과적으로 그려놓아 지금도 그 뜻을 가늠 할 수 있다. 이 과정을 거치면서 정형화된 문자가 만들어져 현재 지구에는 독창성을 발휘한 집단마다 나름대로 개발한 수많은 문자가 통용되고 있으며 고유한 민족의 생각을 기록하고 다른 사람에게 전하는 수단으로 사용하고 있다.

현재 지구에는 영어, 독일어, 불란서어, 스페인어 등이 널리 쓰이고 아시아의 중국, 일본 등도 자기들 고유한 문자를 갖고 있다. 서양의 문자는 대부분 게르만 민족으로 부터 시작한 영어에 기초를 두고 있으며 철자도 알파벳에 바탕을 두고 형태가 조금 다르거나 몇 자가 더 추가되는 수준이다. 글자 모습과 체계가 완전히 다른 것은 중국어계와 아랍계 등이 두드러지고 우리 한글도 결코 빼놓을 수 없는 독창성과 우수한 글자로 인정받고 있다.

말은 있지만 글이 없어 기록하지 못하는 민족이 아직도 지구상에 꽤나 많다. 글이 있고 이 글로 자기의사를 표현하고 기록으로 남겨 후손에게 전달할 수 있다는 것은 큰 문화혁명을 일으킨 역사적 사건이었다. 조선조 세종(1443년) 때 반포된 한글도 당연히 여기에 속하고 있다. 한글이 있기 전 우리의 기록은 한문에 의지했으나 표음문자와 표의문자의 다름은 사고의 방법에도 큰 차이를 보인다. 중국 문자인 한문은 말의 글자라기보다는 의미에 치중되어있다. 그러나 우리 한글은 말과 뜻이 함께 표현되는 쉬운 글자이며 발음도 정확히 한 글자가 하나의 발음을 갖는 것이 대부분이다. 표의문자인 한문은 한 단어가 넓은 뜻이 있어 사용처에 따라서 다른 뜻으로 해석될 수 있다. 각 문자가 고유한 의미를 지니며 의사를 표시하는데 서로 다른 글자가 동원된다. 영어는 어떤가. 총 26자의 문자를 조합하여 한 단어를 이루고 그 단어가 뜻을 갖도록 만들었다. 그러나 조합하여 읽을 때 발음이 때에 따라 의미가 다르고 조합된 단어도 여러 뜻으로 해석되기도 한다. 우리 한글의 우수성이 대비되는 경우이다.

말과 글은 한 민족의 정신영역에 지대한 영향을 미친다. 생각과 사고의 방법을 전달하고 사람 간 교류의 수단으로서 말과 글은 가장 효과적인 수단이다. 세계인구의 1/5이 사용하는 중국어의 기본인 한문은 사실 그림에 기초를 두고 있으며 이에 따라 수만의 글자모습이 있어야 의사를 전달 할 수 있으며 같은 글자라 하더라도 때에 따라서는 다른 뜻으로 해석되기도 한다. 그래서 중국 고전의 해석이 보는 사람에 따라 다르게 된다. 지금과 같은 컴퓨터 시대에 중국어의 자판과 한글, 영어 자판을 비교해 보면 우리글이 얼마나 과학적인 사고에 바탕을 두고 만들어졌는가를 알 수 있다. 글자의 아름다움은 어떤가. 반듯하면서도 아름답고 쉽게 와 닿은 한글의 글씨체는 보는 것만으로도 애착이 가는 모습이다. 영어의 발음은 어떤가. 같은 알파벳이라 하더라도 문장 내에서 발음을 달리해야하고 지역마다 다르게 말한다. 물론 영어와 한글은 개별철자를 조합하는 것에서 비슷하나 표현의 폭에서는 큰 차이가 난다.

우리한글과 같은 표음문자는 동물의 소리를 소리 나는 대로 표기할 수 있으나 영어나 중국어의 경우 거의 불가능하다. 세계 언어학자들이 한글을 극찬하는 것은 충분한 논리적인 근거가 있다. 영어나 한문에 비하여 발명된 역사는 깊지 않지만 세계 어느 문자보다 과학적이고 논리적이라는 것에서는 결코 뒤지지 않는다. 말과 글은 그 민족의 사고와 생각에도 깊은 영향을 준다. 우리나라가 단 몇 십 년 사이 세계 경제 10대국 권으로 진입할 수 있었던 것도 우리의 말과 글이 정신영역에 깊이 영향을 준 것도 상당히 작용했다고 본다.

우리가 갖고 있는 이 큰 보물을 더욱 갈고 닦아 세계 여러 나라에서 사용하는 국제 언어로 만드는 날을 기대해본다. 이미 자국의 글자가 없는 나라에서 한글을 문자로 쓰고 있다는 소식은 세계 여러 나라에 널리 전파될 수 있는 가능성을 보여주고 있다.

늦게 철들어 산다

근 50년을 함께한 아내에게 무심하게 살아왔다는 생각이 든 것은 요즈음, 나이 먹어 철이 든 징표가 아닐까 여겨진다. 어찌 보면 매순간 숨쉬고 있는 공기나 수도꼭지를 틀면 항상 이용할 수 있는 물처럼 옆에 있으니 특별히 관심을 두지 않았고 항상 불편이 없었으니 그러려니 하고 치부한 때문이리라. 어느 시인의 글, 오래 삶을 같이한 아내에게 한 번도 묻지 않았던 궁금한 말, "당신의 꿈은 무엇이요"? 라는 질문에 즉각 돌아온 답, 당신 꿈이 내 꿈이지요. 아 나는 내 반려가 내 가슴 속에 차지한 중요한 자리를 있는 그대로 느끼지 못하고 살았구나 하는 문득 회한이 인다.

가장 어렵고 소중한 관계, 부부사이인데 가까이 있으면서도 서로 속마음을 알지 못하는 때가 많다. 너무 가까우니 당연하다고 쉽게 지나쳐 마음속에 품은 뜻을 알아채지 못해왔다는 생각이 든다. 부부의 꿈이 꼭 같을 수는 없겠지만 아내가 당신의 꿈과 같다고 얘기한다는 것은 당신의 모든 것을 따르고 지원 한다는 긍정적인 뜻을 에둘러 표현하는 방법이 아니겠는가.

출근하는 남편에게 "오늘도 수고하세요" 하고 말하는 뜻은 무사히 일을 처리하고 별 탈 없이 귀가하기를 깊이 기원하는 깊은 마음이 배어 있다.

진정 누구에게서도 느낄 수 없는 봄볕 같은 따스한 마음의 전달이고 한결 같은 응원의 목소리다. 이런 배려가 하루를 맞는 즐거움이고 에너지의 원천이 된다는 것을 알아가는 나이가 되었다.

근래 들어 심심치 않게 주위에서 부부 간에 오래 동안 해로 하다 자연섭리로 한쪽이 먼저 다시 못 돌아올 길을 떠나는 경우를 접한다. 어느 쪽이 앞설는지는 누구도 모르나, 혼자된 친구를 만나서 그 허전함을 들을 때 그 친구가 느끼고 있는 심정이 무명옷에 비가 스미듯 가슴 속으로 전달되어 내 일 인양 가슴이 아리다. 평생을 살아온 내 반쪽이 어느 날 갑자기 내 시야에서 사라질 때의 감정을 당해보지 않고 어찌 알겠는가. 무심코 안방, 건너 방을 둘러보면서 찾을 수 없으면 어디를 더 찾아봐야하나. 일반적으로 부부간 나이차이가 2-3세 정도이고 여성의 평균수명이 남자보다 5-6세 넘게 되니 이런 통계에 의하면 남자가 먼저 앞서갈 것이라 예상하지만 친구들을 보면 꼭 그렇지도 않는가보다. 순리대로 내가 먼저 간다면 나야 다행이지만 뒤에 남은 아내는 과연 그 외로움과 쓸쓸함을 어찌 견디고 남편이 차지하고 있던 가슴 속 빈 터를 어찌 메울 것인가가 지금부터 걱정이 된다. 결국 허탈감과 막막함을 아내에게 몽땅 안기고 떠나가는 것 아닌가 하는 본능적 이기심의 발로라는 안타까움이 밀려든다.

내가 먼저갈 수도 없고 뒤에 남을 수도 없는 진퇴양난의 처지가 우리 노인세대가 아닌가하는 생각이 든다. 더욱 절실한 것은 내가 혼자되었을 때 막막함을 당하지 않으려면 먼저 갈 길을 찾아가야 하겠다는 조바심이 앞서는 데 그게 마음대로 되나. 혼자 남았을 때 당할 일을 VR(가상현실)로 점쳐보는 해괴한 공상을 해본다.

갈아입기 귀찮아하는 내복을 날 잡아 세탁한 것으로 내놓아 갈아입게 하고 와이셔츠에 어울리는 넥타이를 골라주고 밥 먹는 양이 줄어들 때 불안한 마음으로 이유를 알고 싶어 하는 마음을 누구에게서 느낄 수 있을까. 걱정스런 얼굴을 알아보고 조심스레 눈치를 살피는 마음, 이발해야 할 때를 알려주고 뚫어진 양말을 꿰매면서 나만을 위하여 긴 세월을 묵묵히 견디고 같이 해왔다는 것을 알아간다. 늦게 철들어 조금씩 감사의 마음을 어색하게라도 표현할 때가 되었다고 여겨지는데 표현이 어렵네.

근래 황혼이혼이 급증한다는 언론보도가 자주 나온다. 다른 사람이 알지 못하는, 어찌할 수 없는 이유이야 있겠지만 수 십년 애환을 같이 한 삶의 긴 여정을 정리하고 서로 딴 길을 가겠다는 것을 생각하면 얼마 남지 않은 시간을 꼭 그렇게 마무리해야 하나 위로가 간다.

자식을 성장시켜 한 가정을 꾸리게 뒷받침하고 지금도 필요한것 있으면 즐거운 마음으로 나눠주는 것을 낙으로 알고 산다. 가끔 머릿속에 아른거리는 손녀가 살뜰한 기쁨으로 남는 시기인데. 현실로 돌아오면 갖가지, 오래 먹은 약도 잘 듣지 않는 몸뚱이를 잘 간수해야 할 일만 남는다. 샛길이 없는 길로 들어섰으니 이 길의 끝에 다다를 것은 정한 이치이니 주어진 남은 시간의 선물을 아내와 같이하면서 의미를 찾아 정리해야겠다고 다짐한다. 팔불출에 들지 않고 살기 어려운 나이가 되었으니 나를 앞세우기보다 더불어 같이 잘 어울려야 할 때가 이미 왔음을 깊히 알아가고 있다.

자녀에게 배우는 시대

우리 속담에 3살 먹은 어린 아이한테도 배울게 있다고 하여 배우는 데는 나이가 상관없다는 것을 강조하고 있다. 오래전부터 내려오는 우리 배움의 자세이긴 하지만 근래에 이르러 이 말이 온몸으로, 절실한 느낌으로 실감이 난다. 어린애에게 나이 먹은 사람이 배우는 것은 자연적으로 우러나는 인간으로서 본성에 속한 마음과 행동이 나타나기 때문이다. 이해관계 없이 세태에 물들지 않은 순수함, 그리고 손익계산 없는 천진함에서 표출되는 행동이나 말이기 때문이다. 지식이나 지혜에 따른 행동이나 생각이라기보다는 인간으로서 본심에 우러나는 행동과 말이 세파에 찌든 기성인의 마음의 때를 지울 수 있기 때문이다. 어린이들에게 배우면서도 기성세대가 줄 수 있는 것은 오랜 경험에서 우러나는 삶의 지혜를 전달할 수 있어야 후대에 빚을 지지 않을 것이라 여긴다.

그런데 요즈음 우리 사회는 정신영역보다는 컴퓨터, 핸드폰 등 전자기기가 생활필수품이 되면서 이들 기기를 자유자재로 사용할 줄 모르면 기본적인 생활이 어렵게 되고 있다. 이들 기기에 친숙하지 않은 세대는 곤욕을 치르는 경우가 한두 번이 아니다. 식당에 가서 내 돈 내고 밥을 사먹기도 어렵게 되었다. 잘 알지도 못하는 핸드폰에 내장된 QR코드를 찍지 않으면 식당에 들어가는 것이 원천봉쇄 되어버린다. 더욱 불편한 것은 생활필수품을 파는 무인가게가 서서히 영역을 확대해 가고 있는 것이다. 모두 전자시스템을 이용해야 들어가고 물건을 선택하여 전자기기로 결제해야 구입이 가능하다. 온라인으로 집에 앉아서 먹고 싶은 음식이나 필수품을 쉽게 배달 받을 수 있다. 이 시스템을 활용하지 못하면 일일이 가게를 찾아가야 하는 불편을 감수해야 한다. 기계치들은 사람이 손님을 맞는 가게들이 언제까지 운영될 것인가 초초해 진다.

이제 지폐대신 전자카드는 일상화 되었고 개인마다 2~3개의 카드, 심지어 더 많은 카드를 용도에 따라 선택하려 주머니에 들어있고 혜택인 포인트가 많거나 사용처에 따라 할인이 되는 것을 사용한다. 여행하려면 어떤가. 핸드폰으로 차표를 미리 예약하지 않고 역에서 구입하려면 가고 싶은 시간의 열차는 이미 매진되어 허탈하게 몇 시간 후 표를 사서 할 일없이 우두커니 시간을 낭비해야한다. 핸드폰으로 예약시스템을 활용하지 못한 결과이다.

실제 고속버스터미널에서 경험한 예를 들면 상당히 나이를 드신 노부부가 음료가 필요하여 할머니가 할아버지에게 음료를 뽑아 달라고 부탁을 하신다. 그런데 자판기는 카드 전용이었고 이 할아버지는 카드가 없고 현금만을 손에 쥐고 있었다. 딱한 사정을 보고 내 카드로 필요한 음료를 뽑아 드렸다. 사실 잘 배우면 할 수 있을 텐데 평생 사람과 대화로 일을 처리했기 때문에 기계와의 대화에 전혀 익숙하지 않다. 내 경우도 대부분 기차역이나 버스터미널에서도 사람의 육성이 들리는 창구에서 가는 행선지, 시간을 얘기하며 표를 받는다. 인간적인 냄새가 나고 눈을 마주치며 내 요구를 말할 때 사람 사는 세상이라는 생각이 든다. 은행은 어떤가, 모든 은행일은 이제 핸드폰 안에 들어있다. 은행에 가보면 대부분 나이든 분들이 모여앉아 순서를 기다리고 있다. 전자기기에 친숙한 젊은 세대는 거의 은행창구에 의지할 필요가 없게 되었다. 금전입출금, 송금 등이 손안에서 이루어지고 절차도 복잡하지 않다고 하는데 익숙하지 않은 세대에는 높은 벽이다.

학교에 있을 때 컴퓨터 사용하다가 프로그램 잘 모르는 것들이 나오면 학생의 지원을 받는다. 상세히 설명해주면 그때는 이해가 되고 바로 문제 해결이 된다. 일주일후 다시 같은 문제에 얽히면 그전에 배웠던 것을 까맣게 잊어버렸다. 처음부터 어찌할 줄을 모르는데 어찌할 것인가, 다시 그 학생을 부른다. “선생님, 지난번에 알려드렸지 않아요?”, 맞지. 잊은걸 어찌하나, 그 학생이 아마도 이런 머리를 가지고 어찌 선생이 되었는가 하고 의심의 눈초리를 보내지 않을까 조바심이 난다. 내말(속으로) “이 녀석아 너도 나이 먹어봐라” 하고 싶어도 그것은 수십 년 후의 얘기이다 보니 어찌 오늘 알게 될 것인가.

이제 세대 간 격차는 옛 같으면 10년이면 강산이 변한다는데 아니다, 한 달이 멀다하고 새로운 것이 나오고 그 새로운 지식과 정보를 알지 못하면 기본적인 삶까지 위협받게 되는 시대에 살고 있다. 앞으로 이런 변화는 더 가속될 것이고 지금의 젊은이들도 잘 따라가지 못하는 상황이 올 것이다. 젊은이들의 장래를 걱정하기 전에 전자기기에 익숙하지 않는 세대들도 숨이 붙어있는 한 변화무쌍한 이들 전자기기 숲에서 헤매면서 살아가야할 터이니 심장병을 조심해야겠다.

고향을 마음에 품다

여름 속 고향의 시간에

가을의 첫머리, 뜨거운 태양이 차츰 열기를 거두고 어둠이 깃들 때 초가집 대나무살로 엮어 만든 창문을 장식한 창호지가 여유롭게 내준 틈새로 호롱불빛이 흘러내린다. 이 불빛이 한지 틈새를 비집고 나오면 은은한 황금색 물결이 인다. 이 색을 닮아 아침에는 돌담에 의지한 호박이 어제 저녁 눈여겨 봐둔 호롱불, 그 은은한 빛깔의 꽃을 피운다. 탐스러운 몸통과 틀스러운 날개를 뽐내는 호박벌이 분주히 이 꽃 저 꽃에 인사하며 인사 값으로 주는 단 선물, 꿀을 챙겨 나른다.

가없는 자연의 한 귀퉁이를 차지하고 있는 나도 이 순간 존재가 흐려져 큰 흐름으로 한 몸체가 된다. 마음이 평화스럽다는 분위기는 이런 것을 말할 것이다. 한낮, 먹구름이 갑자기 일고 세찬 소나기가 소리치며 달궈진 흙 마당에 뿌려지면 빗방울에 놀란, 말랐던 흙먼지가 튀어 오르고 전에도 맡아봤던 친숙한 진하고 씁쓸한 흙냄새가 코를 간질인다. 소나기가 지나고 난 후 그 시원하고 상쾌함이란. 작위가 머물지 않는, 있는 그대로의 지극한 선물이고 이것이 스스로 그러한 자연이리라.

이삭을 자기 배속에 품고 있는 통통한 벼 줄기 사이로 부지런히 뛰어다니며 배를 태우고 있는 메뚜기는 먹이 짓을 잠깐 멈추고 빠르게 날갯짓을 하며 자리를 비켜준다. 이 속에서 메뚜기를 먹이로 삼는 개구리나 뱀은 삶을 같이하는 동무이자 천적이 된다. 이 같은 먹이 사슬이 이어져야 건강한 자연의 고리가 만들어진다. 해 뉘엿거리면 철 이른 고추잠자리가 아름다운 그들 나름, 본능의 춤을 추며 하늘에 아름다운 수를 놓는다. 그 위에 빠르게 나는 제비는 엄마를 기다리는 새끼들을 위하며 잠자리를 낚아채어 제집으로 향한다. 시골 들녘에서 매일 일어나는 낯익은 풍경이다.

못줄을 놓아 손으로 심었던 벼가 이제는 이앙기로 사람의 손길이 가지 않는 공산품같이 되어가고 낫질이 필요 없는 가을걷이 과정은 벼에 대한 애착의 강도가 달라지고 있다. 더욱이 잡초와 벌레, 그리고 식물에 붙는 병들을 없애기 위하여 시시때때로 무작위로 뿌려대는 농약은 우리 농촌의 생태계를 완전히 바꿔버렸다. 기술발달의 변화이긴 하지만 인간이 수천 년 이어 오는 자연의 습성을 단 100년도 안 된 사이에 이렇게 바꿔놓아 버렸다니 아쉬움과 두려움이 같이 온다. 메뚜기 등 곤충이 없어지니 개구리나 뱀 같은 파충류가 흔적을 감추었고 제비도 떠났다. 정다웠던 따오기며 저어새 등도 종적을 찾기 어렵다. 자연을 함께한 친근한 이웃이 떠나버린, 수천 년 이어 왔던 농촌 들녘의 풍경을 살벌하게 만들어 버렸다. 그 흔하게 듣던 모심기 전 개구리의 우렁찬 합창은 기계 녹음에서나 들을 수 있고 귀에 익은 종달새 등 여러 새소리는 옛 추억이 되었다. 어찌 보면 적막의 농촌 들녘, 과연 이런 현상이 인간이 지향하는 자연의 모습일까. 아니라는 생각이 든다. 자연은 한 종의 생물이 독점하는 전유물이 아니다. 공유하면서 같이 살아야 건강한 삶이 이루어진다. 메뚜기가 뛰어다니고 잠자리가 하늘을 나는 정다운 모습에서 인간도 건강해지는 것이 아닐까 하는 우려 깊은 생각에 빠진다.

그런데 요사이 희망적인 현상을 가끔 본다. 여행하다 보면 모심은 논이나 한창 자라고 있는 볏논에서 해오라기를 심심치 않게 보게 된다. 논에 그래도 무엇인가 살아있는 먹이가 있다는 증거이다. 너무나 반갑다. 야산 한편에 지어놓은 민가에서는 저녁에 소쩍새가 울고 꿩 소리가 심심치 않게 들린다. 더 반가운 일은 몇 년 전까지도 흔적을 찾기 힘들었던 꿀벌들이 꽃을 찾아 이 꽃 저 꽃 날아다니는 모습이 눈에 들어온다. 꽃과 벌이다. 한쪽이 빠지면 너무나 슬프다. 짝을 잃어 외로워 보이기 때문이다.

인간의 탐욕에 의해서 각종 농약이 자연에 미치는 끝없는 해악은 곤충과 새의 멸종을 불러올 뿐만 아니라 그 폐해는 결국 포식자의 정점에 있는 인간에게 온다는 것을 지금 보고 있다. 환경오염은 기후를 변화시키고 동식물의 변이까지 이르고 있다. 더 늦기 전에 농약을 개량해야 한다. 수확을 탐하기 위해서 별수 없이 특정 대상을 억제할 필요는 있으나 무작위로 생명체를 멸종시키기보다는 선택적으로 억제하는 방법이 시급히 연구되어야 한다. 발전된 생물공학 기법을 동원하여 대상을 정하여 관리하는 맞춤형 수단이 연구되어야 한다. 특히 미생물을 이용한 천적의 기능을 활용할 필요가 있다.

오랫동안 이 자연의 우리 동반자, 수많은 곤충, 서류, 들짐승들을 다시 우리 곁에 불러들이고 삶을 같이하는 평화로운 지구를 만드는 데 노력해야 한다. 더 늦기 전에

시골서 유년기를 보낸 것에 감사

아프리카에 살고 있는 코이산족은 지금도 수렵·채집으로 생활하는, 현존하는 가장 오래된 종족으로 알려져 있다. 이들은 사냥감을 잡으려 40시간을 계속 쫓아다닌다고 한다. 그만큼 육체적으로 강인하고 또 끈기가 있다고 여겨진다. 정신 분야 전문가들은 하나같이 육체 운동이 뇌의 활성화에 기여하고 기억력과 사고 능력을 향상 시킨다는 것을 강조하고 있다. 육체 활동이 많은 아메리카 인디언들도 비슷한 얘기가 많이 전해지고 있다. 땅에 귀를 대고 들으면 수십 km 밖에서 나는 말굽 소리를 듣고 몇 명이 오고 있다는 것을 정확히 말하고 공기 중에 실려 있는 미세한 냄새를 감지하기도 한다. 조상과 대화도 하고 그들의 지시를 따른다는 얘기도 전하고 있다.

우리 뇌는 육체 운동을 통하여 수집되는 정보들이 뇌의 해마에 임시 저장되고 대뇌피질로 이동되어 차곡차곡 저장되면 이들이 평생 소멸하지 않고 기억을 되살릴 수 있다고 한다. 우리도 어릴 때 각인된 기억 속에 남아있는 영상들은 지금도 엊그제 일같이 떠올릴 수 있다. 그만큼 인상이 깊어 뇌의 깊은 곳에 저장되었기 때문이다. 매일 산과 들을 뛰어다니니 육체단련은 뒤따라오는 것이고, 이 효과로 뇌의 기능이 그만큼 발달된 근거라고 여겨진다. 시골 생활에서는 기회 있을 때마다 제기차기는 기본이고 몇 명만 모이면 자치기, 구슬 따먹기, 딱지치기, 땅뺏기 놀이가 연속으로 이어진다. 놀이기구라야 막대기 몇 개, 제기 하나, 구슬이 전부다. 물론 상대가 있어 경쟁도 하나 이기고 지는 것에 뜻이 있다기보다 그 행위 자체를 즐겼고 같이 하는 친구로서 우정을 쌓은 기회가 되었다. 이 모든 행위가 내 머릿속에 아련하게나마 깨끗한 영상으로 남아있고 필요에 따라 어느 순간이나 꺼내서 그 분위기를 즐길 수 있는 행운을 갖는다. 아마도 그때의 놀이는 모두가 육체운동이었다. 이런 운동들이 내 뇌에서는 기억의 방, 사고의 영역 넓이를 크게 해준 기회가 되었다. 나이 먹은 사람들에게 잘 알려진 얘기로, 누우면 죽고 움직이면 산다는 뜻은 운동으로 육체의 건강을 지키면서 뇌의 활동을 촉진해야 치매 등 뇌 노화로 오는 불행한 질병을 억제할 수 있기 때문이다. 나는 지금도 제기차기에 뒤떨어지지 않으며 기회가 없긴 하지만 자치기에서 날아오른 막대기를 받는 명수이기도 하였다.

여름 냇가에서 피라미나 붕어를 잡으며 작살을 휘두르는 것은 내 뇌 건강에 큰 역할을 했다고 여겨진다. 물속의 빠른 물고기와 경쟁하려면 온갖 순간의 지혜가 동원되면서 상황 판단이 빨라야 한다. 이런 육체 운동이 뇌 기능을 활성화했을 것이다. 육체의 활동을 넘어 봄에 피는 노란 민들레꽃이며 개나리, 진달래의 눈 익은 미소를 대하다보면 자연의 신비함에 있는 그대로 빨려드는 꿈같은 행운을 같이 하기도 한다. 자연에 심취하는 그 강도는 어릴 때 순수한 감정에 비교하여 지금은 많이 때가 끼었지만 그래도 기본으로 갖추고 있는 내 정서는 그렇게 녹슬지 않았다고 본다. 지금도 길거리를 걷다가 눈에 띄는 독특한 풀이나 꽃이 보이면 그냥 지나치지 못하고 그 풀에 나직이 말을 건네 보기도 하고, 꽃에는 코를 가까이 대서 그 꽃만이 갖고 있는 자기만의 향기를 감상하면서 내 뇌의 저 밑에 저장되어 있던 기억과 비교해본다. 분명 이 꽃향기를 전에 어디선가 맡았다는 감이 내 머릿속에서 응답한다. 다시 찾은 기억에 신비로움을 감상한다. 이런 경험은 시골에서 어린 시절을 보내지 않았다면 결코 내 뇌의 한 쪽에 깊이 저장되지는 않았으리라.

이른 봄 나른한 몸으로 잔디밭에 누워 햇볕을 쬐면서 하늘을 감상하는 여유나 아지랑이가 건너 길가에 아른거리는 정경을 어찌 즐길 줄 알겠는가. 대자연이 나에게 준 결코 잊지 못할 선물이고 마음에 주는 진한 자양분이다. 나이 먹어서도 감정이 메마르지 않고 윤기 나게 생각을 다듬을 수 있는 것은 시골이 품고 있는 자연에서 건너 온 것이요, 같이 자랐던, 지금은 거의 잊힌 친구들의 덕이다. 사계절의 변화와 동식물을 통한 경험들은 내가 자란 시골에서만 얻을 수 있는, 나만 갖는 혜택이다. 시멘트 벽 속에 갇혀 사는 지금의 우리 생활은 자연과의 단절이요 큰 스승인 자연이 주는 큰 교훈을 감지하지 못하니 안타까운 심정이다.

우리 교육에서는 어렵기는 하겠지만 자라나는 다음 세대가 자연과 더불어 생활할 기회를 더 많이 자주 만들어주었으면 하는 바람이다. 종이에 적힌 성적만이 우리 삶의 전부는 아니다.

텅 빈 논밭을 볼 때

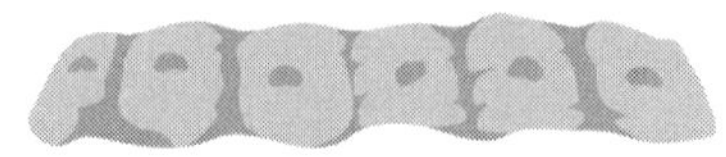

농촌에서 태어나 어린 시절을 보냈고 여느 시골학생과 비슷한 일상생활을 하였다. 덕분에 사계절 주위를 감싼 자연의 변화에 민감하였고 비교적 예민한 관찰력을 갖고 자랐다. 어느 늦가을 날 모처럼 찾은 우리 논밭의 풍경에 시린 마음을 느낀 적이 있었다. 얼마 전 농작물로 꽉 찬 것에 대비되는 텅 비어버린 풍경에 대한 아쉬움이었을 것이다. 그래도 수확이 끝난 빈 논에 보리가 파릇파릇 돋아난 것을 보면서 뒤에 남아서 빈들을 지키는 또 다른 주인이 있구나 하고 안심한 기억이 있다.

가을걷이가 끝난 비어버린 논밭의 풍경은 텅 빈 충만의 감정이 일기 전에 스잔하다. 얼마 전까지 가득 차 있던 벼며 콩에 큰 수수대 등 농작물이 자취를 감추고 땅은 본래의 옷 벗은 맨살을 내보이고 있다. 역시 논밭에는 농작물이 풍성하게 가득하고 푸름을 간직하고 있어야 제격이고 가득하고 풍요로운 느낌이 든다. 그러나 겨울에 접어들어 흰 눈이라도 소복이 쌓이면 또 다른 풍성하고 가득한 마음이 들 때도 있다.

여름 내내 더위를 피하거나 논밭을 둘러볼 때 쉬려고 만들어 놓은 그 시원했던 새막(원두막 형태)에는 이제 고구마 수확 후 남은 마른 고구마 줄기가 가득하고 주위의 잔디는 언제인가 모르게 황금색으로 옷을 갈아입었다. 계절에 따른 자연의 변화이지만 이렇게 펼쳐진 풍경을 대하면 텅 빈 것에 대한 아쉬움, 주인이 가버린 허전함에 아쉬움이 인다. 내년이면 또 다시 지난해와 같이 풍요로운 여름을 맞겠지만 지금 펼쳐진 빈 공간은 지난 것에 대비한 아쉬움만으로 남는다.

여름, 여기저기에서 개구리는 뛰어다니고 논에는 메뚜기가 날개 짓을 하면서 나르면 때때시는 그 이름과 같은 독특한 소리를 내며 암컷을 찾아 비행을 한다. 벼는 한창 햇볕을 쬐느라 온 신경을 쓰고 있으며 이를 훼방이라도 할 듯 살랑 살랑 바람이 불면 초록의 물결이 차례로 순서를 기다린다. 밭에는 넓은 잎을 펼친 콩들이 서로를 기대어 자라고 있고 중간에 우뚝 선 수수는 위에서서 내려 보며 자라고 있는 키 작은 동료들을 굽어 어제 일을 속삭이고 있다. 운이 좋으면 익은 먹때왈로 입맛을 다실 수 있고 고구마 이랑에서 틈이 벌어진 곳을 후벼 다 크지 않은 앳된 고구마를 캐서 논물에 씻은 후 그 달콤한 맛을 즐길 수 있었다. 이 모든 것이 자연의 선물이요 갖가지 생명의 원천을 쉼 없이 만들어내는 신비의 자연과정이다. 이 대자연의 한 부분으로 나도 흡수되어 한 몸이 되다 보면 온 몸이 초록으로 변신하는 착각에 든다.

텅 빈 논밭을 보면서 지난여름의 풍요로움을 되새겨 보나 내 나이도 가을을 넘어 겨울의 초입에 들어섰는데 이루어 놓은 것이 빈 들과 같이 텅 빈 공허로 보여 안타깝다. 자연은 또 다시 봄과 여름을 기약하고 있지만 우리 인생은 순환이 아니고 일방통행이니 결코 내가 지나온 같은 계절을 두 번 다시 맞을 수 없으니 돌아오는 자연의 법칙과는 어울리지 않는다. 어찌 보면 한지에 쓰는 붓글씨 같기는 하지만 다시 덧칠할 수 없는 삶에 또 다른 묘미를 알아가는 과정이다. 지금 맞고 있는 이 순간이 다시 못 올 것이라 생각하면 아쉬움도 있으나 지루하지 않다는 또 다른 장점이 있다. 같은 일을 결코 반복할 수 없는 일과성, 어제와 같지 않은, 그래서 후회 없는 삶을 살아가야 한다는 마음가짐이 필요하다.

우리가 살고 있는 자연의 순리를 보면 모든 살아있는 생물은 같은 궤도로 일방 통행하는 차를 타고 가늠하기 힘든, 알지 못하는 목적지로 향해 한순간도 멈칫하지 않고 같은 흐름을 계속한다. 내년에 피는 꽃은 결코 올해에 피었건 꽃은 아니고 가꿔진 작물은 단지 다음 세대일 뿐 지난해의 것은 아니다. 그래서 오직 한 번만 존재하고, 두 번을 다시 할 수 없는 것이 이 자연의 법칙이다. 텅 빈 논밭의 정경을 보면서 삶에서 느끼는 공허로서 공감은 하지만 비어 있는 그대로도 또 다른 충만한 감정을 불러일으킨다.

텅 빈 논밭을 보면서 머릿속에서는 지난여름의 풍요를 그리지만 있는 그대로에서 다음에 올 새해의 더 알찬 풍경을 머릿속에 그려보는 것도 또 다른 의미가 있다. 오늘 하루의 시간을 다져 넣어 다시 맞는 내년을 더욱 알차게 내 삶의 빈 공간을 메울 수 있을 것이라 믿어 본다. 그래서 비어있는 공간에 다시 채울 수 있는 여력을 비축하는 것도 결코 나쁘지 않다.

볏짚의 변신이 그립다

가을 논에서 벼 베기가 끝나면 볏단을 집으로 옮겨와 날을 잡아 집집이 홀태나 여유가 있으면 탈곡기(호롱기)를 대놓고 나락(벼) 훑기가 시작된다. 홀태로 훑는 일은 힘을 써야 하니 주로 남자들 담당이나 쌓아놓은 볏단에서 한 줌씩 나눠주는 것은 여자들의 몫이고 다른 사람은 훑은 낱알 벼를 모으고 대나무로 만든 갈퀴로 검부러기를 골라내는 역할을 나눠 맡는다. 물론 훑은 낱 곡식을 바로 가마니에 담을 수는 없고 며칠을 두고 덕석(멍석)에 널어 말려야 한다. 이 모든 일은 가을 날씨가 좋을 때가 아니면 어렵다. 그래서 하느님은 이 민족에게 맑고 청명한 하늘에 선선한 가을바람을 주셨나 보다.

이렇게 벼 훑기가 끝나면 알곡은 별도로 보관하고 수북한 볏짚은 갈 길이 정해진다. 보통 짚단으로 만들어 마당 여유 있는 공간에 쌓아놓고 겨울 난방이나 취사용으로 아궁이에서 제 역할을 마감하고 남은 재는 다시 자기가 왔던 논으로 돌아가 이어지는 후손의 좋은 밑거름으로 생명이 이어진다. 남아있는 볏짚은 실로 다양한 용도로 사용된다. 지금도 여러 광경이 눈에 선하다. 가장 많은 사용처는 초가집 이엉을 덮는데 사용되어 황금빛 초가를 장식한다. 가지런히 짚으로 엮은 이엉을 덮고 용마루를 얹은 초가지붕은 단열효과가 좋아 겨울에는 따뜻하고 여름은 시원함을 선사한다. 초가지붕을 이고 있는 집에 들어서면 일 년 내내 적정 온도를 유지하여 편안함을 느낀다. 물론 1년에 한 번 전체 지붕을 새로 바꿔내야 하는 번거로움은 있으나 이런 행사는 거스름 없는 당연한 것으로 알았다.

또 다른 볏짚의 용도는 농촌에서 사용하는 여러 집기나 생활용품을 만드는데 재료로 사용한다. 가장 많이 쓰이는 곳은 벼나 보리 등 곡식 포장에 사용하는 가마니였다. 집집이 가마니틀이 있었고 씨줄이 늘어선 틀에 날줄로 짚 한두 올을 비늘대로 밀어 넣고 보디로 쳐 내린다. 보디와 바늘대로 밀어 넣는 것이 박자가 맞아야 꼬이지 않는다. 가마니는 짜기 전 가늘게 볏짚으로 꼰 새끼가 필수이며 이 새끼는 날줄이 되어 가마니틀에 배열된다. 온종일 방안에서 가마니 짜는 궁더궁, 궁더궁 하는 소리에 겨울도 깊어간다.

또 다른 소품으로는 망태기나 소쿠리 등 각종 도구는 농가에서 요긴하게 사용하는 운반 도구로 한 번 만들어 놓으면 수년을 끄떡없이 쓰면서 손때가 묻는다. 조금 큰 작업으로 덕석(멍석)을 만드는 일, 보통 2m 내외 폭에 3-4m 길이로 여러 곡식을 말릴 때 마당에 깔아놓고 그 위에 곡식을 널어 말린다. 짚으로 정성 들여 만들어 놓은 덕석은 땅과 접촉면에 공간이 있어 곡식 말리는 데는 아주 적격이다. 농촌의 헛간에는 이들 덕석이 여러 개 차곡차곡 쌓여 있고 가을이나 봄에는 결혼식 등 여러 집안 행사 등 필요에 따라 들락날락할 때가 많다. 덕석의 개수는 농사 면적과 관계되며 그 집의 부의 정도와 비례한다.

또 볏짚으로 각종 소쿠리나 망태기도 만드는데, 주인의 의도에 따라 여러 형태로 만들어진다. 소쿠리 테는 물푸레 같은 질긴 나무를 휘어서 만들고 집집에 여분의 소쿠리 테는 몇 개씩 처마 밑에 걸려있다. 나도 첫 작품으로 볏짚 소쿠리를 만들었는데 비대칭이 되어 조금 삐딱하긴 했지만, 꽤 오래 어머니의 손길을 탔다. 그 바구니는 어디로 가서 최후를 맞았을까.

고무신이 나오기 전 짚신은 모든 한국인의 신발이었고 먼 길을 갈 때는 아예 몇 켤레를 괴나리봇짐 위에 얹혀줬다. 우리 할아버지께서 짚신 삼는 데는 일가견이 있었다. 짚신을 삼을 때 왕골을 색색으로 물들여 중간에 넣어주면 꽃신이 된다. 어릴 때 이 꽃신이 어찌나 아름답던지, 처음 신어 봤을 때 그 설렘이 지금도 남아있다. 나무로 만든 나막신보다는 가볍고 날렵하여 인기가 있었으나 비 오는 날에는 신지 못하는 제약이 있었다.

짚으로 만든 구럭(풀을 담는 성긴 바구니)은 놓아둘 때는 접어지고 풀을 담으면 배불뚝이가 된다. 짚의 용도로 새끼를 꼬는 것을 빼놓을 수 없다. 겨울 사랑방에서는 새끼 꼬는 것이 일과였고 겨울을 지내고 나면 몇 단의 새끼가 창고에 가득하다. 이 새끼는 용도에 따라 굵기가 다르고 모양도 다르다. 새끼 꼬는 기계가 나오기 전에는 두 손으로 비벼서 꼬아야 하는데 지금도 새끼 꼬는 기능은 잊지 않고 있다.

우리 농촌 생활은 지금 생각하면 철저히 자연 순환의 기본 원칙을 따랐으며 자연이 준 모든 것을 알뜰하고 귀하게 사용하였다. 이제 볏짚 사용 농기구는 옛일로 민속 박물관에서만 만날 수 있지만, 자연이 선물한 자원을 귀하게 사용하는 선조의 가르침은 문득 배우고 싶다.

고향 말이 정답다

사람들이 모여 있는 어느 장소에건 옆에서 귀에 익은 고향 말이 들리면 모르는 사람이라도 바로 정감이 간다. 오랜 친구를 만난 기분으로 돌아본다. 흔히들 비하하는 듯 사투리라고 하지만 그 지역 사람들의 정신문화와 사고의 바탕에는 고향의 말과 그 말이 품고 있는 비교할 수 없는 애틋한 감정이 함축되어 있다. 대작 “혼불”을 처음이자 마지막 작품으로 쓰신 최명희 작가의 글에서 그 지역 토속어를 빼고 나면 작품의 깊은 뜻이 그대로 전달될까 생각해 본다. 한 단어, 그 언어에 배어 있는 그 말의 속뜻은 그 말 외에 다른 말로 표현할 수가 없다.

교육의 평준화, 대중화로 표준말이 향토 언어를 집어삼키고 모든 언론 매체가 표준말을 사용하면서 고향 토속어는 점점 존재감을 잃어가고 있다. 더욱 초등학교에서부터 공인된 표준말을 가르치고 쓰도록 하니 자기 조상과 부모가 각자 자기 내면에 갖고 있으면서 정신영역에 침투해 있던 고향의 정이 깃든 말은 이제 겨우 흔적만을 남기고 있다. 그것도 나이 먹은 특정 집단에만 이해되는 실낱같이 제한된 말로 이어지나 그것도 수명이 얼마 남지 않았다고 여겨진다. 이런 현상은 세계 각국이 비슷하다. 영어권인 미국도 남부 말투와 북부가 다르며 영국도 비슷하다. 한동안 유학할 때 스코틀랜드를 여행하면서 그 지역의 토속어를 들을 기회가 있었다. 표준영어만을 배워왔던 나에게는 그냥 또 다른 외국어요 전연 이해할 수 없는 또 다른 언어였다. 그분도 이런 향토 언어가 젊은이들 사이에서 스러지고 있다는 것에 아쉬움을 느낀다고 했다. 나도 비슷한 심정으로 동의하면서 언어로 소통하는 진정한 뜻은 그 말이 가진 깊은 감정이 이입되어 전달되어야 말속에 숨은 참뜻을 알 수 있을 것이다.

호남지역에서 많이 쓰는 "그리여 잉"이란 말을 글로 쓰면 같은 철자로는 차이가 없으나 음성의 표현 수단인 말로 할 때는 높낮이나 말하는 사람의 어감에 따라서 그 뜻은 긍정이나 부정으로 바뀌고 때에 따라서는 부정도 아니고 긍정도 아닌 중간의 뜻을 나타내기도 한다. 이런 말속에 함유된 또 다른 뜻은 과연 글로 표현할 수 있을 것인가. 그래서 고향 말은 그 지역 사람의 정신과 긴 역사가 베인 결코 대체할 수 없는 감정이 깃들어 있다. 한 지역에 삶을 같이하는 사람들이 나누는 말속에 그들만의 동질감을 갖게 하는 강력한 매체가 된다. 특히 고향이란 동지의식이 강한 군대에서는 말소리만 듣고 금방 고향친구라는 것을 알고 반갑게 인사하고 오랜 친구를 만난 듯 대한다.

우리의 말은 이렇듯 내 생각을 전달하고 감정을 이해하는 수단인 동시에 내 느낌을 있는 그대로 이입시키는 정신 영역의 매체가 되고 있다. 고향에서 산 기간보다 타향에서 산 세월이 더 길지만 내 말소리에는 지금도 고향의 채취가 남아있고 그 감정이 상대에게 전달된다. 택시를 탈 때 몇 마디 나누다 보면 서로 고향을 맞추는 경우가 있다. 말의 억양과 독특한 끌림 등은 결코 다르게 표현할 수가 없다.

문학계에서는 지방토속어가 우리의 큰 언어자산이라는 말을 한다. 특정한 말은 그 말이 아니면 그 감정을 표현할 수가 없는 경우가 많기 때문이다. 우리 할머니, 어머니의 잊을 수 없는 말의 음색은 지금도 귓전에 들리는데 어쩌다 수 십년 전 녹음된 말소리를 들으면 옆에 계시는 듯 따사롭다. 말로 감정을 전달하는 것은 맞지만 그 말속에 녹아있는 감정이 이입되기 때문이다. 감정을 실은 말은 그 사람인 것을 확인하는 확실한 수단이다. 물론 동물도 소리로 자기 의사를 전달하고 느낌을 같이 하는 것 같지만 우리와 같이 넓게 공유할 수 없으니 이해의 한계가 다르다.

꾀꼬리의 아름다운 목소리, 봄날 높은 하늘에서 지저귀는 종달새의 울음소리는 어찌 감정의 표현이 아니라고 하겠는가. 단지 우리가 이해하지 못하니 그냥 소리로 치부해 버리고 있다. 산책을 하나 보면 까치나 까마귀의 소리를 듣는다. 이 녀석들도 개개별로 목소리가 다름을 느낀다. 어느 까마귀는 까악 까악 하는 대신 억억하는 것 같이 들린다. 이 소리를 들으면서 어미를 일찍 여위어 목소리를 배울 기회를 잃었다고 짐작하고 웃는다. 그렇다. 우리가 듣고 말하는 것은 처음 부모에게서 배웠고 특히 어머니 뱃속에서 열 달을 성장하면서 어머니의 목소리를 듣고 익혔을 것이다. 그래서 형제간의 목소리는 비슷하다. 동생의 목소리는 전화로 들으면 내 목소리와 똑 닮았다고 한다. 결국 우리가 말하는 것도 태어난 이후 배움으로 익힌 것이고 어릴 때 습득한 그 소리는 장소가 바뀌어도 평생 바꾸지 못하나 보다. 그래서 고향의 말이 나이 들어서도 정답다.

고향이 손가락 사이로 빠져나간다

고향이라는 말에는 마력이 있다. 마음에 고향을 담으면 그냥 따뜻해진다. 바로 어머니와 아버지가 함께하고 내가 태어난 곳, 안채, 안방의 높았던 문턱과 정겨운 냄새가 코언저리에 머문다. 아마도 평생 나와 함께 할 정신영역으로 기분이 조금 우울할 때는 치료제로도 고향은 그만이다. 이사가 빈번하여 마음에 담은 고향이 없는 도시 젊은이들에게는 안타까울 일이다. 내 딸에게도 고향을 물으면 과연 어떤 답이 나올까. 나서부터 최소한 몇 번씩, 더 많으면 10여 번 집을 옮겨 살아야하고 그것도 메마른, 성냥갑 같은 아파트에 살면서 상상의 보고인 자연을 접할 기회가 거의 없고 일 년 내내 변화 없는 주변을 보면서 어떤 기억이 추억의 영역으로 스며들을까? 도시생활에서는 어릴 때 이사 가서 학교 가는 길 익히는데 시간을 보내고 자연은 아파트 단지에 있는 초라한 나무 몇 그루인데 그것마저도 별로 관심의 대상이 아니니.

시골 생활은 한곳에 정착하여 조상 몇 대째 이어지면서 살아간다. 살고 있는 집은 수백 년이 되었고 내가 흠집을 냈던 돌쩌귀 하나가 지금도 그대로 있다. 증조할아버지나 그 이전 조상께서 심어 놓았을 팽나무며 느티나무는 지금도 청청한 자태를 보여주고 있다. 고향은 이런 물리적 형태와 거기에 묻혀있는 나만의 추억이 간직되어있어야 비로소 깨어난다. 한여름 학교마치고 돌아와 더운 열기를 식히기 위해서 물가에 버티고 있는 팽나무 위에 올라가 내가 항상 앉는 자리에 엉덩이를 붙이면 그 어떤 자세보다 편안하다. 그 감촉이 내 몸의 한구석에 지금도 남아있다. 이런 물리적 감각이 살아있는 한 고향은 잊을 수가 없다. 그러나 이런 형상적 그림은 부모님으로 생각이 넘어가면 스르르 사라진다. 고향은 바로 어머니요 아버지라는 생각이다. 언제까지나 정정히 고향집을 지키시리라 믿었던 두 분이 나이가 들어 빈자리만 남기고 차례로 돌아가지자 그 따뜻했던 고향은 완전히 온기를 잃었다.

옛날에 정들었던 아름드리나무들도 빛을 잃고 집안을 지키고 있었던 오래된 대추나무도 감정이 없이 그저 그렇게만 보인다. 더욱이나 밑 터진 바지를 입고 좀 높았던 안방 문턱을 넘나들었던 고향의 초가가 새 마을 사업으로 헐리고 산뜻한 신식 집으로 개축되고 나서는 다시금 옛날의 고향을 떠올릴 수가 없다. 그냥 먼 산의 모습이 변하지 않았으니 내 고향 산천이라는 것만으로 세월에 쓸려가는 마음을 다잡으려 한다. 그것마저도 눈에 보이는 현실은 더 넘어 과거로 가는 것을 용납하지 않는다.

가끔 부모님이 계시지 않는, 허전하고 텅 빈 고향을 찾아가는 것은 옛날 남아있던 기억을 되살려 가버린 옛것에 아쉬움을 달래려 하지만 그렇게 되지 않고 다시 텅 빈 가슴을 안고 돌아온다. 그러나 신기하게도 돌아와 앉으면 머릿속에는 옛 모습의 고향집과 포근한 어머님의 모습, 항상 농사일에 바쁘셨던 아버님, 그리고 외양간에는 우리 누렁이가 눈을 껌벅거리며 여물을 맛있게 씹고 있는 모습이 그대로 살아난다. 물론 오랜 친구가 되었던 우리 개, 럭키도 반갑다고 꼬리를 흔들어 댄다. 하나하나의 모습이 낡은 영화의 장면같이 스르르 풀리며 내 영상 속으로 오는 것은 나만이 갖는, 틈틈이 느끼는 행복의 순간이다.

근래 생활은 옆을 쳐다 볼 여유도 없이 앞만을 보고 달려가는 쫓김의 연속이긴 하지만 조금씩 여유를 갖고 내 생활의 주위를 살피고 감정을 불어 넣어 이어지는 또 다른 추억의 한 장면씩을 만들었으면 하는 생각도 든다.

시간의 흐름에 따라 어쩔 수 없이 내 고향의 생각은 손가락 사이로 모래가 빠져나가듯 쉽게도 사라지지만 그래도 지금 남아있는 것들만이라도 추슬러 간직하려 안간힘을 쓴다. 모두가 자기가 품고 있는 고향의 모습은 다르겠지만 지난 추억으로 돌리는 것보다는 삶의 원동력으로 고향의 힘을 활용했으면 한다. 사람의 관계가 자꾸만 소원해 가지만 근본적으로 우리의 마음속에는 서로를 품어 안는 따뜻한 고향의 마음을 간직하고 있다. 낯선 사람이라 하더라도 고향이 같다면 그냥 반가움이 앞선다. 그렇다. 태어난 곳, 성장한 고향은 마력이 있고 서로를 보듬는 힘이 있다. 이제 고향을 더 넓혀 이 나라, 대한민국이 우리의 영원한 고향으로 마음을 확대했으면 하는 바람이다.

물질풍요가 행복을 담보하지는 않는다

현재를 살고 있는 대부분 우리 사회 구성원은 물질의 풍요에 묻혀 부족함을 느끼지 못하는 세대다. 주위에는 굶어 죽는 사람보다 각자의 몸에 필요량보다 너무 많이 먹어 각종 질병으로 목숨을 잃는 경우가 더 흔한 시대에 살고 있다. 삶에 가장 기본인 먹을거리 고민에서 해방되어 양이 아니라 질로, 맛을 찾아 골라 먹는 여유를 부린다. 물론 무료 급식소가 아직도 연명하는 수단이 된 소외된 계층도 있지만 이들까지도 국가가 신경 쓰거나 구호기관에서 배려하고 있다. 우선 동물적 기본 욕구인 먹이의 공포에서 벗어나면 더 나은 삶을 추구하고 정신적인 만족을 바라게 되면서 문화혜택을 찾게 된다.

인류가 발전한 획기적인 계기는 농업이 인간생활에 들어오면서 식량걱정을 덜었을 때라고 한다. 먹이를 포함, 물질적 풍요는 우리 정신영역까지 영향을 미치는 것은 사실이나 이 풍요가 과연 우리에게 행복을 보장하고 있는지는 의심스럽다. 오히려 정신영역을 쇠태 시키는 역작용을 하는 경우가 있지 않나하는 의구심이 든다. 가끔 부유한 가정의 자녀가 지탄받는 행동으로 많은 사람의 안타까운 대상이 되는 것은 물질이 결코 인간으로서 정신영역에 긍정적인 역할 만을 하지 않는다는 것을 보여준다.

지금의 대부분 60대 이상의 생존자들은 자신이나 가족에게 필요한 먹을 것을 얻기 위하여 매일 갖은 고초를 겪었던 경험을 마음속에 갖고 있다. 당장 내일 먹을 식량이 없어 이웃이나 친지에게 쌀이나 보리를 꾸어 와야 했던 아픈 기억이 있는 사람들도 있을 것이다. 그러나 다행스러운 것은 당시는 서로 간 빈부의 차가 그렇게 심하지 않아 겪고 있는 어려움을 서로 알고 마음속으로 아픔을 나눌 수 있는 여유가 있었다. 물질적으로는 어려웠지만, 마음만은 풍요로워 서로 나누고 상대의 아픔을 같이 느끼는 공감대를 이룰 수 있었다. 한 동네에서 대대로 이어 살고 가족까지 속속들이 알고 있어 피를 나눈 형제가 아니라도 피붙이와 같은 따뜻함이 있었다.

내가 살던 동네는 40여 호가 수백 년간 뿌리내려 살고 있던 곳인데 이상하게도 샘이 딱 한 군데, 동네에서 300~400미터는 떨어진 곳에 옹달샘으로 자리 잡고 있었다. 어릴 때부터 물지게로 물을 길어 나르는 것은 사내애들의 몫이었고 어머니도 때로 물동이로 물을 이어 날랐다. 집집마다 물독이 있어 물을 받아놓고 식수나 세숫물로 사용하였다. 물론 빨래나 그릇을 씻는 것은 동네를 휘감아 도는 개울의 깨끗한 물을 사용할 수 있었다. 이 개울을 따라 올라가면 붕어며 송사리, 재수가 좋으면 게도 눈에 띄어 훌륭한 한 끼 반찬을 마련할 기회를 주었다.

이런 자연이 항상 있을 것으로 생각하였고 이들이 변화될 것이라고는 전혀 생각하지도 않았다. 이때 물질적으로 바라는 것은 제때 생산되는 쌀과 보리 등 식량이 여유가 있어 대가족이 굶지 않는 것이고, 사철 먹을 김치 등 밥상에 반찬이 빈약하지 않으면 더 바랄 것이 없었다. 물질에 대한 욕심보다는 살아가는 기본생계에 만족하면서 살았던 시대이다. 이후 급격한 산업화는 우리 삶에 필요한 모든 물건을 쉽고 빠르게 마련해주었고 이들 물건이 우리 삶을 더욱 풍요롭고 편안하게 하고 있다. 멀리 떨어진 우물로 물을 길으러 물지게를 질 필요도 없이 수도꼭지를 틀면 언제나 안전한 물이 콸콸 나오고 겨울에는 따뜻한 물이 떨지 않고 목욕을 할 수 있게 해 주고 있다. 겨울 추운바람을 맞으며 멀리 떨어진 화장실을 갈 필요 없이 집안에 수세식 화장실이 마련되어 있다.

호롱불 밑에서 어머니는 저녁 늦게까지 자식들의 뚫어진 양말을 꿰매 내일 신고가게 하고 숙제가 있는 아이들은 각자 호롱불에 의지하여 글씨를 썼다. 연필심은 너무 딱딱하여 공책을 찢기 일쑤고 책장은 지금의 종이 질과는 비교할 수 없었다. 이런 물질적 어려움 속에서도 많은 생활인들은 굳건히 주어진 현실과 여건을 아무런 불평 없이 받아들이고 당장 오늘 닥친 일들을 충실히 해내어 그 결과를 지금 향유하고 있다.

일반적으로 물질풍요는 게으름을 불러온다. 다 갖춰진 여건에서는 더 이상 다른 노력을 할 필요가 없기 때문이다. 모든 것이 갖춰져 있는데 구태여 더 힘쓸 필요가 있겠는가. 사람에 따라 극히 예외적인 경우를 빼고 나면 원하는 것을 손쉽게 얻을 수 있는 여건에서는 더 쟁취하기위한 노력을 할 필요를 느끼지 않는다. 대부분 인간을 포함한 동물의 속성이다. 어찌 보면 이루어야 할 목표가 없을 때는 더 힘쓸 이유가 없다.

가난과 부족은 그 자체로 바람직하지는 않지만 행동의 동기를 제공하는 좋은 계기를 만든다. 개천의 용은 개천이 아니면 탄생하지 않는다. 물질 풍요만으로는 결코 정신영역인 행복의 요건이 되지는 못한다.

주막의 정취

지금 젊은이들에게는 생소한 이름이지만 조금 참고 읽다보면 생각을 공유할 수 있을 거라 생각하면서 이 글을 쓴다. "나때"는 어른들의 담소의 장소요, 휴식처인 주막은 막걸리를 빼놓고 말할 수 없다. 막걸리는 농주, 농민주로 시작하여 이제 국민주로 발전하였다. 나와 막걸리의 첫 대면은 아버지의 심부름으로 동네 주막에서 막걸리를 주전자로 나른 때부터 시작하여 인연을 맺었나 보다. 막걸리가 들어있는 주전자를 들고 오면서 그 맛이 하도 궁금하여 주전자 주둥이에 대고 맛을 보았는데 씁쓸하면서 약간 단맛이 있어 그렇게 싫지는 않았다. 그렇다고 어릴 때부터 술을 접한 것은 아닌데 그때의 느낌이 지금도 남아있다.

집안에 결혼식 등 큰 잔치나 명절 때를 대비하여 술 담그는 것은 집안의 큰 행사였고 한동안 집안에서 대대로 내려오는 비법으로 막걸리를 담그는 것은 자연스러운 연중 행사였다. 누룩도 집에서 만들었기 때문에 각 집마다 차별화된 막걸리가 만들어졌다. 쌀 부족 때문에 가정에서 필요한 가용주 담그는 것도 왜정 때는 물론 광복 이후에도 한동안 국가가 금지하였다. 몰래 가정에서 필요한 가용주를 담그면 공무원들이 단속하면서 그것을 피하려 별 희한한, 감추기 노력을 하였으나 막걸리가 괴면서 내는 독특한 냄새까지 숨길 수는 없었다. 아련한 기억 속에 세무서에서 밀주단

속이 나왔다고 동네에 퍼지면 술독을 숨기느라 이리 뛰고 저리 뛰는 어른들의 모습이 선하다. 냄새만 가지고 잡을 수는 없고 물증이 있어야 하는데 자기 집안 비밀장소에 숨겨놓으면 외부인이 찾기는 어려웠을 것이다. 어떤 집에서는 집안에 있는 화장실에 익고 있는 술을 쏟아 부어버리는 과감한 조치까지 하였다. 이제 자가 사용 술의 제조가 허용되어 이런 해프닝은 없어졌지만 자기 집에서 대대로 내려오던 독특한 술 담는 비법까지도 함께 스러져버려 아쉬움이 너무나 크다.

가정마다 주부의 솜씨로 음식이 다르듯 그 집의 독특한 맛과 향은 사실 술에서 오지 않나 여겨진다. 주세를 더 걷기 위하여 허가된 양조장에서만 막걸리를 만들어 팔게 만들었으니 한 도시에 2~3개의 양조장 도가가 있고 이들이 지역을 정하여 막걸리를 제조, 판매할 수 있게 허가하였다. 술을 배달하기 위하여 큰 자전거에 몇 말들이 막걸리 통 4~5개를 싣고 아슬아슬하게 달리는 모습을 보면 묘기가 따로 없었다. 허가된 양조장에서 만든 술은 맑은 청주(혹은 약주)나 그 말대로 막거른 막걸리(탁주)로 나눴고 행사의 품격에 따라 청주를 시키거나 막걸리를 선택하였다. 몇 도가에서 술을 만들어 판매하였으니 술맛은 큰 차이가 없었고 물 붓기에 따라서 술이 싱겁다느니, 진해서 좋다느니 정도가 품질의 기준이 되었다.

전통막걸리는 각자 집에서 만든 수제누룩과 자기 논에서 수확한 쌀로 담가야 독특한, 그리고 차별화된 맛을 낼 수 있다. 아마도 막걸리의 품질은 쌀도 관계가 되나 누룩이 크게 품질을 좌우한다. 보통 토종 밀을 거칠게 갈아서 물을 적당히 뿌리고 비빈 후 사발에 천을 깔고 발로 눌러 단단하게 뭉친 다음 따뜻한 방에 놓아두고 띄운다. 이 과정에서 밀을 좋아하는 곰팡이, 효모, 세균이 증식하여 누룩의 모습을 갖춘다. 여유가 있는 집에서는 누룩을 가을철에 만들어 독에 저장하면서 일 년 내내 사용하였다. 이렇게 자기 집에서 만든 누룩은 원료가 다르고 발효조건도 같지 않으므로 이 누룩을 사용하면 다른 집의 것과는 다른 독특한 막걸리나 청주가 만들어진다.

조선조에서도 가정에서 독특한 가용주를 만들어 손님을 대접하였고 술맛에 따라 그 집안의 품격을 가늠하기도 하였다. 그래서 집안의 아녀자들은 음식과 함께 술 빚는 솜씨 또한 큰 덕목으로 알았다. 내가 학교 다닐 때 조금은 한가한 겨울 방학동안 고향 친구들을 만나면 막걸리 집 순회를 하였다. 무작정 시외버스를 타고 나가서 돌아오는 길은 차를 타지 않고 걸어오면서 만나는 막걸리 주막집마다 들러 한 주전자에 따라오는 푸짐한 안주를 먹고 다시 걷기를 시작한다. 이렇게 하여 대여섯 주막집을 들리다보면 고향 도시에 도달한다. 이 어찌 잊지 못할 가슴에 남는 추억이 아니겠는가. 들리는 주막마다 술맛이 다르고 또 안주가 같지 않으니 여러 맛을 즐기고 친구와 밀렸던 이야기를 하면서 하루를 보냈다.

주막집의 정취는 이 시대에서도 다시 살려야 할 우리 숨결이 묻어있는데 이것을 주장하면 꼰대라고 할 터이니 이만해서 그치는 것이 좋겠다. 정이 넘치는 그 많던 주막은 내 가슴 속에나 묻어버리고.

농촌의 빈집은 스잔하다

가끔 고향 마을을 들릴 때마다 늘어나는 빈집이 눈에 밟힌다. 내 어린 시절과 젊음의 큰 부분을 담았으며 문득 생각날 때마다 들려서 마음의 위안을 받던 곳, 부모님이 생존해계셨을 때는 무엇에 이끌리는 듯 찾아 나섰던 그 곳, 그 고향집도 주인 떠난 빈집이 되었고 이웃의 친구 집도 비어놓은 지가 수년이 흘렀다. 내가 태어났던, 꿈에도 나오는 그 집이 텅 빈 고요만이 나를 맞으니 가슴속에 휵하고 찬바람이 인다. 옆에 붙어있는 친구 집에서는 내가 수시로 들락거리며 마루가 삐걱거리는 소리까지 귀에 남아 있는데 먼지만이 수북이 쌓였고 곱게 장식까지 해놓은 창호지는 무심한 바람에 너덜거리고 있다. 고양이와 쥐가 주인 행세를 하고 있으니 이들에서 지나온 생명의 흔적을 찾는 것이 정상은 아니다. 겹겹이 쌓여있는 마음의 기록들이 꿈틀대면서 나올 순서를 기다리는데 정답던 광경들이 머릿속에서 선히 보이다 눈앞 현실의 스잔함에 움칫한다.

농촌에 빈집이 늘어나는 것은 오늘 어제의 일이 아니다. 대도시 집중현상에 따라 농촌 인구가 급격히 줄어들면서 엎친 데 덮친 격으로 출산율까지 떨어져 작년 처음으로 전체 인구 감소현상이 나타나는 현상은 국가적 재난이다. 이제 농촌의 인구감소는 심각 단계를 넘어서고 있다. 군, 읍, 면 단위의 소멸시기를 점치면서 대책을 내놓고는 있으나 전체 인구의 도시이동과 저 출산 현상으로 인구감소 및 지방소멸을 막을 길은 막막해 보인다. 더욱 그 아름답고 포근했던 마음의 안식처인 고향마을의 빈집들은 경관을 해치는 것은 물론이지만 그나마 남아있는 거주민의 마음에까지 스잔한 상처를 안겨주고 있다. 그 누가 삶과 사람의 온기가 빠져버린 빈집을 보면서 유쾌한 기분을 느끼겠는가. 텅 빈 삶의 터전이 생기를 잃고 매일매일 쇠락해가는 모습에서 거주인은 나만이 뒤쳐졌다는 자괴감을 느끼지 않을까 염려된다.

농촌 빈집의 문제는 감성적 접근을 훨씬 넘어선 현실에서 해결해야 할 심각한 문제이며 국가, 사회문제로 검토해야 할 시점이다. 빈집이 사유재산이기 때문에 임의로 처리하거나 손댈 수는 없겠지만 소유주의 승낙을 받아 사용방법을 적극 검토해야 할 때이다. 일부 지자체에서는 귀농, 귀촌인구를 흡수하여 사용하지 않는 집을 수리, 활용하게 하는 등 빈집 대책을 내놓고는 있으나 지역 여건이 맞아야 하며 이 방법으로 늘어나는 빈집의 수요를 감당할 수 있을는지는 의문이다. 탈 농촌 현상은 우리나라 문제만은 아니고 선·후진국을 막론하고 발생하는 일반적인 현상이나 출산율이 인구증가에 기여하고 있는 나라는 문제의 심각성이 덜하나 근본적으로 총 인구감소현상이 나타나고 있는 우리의 사정은 또 다른 비책을 필요로 한다. 탈 농촌, 탈 지방현상은 경제적인 문제가 가장 큰 요인 중의 하나이다. 소득이 없으니 자기 터전을 지킬 여력이 없고 생존과 교육을 위해서는 결국 고향을 뒤로하고 여건이 좋은 도시로 이동하는 현상은 어찌 보면 자연 순리에 속한다. 그 어느 누구가 조상대대로 살아왔고 자기의 젊음의 추억과 기억이 알알이 맺혀있는 고향을 등지고 떠나고 싶겠는가. 떠밀려 출향하는 사람들의 심정을 헤아리면 공감하는 마음이 든다. 물론 고향을 떠나 성공한 사람도 많으나 그들이 꿈에도 그릴 고향을 잃은 것은 어쩔 수 없다.

고향에는 아직도 시시때때로 쪼르르 올라 타잔놀이를 하던 팽나무며 느티나무가 그 자리에서 나를 맞는 옛 자태 그대로인데 나만 세월을 얼굴에 얹어 늙은 모습으로 천년을 지킨 나무를 대한다. 그래도 낯익은 풍경, 나무가 있다는 것은 또 다른 위로다.

지방인구감소로 지역대학이 문을 닫고 있는 현상은 또 다른 지역 황폐화의 촉진제가 되고 있다. 대학 하나가 지역에 있으면 젊은이들의 생기가 지역을 활기차게 바꾸고 이들과 함께하는 지역 주민들도 생활발판을 마련할 수 있다. 폐교되는 이들 대학을 다시 활용할 수 있는 방안을 적극 검토하여 활기를 잃어가는 농촌, 지방에 생기를 불어넣는 방법도 하나의 대안으로 검토할 수 있다. 산업화 사회에 필요한, 수요가 있는 분야를 선정하고 집중적으로 직업교육을 목표로 운영하면 또 다른 활력을 불어넣을 수 있는 한 방법이 되지 않을까한다. 관련되는 여러 사람의 지혜를 모으고 정부가 관심을 갖는다면 헤쳐 나갈 길이 있지 않을까 여긴다.

출산장려에 수조 원을 퍼붓는 것보다는 지방경제 활성화에 집중하는 방법이 현실적인 방안이다. 이 계획이 성공하려면 기업의 참여가 필수이고 세금으로 옥죄기보다는 의미 있는 사회기여로 유도할 수 있을 것이다. 우리 국민 모두의 농촌, 고향마을을 살려 마음의 고향이 계속 존속하도록 하는 절박한 꿈이 이루어지길 기원한다.

고향에서 타인

어린 시절을 보낸, 내 젊음을 안아 키우고 함께하며 나를 길러준 고향은 마음속에 든든히 크게 자리하며 변함없이 정신적인 듬직한 버팀목이 되어왔다. 살면서 어렵고 무거운 짐이 어깨를 누를 때 그 평화롭던 어머님이 계신 고향을 생각하면 평안함과 따뜻함이 가슴 밑으로부터 솟아오른다. 그리고 새로운 힘을 얻어 다시 뛸 수 있는 에너지를 재충전한다. 그 고향이 이제 마음속에만 있는, 현실에서는 너무나 달라져 버린 것에 아쉬움과 상실감이 겹겹이 다가온다. 지금도 머릿속에는 쥐똥나무와 흑백나무로 둘러쳐진 생 울타리와 중간에 우뚝 솟은 벽오동나무와 쭉나무(가죽나무)의 의젓한 모습이 그려지고 쭉나무의 순이 한 뼘쯤 자랐을 때 장대에 낫을 묶어 어린 나무순을 잘라 삶고 말려 일 년의 반찬거리를 만들었던 모습이 생생히 떠오른다.

다 큰 새끼 새가 둥지를 잠시 떠났다가 어느 날 당연히 다시 올 것으로 생각하며 이어질 뒷일을 생각하지 않고 고향 역에서 열차를 탔던 그때, 그 순간이 고향과 멀어지는 갈림길의 시간이었다는 것을 전혀 알지 못하였다. 한참 세월이 흐른 어느 날 그렇게 훌쩍 떠난 내 젊은 날이 가슴속에 알알이 배어 있는 고향 집에 들어서는 순간, 그 친숙하고 머릿속에 남아있던 모든 것이 바뀌어 버린 환경에 너무나 당황스럽고 어색한 감정에 젖어 든다. 생나무울타리는 시멘트 블록으로 바뀌었는가 하면 그 우람했던 나무들은 베어져 남은 흔적도 찾기 어렵고 우리 형제, 자매에게 탐스런 열매를 안겨주었던 대추나무는 생명을 다한 지 오래란다. 더구나 내가 씨를 받아 가을에 땅에 묻어 놓고 정성 들여 싹을 틔워 모종을 키워 심어 놓았던 그 탐스러운 살구를 안겨주었던 나무는 나무 밑동만이 나를 잊지 않고 아린 인사를 전한다. 이 모든 것은 자연의 순리에 순응하여 변화하는 과정이고 그 변화의 흐름에 나도 끼어 있는 상황인데 가버린 것에 대한 기억을 그냥 떨쳐버리기에는 아쉬움으로 남는 것은 어쩔 수 없는 내 머릿속 영상인가 보다.

실로 긴 시간이 지난 후 기억에 그려진 옛 흔적을 찾기 위해 고샅 이곳저곳에 혹시 남아있을는지 모를 대상을 마음속 영상과 맞춰보는데 퇴색한 빈집이 된 옆집 담벼락이 눈에 띄네. 그렇지 저기서 옛 친구와 술래잡기를 하면서 내가 숨었던 눈 익은 구석은 그대로 남아있네. 눈에 보이는 자취는 아쉽고 변화되는 것을 받아들일 수밖에 없지만, 더욱 당황스러운 것은 지나는 동네 사람이 외지사람인 것 같은데 "누굴 찾으세요?" 하고 묻는 말에 흠칫 놀라 내가 정든 내 고향에 와서 낯선 이방인의 취급을 받는다. 어떻게 나를 설명할 수가 있겠는가. 묻는 젊은이의 아버님이나 내가 알 수 있을는지. 고향 방문은 항상 이런 미련과 아쉬움을 안고 떠나지만 언젠가 또다시 가보고 싶고 가야할 영원한 내 마음의 안식처이다.

우리 인생의 삶도 비슷한 것 아닌가 하는 생각이다. 수 십년 봉직했던 직장, 그리고 그 건물, 지금도 자리를 지키고 있을지 모를 내 손때 묻은 책상, 내 연구실 창 앞에 심어놓은 복숭아나무, 그냥 내 머릿속에서만 남아있지만 그런 것들이 내 삶의 길, 여정에 남아 마음속에서 여울지면서 내 기억의 보고를 더욱 풍요롭게 하는 원천이 되나 보다.

직장생활을 오래했던 건물 앞에 심어 놓았던 나무는 묘목의 모습에서 제법 큰 굵직한 제 모습을 갖추었고 세월이 지나는 시간만큼 나이를 먹었으니 이 또한 자연의 흐름에서 받아들여야 할 필연적인 변화이려나. 이 세상에서 어느 것 하나 변하지 않는 것은 없겠으나 한순간 담아놓았던 내 마음속 영상과 비교하여 크게 달라짐에 조금은 아쉬움과 미련이 남은 것은 인간의 속성이 아닐까 여겨진다. 지나온 기억에서 만나고 헤어지는 인간관계에서 오늘 만나고 얼굴을 대하는 상대가 중요하며 귀한 존재라는 것을 다시 느낀다. 그 상대가 바로 내 기억에 겹겹이 쌓이고 나의 추억의 보고에 담기기 때문이다. 물질적인 영상보다도 인간이 더불어 같이 했던 정신의 자취는 결코 잊힐 수 없을 것이다.

고향에서 타인 취급을 받아도 내 마음은 하나도 다름이 없다는 것을 확인해 본다.

농민은 사라지는가

농자천하지대본(農者天下之大本)은 글로만 남고 나이든 사람의 머리에 머무는 생기 잃은 글이 되어버렸다. 지금 우리나라 농업에 종사하는 인구는 5%에도 미치지 못하며 5,200만 인구 중 겨우 2백만을 조금 넘고 있다. 그나마도 65세 이상 인구 비율이 대부분이어서 귀농하는 젊은이들이 늘지 않는 한 농민은 해마다 줄어드는 추세를 멈추기는 어려울 것이다. 하긴 농업국인 미국도 농업을 생계로 하는 인구가 전 국민의 1% 정도이니 비교하면 아직도 우리 비율이 높다고 여길 것이다. 그러나 우리나라는 수천 년간 농업을 생업으로 했고 조선 초에서만 해도 국민의 거의 90%가 농민으로 농사일에 종사하였다. 자연환경과 토지 여건상 농업을 생계수단으로 하는 것이 가장 적절한 생존 방법이었을 것이다.

따뜻해진 봄에는 씨 뿌리고 햇볕 풍부하고 비가 많은 여름에는 키워서 곡식 익기에 좋은 가을을 지나 수확하고 바깥일 하기 어려운 겨울에는 쉬면서 다음 계절을 준비하였다. 수천 년 계속됐던 이런 농경민족의 형태가 50년도 안 된 세월에 완전히 탈바꿈하고 있다. 봄의 모판도 형태가 바뀌었다. 5, 6월에 모내기하면서 부르는 권농가와 구성진 풍악은 사라진 지 오래다. 그 자리에 규격화된 모판이 상품화되어 농부의 손질을 떠났고 이앙기는 농부의 모심는 손놀림을 빼앗아버린 지 오래다. 가을 황금벌판에 낫질하는 모습은 나이 먹은 농부의 머릿속에만 남아있고 줄아리, 바라리로 볏단을 말리는 여유로운 풍경은 빛바랜 사진에만 남아있다. 콤바인은 하루 사이에 그 넓은 황금 들판을 일거에 빈터로 만들어 버린다. 벼 탈곡을 위해서 사용했던 홀태는 농가 창고에 묵혀 있으면서 괜히 자리를 차지하여 폐기될 날을 기다리고 있다. 훑은 나락을 말리는 데 사용했던 덕석(멍석)은 이제 제 할일을 멈춘 지 오래되었고 창고에서 쓰임새를 잃어 눈칫밥을 먹고 있다. 가을 따뜻한 볕에 말리려 널어놓은 벼를 뒤집는 데 사용했던 당그래는 지금 이 글을 읽는 몇 분이나 그 모양을 머리에 그릴 수 있을까?

세월이 지나면서 모든 것이 변화되는 것은 어쩔 수 없는 과정이다. 하지만 전자기기 등 컴퓨터화 된 사회는 우리가 한 번도 경험해 보지 못한 신문명이어서 별수 없이 낯설게 경이의 눈으로 접하며 선택의 여지 없이 받아들여 우리 생활의 일부로 여기고 있다. 그러나 농사일은 우리 민족의 생존의 역사와 함께하여 그 뿌리가 하도나 깊은데 그냥 흘려 보내버리기에는 너무나 털기 어려운 아쉬움이 남는다. 하긴 농사일에 경험이 없는 신세대는 딴 세상 얘기로 전연 피부로 느끼질 못할 것이지만, 그 농사를 천직으로 알고 그대들의 부모, 조부모님이 생활하셨다는 것을 알아주기나 했으면 하는 바람이다.

산업구조와 사회 환경의 변화에 따른 큰 흐름은 지금을 사는 인간의 의지만으로는 변화의 바람을 바꿀 수는 없는, 정신없이 움직이는 롤라코스트에 탄 시점에 이른 것 같다. 2백5십만 년에 이르는 이 지구에 살고 있는 인류 역사에서 최근세, 20세기 후반부터 21세기에 들어서면서 물질 문명의 발달은 전 인류사의 기간에 비하여 상상을 초월한 속도로 변화하고 발전하였다. 물질의 풍요는 결국 정신영역에까지 영향을 미쳐 가파른 변화 현상을 그리고 있다. 단 몇 십 년 사이에.

아무리 산업화, 물질문명이 발전해도 생명을 추슬러야 하는 인간에게서 먹이와는 뗄 수 없는 생리인 필연적 관계를 맺고 있다. 과학기술이 상상을 초월할 정도로 발전한 지금 이 시점에서 그 어느 과학자도 쌀 한 톨을 인위적으로 만들지 못하고 달콤한 사과를 공장에서 만든다고 꿈을 꾸지는 못하고 있다. 대부분의 우리 식량자원은 땅과 햇빛에 의존하고 있으며 하늘이 주는 비가 없으면 단 며칠을 견딜 수 없어 생명을 부지할 수 없게 된다.

농산물의 생산방법이 농민의 손에서 트랙터나 더 나아가 스마트 팜 등 기계의 영역으로 넘어간 것은 어쩔 수 없는 변화이나 농업, 즉 농산물을 생산하는 직업은 태초의 일이었고 인간이 이 지구상에 존재하는 한 영원히 존재할 일의 영역이다. 이제 농사일이 인간이나 가축의 힘에 의존하는 시대에서 전연 영역이 다른 기계의 영역으로 넘어가 버렸지만, 씨를 뿌리고 성장의 조건을 맞춰주고 난 후 기다려야 하는 이 과정은 변화가 없고 앞으로 오는 시대에도 크게 다르지는 않을 것이다. 단지 농사일에 수천 년 젖어있던 방법의 변화에 따른 향수를 놓기 어려운 아쉬움이 남아있기는 하지만 어찌하랴. 이렇게 변화되고 있는 것을 물끄러미 쳐다보는 수밖에. 이런 변화된 상황에 적응한 세대에게는 과거의 미련이 없으니 지금, 그리고 앞으로 오는 모든 것에 친숙하고 그 현상에 익숙해지겠지. 단지 시대가 변하는 속도가 너무 빠름에 추억에 젖어있는 사람들이 느끼는 어지러움과 아쉬움을 남몰래 되뇌는 넋두리일 뿐.

참외 키우기와 아쉬움

초봄, 들녘에 아직 늦추위가 남아 새순이 돋으려면 조금 기다려야할 때, 농부들은 벌써 들일을 시작한다. 아마도 중학교 2,3학년 때일까, 우리가 자갈논이라 불렀던 개천가에 개간한 논을 둘러싸고 있던 제방(틈이라 불렀다)에는 경사진 면에 구덩이가 있고 이 구덩이에는 매년 호박을 심어 가을에는 노랗게 익은 탐스럽게 골진 커다란 늙은 호박을 수확하였다. 겨울 초입에는 이 호박이 저장고인 광에 그득히 쌓인다. 이 호박으로 꼬지를 만들거나 어머니의 정성으로 호박떡이며 호박죽으로 변신하여 별식으로 우리 식구의 구미를 돋우곤 했다.

어느 한해 바로 아래 동생과 쑥덕거려 호박구덩이에 참외 씨를 심기로 의견을 모았다. 이 구덩이에는 밑거름으로 겨우내 모아놓았던 분변이 제격이고 이 분변을 항상 화장실 한편에 놓여있는 분변 통에 담아 옮겨야 하는 일이 남았다. 그 당시는 화학비료가 거의 없었으니 유기농 거름으로 우리가 먹고 내놓은 배설물이 가장 중요한 거름 원이었다. 겨우내 모아진 분변을 맑은 것은 채소에, 걸쭉한 것은 논에 뿌려 한해 농사를 지었다.

어느 일요일을 잡아 제방에 파놓은 구덩이에 분변을 통에 담아 둘이서 어깨에 메고 상당히 먼 거리를 낑낑대면서 몇 번을 운반하여 파놓은 구덩이에 듬뿍듬뿍 쏟아 넣고 퇴비를 추가하였다. 그 위에 고은 흙을 덥고 어느 시간을 지나도록 놓아두라는 어른들의 조언에 따랐다. 그렇게 해야 넣어준 인분이 흙과 어울려 씨를 뿌릴 수 있다고 하였다. 이렇게 하여 기다림의 시간을 보내면서 해가 따뜻함을 알려주자 옆집에서 구해온 참외 씨를 한 구덩이에 2알씩 3곳에 나눠 심고 정성스레 다독거렸다. 양동이에 퍼온 물도 듬뿍 주고 나니 난생 처음으로 내손으로 씨를 뿌렸다는 것에 대견하고 뿌듯하였다. 더욱이나 우리 손으로 모든 과정을 해냈으니. 학교에 갔다 오면 아직 빈 터이긴 하지만 한번 둘러보지 않고는 베기지 못하였다.

여느 때와 같이 오후 씨 뿌린 구덩이를 보는 순간 경이로움에 전율하였다. 새싹이 올라오고 있는 게 아닌가. 비쭉이 자기를 싸고 있었던 껍데기를 머리에 이고 나 여기 있다는 듯 연초록 떡잎을 반절쯤 밀어 내고 있었다. 이때의 희열이라니. 가장 실하게 나오는 두 녀석을 남겨 보살피기 시작하였다. 하루가 다르게 떡잎에서 속잎이 나오더니 넝쿨로 뻗어가면서 자라는 모습이 어찌나 대견한지. 줄기가 쑥쑥 자라더니 잎겨드랑이에서 꽃대가 나오고 노란 꽃망울이 수줍게 얼굴을 내밀고 꽃이 피기 시작한다. 처음 수꽃이 나오고 이어서 씨방을 밑에 간직한 암꽃이 피기 시작하였다. 수분을 할 필요도 없이 벌써 벌이 찾아와 참외 꽃과 반가운 인사를 나눈다. 암꽃이 피고 조금 지나서 꽃이 시들더니 씨방이 커지기 시작한다. 앞서니 뒤서거니 하면서 4개의 참외가 맺혔고 개구리참외의 겉모습을 갖추기 시작하였다. 얼룩진 초록색의 겉모습이 내가 시장에서 보았던 것과 같은 모양이나 우리가 키운 참외와 어찌 감정이 같겠는가. 이 커가는 참외를 보는 것은 우리의 하루 일과 중 즐거움의 순간들이었고 익어가는 모습 또한 기대와 희망을 불러일으키는 순간순간이 되었다. 띄풀이 욱어진

속에서 자라고 있는 참외는 우리 기대를 아는 듯 제 꼴을 갖춰가면서 익어가는 모습이 왕 초보 농사꾼에게도 경이감을 불러 일으킨다.

여름날 더위도 식히고 쉬면서 우리가 키우는 참외도 지킬 겸 만들어 놓은 새막은 요긴한 쉼터였고 한 여름을 즐기는 공간이 있다. 호밀대로 엉성하게 이엉을 두른 새막이긴 하지만 한여름의 뙤약 볕을 피할 수 있고 가끔은 새참을 먹는 장소로도 제격이었다. 여기서 우리 참외가 자라는 모습이 그대로 보이니 그것 또한 즐거움의 하나였다. 지금도 기억에 생생한 정겨운 장소이고 한 여름의 정취를 제대로 만끽하는 추억의 장소가 되었다. 여름의 특징인 소나기라도 오는 날은 진초록의 들판에 쏟아지는 빗줄기의 정취를 지금도 느낄 수 있다.

여름 방학동안은 매일 우리의 거처였고 바로 앞에서 자라는 참외를 살피고 익어가는 녀석들을 불청객이 먼저 맛을 볼까봐 한시도 눈을 떼기 어려웠다. 지키는 것도 한계가 있다는 것을 그때 알았다. 잠깐 점심 먹으러 집에 갔다 온 그 짧은 사이, 우리 참외 밭이 엉망으로 흩어져 버린 것이 멀리에서도 보인다. 아뿔싸, 참외서리를 당하였구나. 참외줄기를 함부로 걷어 내 버렸고 다 익은 참외는 모두 사라져 버렸다. 참으로 눈 깜짝할 사이였다. 그때의 허전함과 실망감은 지금도 가슴을 먹먹하게 한다. 우리 참외를 서리해간 사람은 기억도 없겠지만 그것을 당한 우리는 수 십년이 지난 지금도 아쉬운 상처를 마음속에 안고 있다. 이 경험에서 얻은 교훈은 나도 남에게 이런 아픔을 주지 않았나 되뇌본다. 상처를 준 사람은 잊을 수 있으나 상처를 입은 사람은 잊지 못하는 것인가 보다.

앞으로 오는 내 삶의 시간에 지난날을 회상해보며 남에게 상처보다 따뜻함을 전하는 기회를 더 많이 만들어야겠다는 다짐을 다시 한다.

기억과 추억

즐거웠던 지나간 기억을 되감기 하다 보면 지금도 열기는 다르지만, 그때와 비슷한 감정이 일고 오히려 당시보다 더 진하고 아쉬운 느낌이 함께 다가오는 경우도 있다. 반면 괴롭고 쓰라렸던, 그리고 언짢았던 기억은 다시 그 상처가 돋아나는 듯 새롭게 아프기도 하다. 이런 기억들이 차곡차곡 쌓여 있어 불러 내 올수 있는 내 머릿속은 신비의 저장고이다. 그 기억을 간직하고 꺼낼 수 있는 능력이 있다는 것에 감사한다.

모든 생명체는 자기가 경험한 기억은 정신적인 현상이고 컴퓨터 저장 기능과 같으나 추억은 기억을 바탕으로 감성으로 바꿔준 결과이다. 모든 생명체는 자기가 경험한 것을 머릿속에 기억하고 필요에 따라 불려다 사용하거나 그 상황을 그리면서 그때로 돌아가기도 한다. 많은 동물도 생존을 위해 필요한 것을 기억한다는 것은 확실히 알 수 있는데 식물도 기억을 간직하는지. 아마도 생명을 유지하기 위해서는 자기에게 꼭 필요한 것을 몸체 어디에 저장해야 할 것이다. 봄이 되면 싹을 틔우고 꽃을 피우며 성장하고 가을에는 열매를 맺는 것은 모두가 몸 어디에 기록한 기억의 소산이 아니겠는가. 우리 동물은 뇌에 저장기능이 있지만, 식물은 각자의 유전인자에 각인된 것이 아닐까 생각한다.

기억은 한순간에 만들어지면서 시간이 지나가면 그 시간에 어울리게 계속 쌓여가고 경험으로 쌓이면서 현재의 나를 이루게 된다. 어릴 때의 기억은 물론이고 청·장년에 겪었던 모든 것들이 선별되어 해당되는 저장고에 켜켜이 쌓여 가는데 그 기억들은 내 의지와는 상관없게 내 무의식의 저장고에 저장되어 있다가 불쑥불쑥 내 의식의 영역으로 올라와 경륜과 지혜로 변하여 살아가는 내 삶과 함께하고 있다. 나이가 들면서 경험하고 생각했던 것들이 반드시 기억되는 것은 아니지만 각자가 느끼는 정도에 따라 기억의 강도는 달라진다. 놓아 버리지 못하고, 생은 마감할 때까지 같이 갖고 가는 기억이 있는가 하면 조금 전 나눈 말도 기억의 뒤안길로 스러져 버리는 경험을 한다.

우리에게 주어진 기억력은 나를 형성하는 기본이 되고 있으며 이 기억은 분량과 질에 따라 살아가는 나를 평가하는 기준이 된다. 인간은 자기 머릿속에 가진 기억을 그대로 쌓아 놓는 것이 아니라 스스로 그 기억을 다듬고 변화시켜 나름대로 새로운 것을 창조하는 능력을 갖추고 있다. 공부하고 훈련하는 것은 현상을 기억하되 그 기억을 이용하여 다시 새로움을 만들어 가는 능력을 갖추고 있다. 특히 학자들은 다른 사람이 축적하여 기록해 놓은 것을 다시 새겨 자기만의 지식으로 변형시켜 새롭게 창조하는 탁월한 능력을 갖고 있다. 이런 기억과 창조의 능력을 발휘하기 위해서 인간은 지구상 다른 동물에 비하여 몸무게 대비 월씬 큰 용량의 뇌를 갖고 있으며 끊임없이 단련하여 그 기능을 확대. 발전시켜 왔다.

컴퓨터는 저장용량을 비트로 표시하는데 그 용량으로 보면 뇌의 수준을 앞서간다고 하나 변형하고 응용하는 면에서는 아직 그 능력이 미치지 못하고 있다. 특히 기억의 능력과 정확도에 있어서는 컴퓨터가 월등히 앞서 있으나 그 기억을 가지고 활용하여 다른 세계를 창조하고 지혜로 전환하는 영역은 인간의 머리를 닮아 갈 수 없을 것 같다. 아직까지는 그렇다 치고 최근 발표되는 챗 GPT는 인간 사고의 영역까지 넘볼 수 있다니 AI가 인간의 정신 영역을 넘볼 수 있는 날이 오지 않을까 상상만 해도 끔직스럽다.

그러나 기억을 기초로 한 감정, 그 감정에 뒤따라오는 추억의 영역은 아마도 인간만이 가진 가장 독특한 능력이 아닐까 여겨진다. 기억만으로 우리는 추억을 설명할 수 없다. 정보가 저장된 컴퓨터에 추억을 기대할 수 없는 이치이다. 한동안 열풍이 불었던 포켓몬 빵의 열풍은 아련한 기억을 넘어 추억화된 감정으로 자기 추억의 문을 여는 현상이다. 기억이 바탕이 되나 그 기억과 함께 묻어 있는 나름대로 추억은 결코 기억만으로 생성되는 것이 아니다. 같은 기억이 있다 하더라도 그 기억에 따른 감정, 그 감정을 불러일으키는 추억은 또 다른 영역이라고 여겨진다.

추억은 지난 일이긴 하지만 나만이 가진 감정의 산실이면서 오롯이 개인적인 정신의 영역이다. 나이 먹으면 추억에 산다고 흔히들 얘기한다. 현실에서 하는 일보다는 과거에 행했던 일들과 연결된 기억, 그 기억이 감정으로 승화하며 추억을 만들기 때문이다. 추억은 기억의 굴레를 벗어나 나만의 상상과 느낌이 곁들여져 새로운 세계를 펼치기도 한다. 어릴 때 컸던 고향에 대한 추억은 그 누구와도 공유할 수 없는 나만의 것이고 오래 간직하면서 지워지지 않는 마음의 자산이다.

젊을 때 추억거리를 많이 만들어야 노년을 정신적으로 풍요롭게 살 수 있지 않을까 생각한다. 야금야금 되새김질 하면서 …

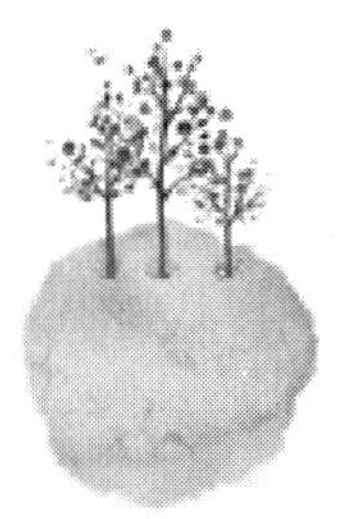

같이, 함께

인사로 소통하기

아침 출근하면서 이웃과 나누는 인사는 정겹다. 설혹 처음 만난다 해도 이웃임을 알린다. 말과 표정으로 내 생각을 전달하는 것은 사람임을 확인하는 것이다. 동물도 서로 인사하는 것을 볼 때가 있다. 우리가 알지 못하는 그들만의 언어와 행동으로 반가움을 표시한다. 만물의 영장으로 발돋움한 인간은 서로 말로 의사를 전달함으로서 친구를 만들고 이웃이 되었으며 한 집단을 구성하는 사회를 만들었다.

어쩌다 미국이나 유럽에 여행을 하다 보면 생판 모르는 사람이 길거리에서 서로 마주치면 "헬로"하고 먼저 인사를 한다. 아마도 이동이 많았고 총을 들고 적대시하는 경우가 많은 사회에서 살아왔던 환경에서 내가 네 적이 아니다 라는 것을 나타내는 방법이고 내 안전을 지키는 방법이 아니었을까 엉뚱한 생각을 해 본다. 이와는 반대로 우리 옛 사회는 한 곳에 정착, 낳은 곳에서 살다가 내 집에서 죽음을 맞이할 때까지 같은 마을에 사는 경우가 많았고 사람 간 교류도 그렇게 많지 않았다. 그래서 외지인이 동네에 들어오면 반가움보다는 낯섦의 어색함과 의심의 눈초리를 먼저 보낸다. 교류가 쉽지 않은 사회생활에서는 알지 못하는 사람을 우선 경계하는 습관이 우리에게는 배어 있나보다.

이제 사회구조가 크게 바뀌었는데도 오랜 고착된 습성은 우리 유전인자에 각인되어 있는지 의아하다. 한 아파트, 이웃에 살고 있는 사람도 그가 누구이며 어떤 사람인지를 알 필요도 없고 알려고도 하지 않는다. 가끔 마주쳐도 먼저 인사하는 경우가 거의 없다. 이제 우리 일반 생활도 안정되었고 이웃을 더 친밀하게 받아들여야 할 때가 되었다. 만나면 먼저 "안녕하세요"하고 말하는 것이 그렇게 어렵겠는가. 나도 사무실 복도에서 만나는 사람에게 꼭 먼저 인사를 한다. 그리고 잠깐 시간이 있다면 그저 공통 관심사인 날씨 얘기를 꺼낸다. "요사이 너무 덥지요?"하면 분명 응답이 온다. 그렇다. 처음 말문을 열기가 어렵지 마음을 한번 터놓으면 아는 사람이 된다. 상대도 인사를 하고 싶으나 그런 기회가 없을 뿐이다. 이렇게 인사한 이웃이 이제 만날 때마다 서로 인사하는 사이가 되었다.

우리는 매일 많은 사람을 만나고 같이 일을 하며 식사도 같이 한다. 평소 알고 지내는 사람들이 대부분이다. 그러나 이제 범위를 넓혀 내 주위에 있는, 안면이 없는 사람에게도 관심을 가져야 내 생활의 범위가 넓어진다. 간단히 "안녕하세요" 한 마디면 분명 상대도 기쁜 반응을 보인다. 아마 인사하는 습관은 정치인을 닮아야 할 것 같다. 특히 선출직의 경우 인사하는 것이 몸에 배어있다. 직업의식이긴 하지만 우리가 닮아야 할 미덕이 아닐까 한다. 물론 인사하는 마음속 진심이 어느 정도 깊이인지는 알 수 없지만 적어도 말문을 열고 상대에게 의사를 전달하는 행위 자체는 좋은 의도로 받아들여야 할 것이다. 조금 형식적이고 의례에 치우친 감이 있다 하더라도 인사를 나누는 것만으로도 마음을 통할 수 있는 계기를 마련했으니 말이다.

얼마 전 한 국회의원과 처음 만나 명함을 교환한 적이 있는데 두 번째 마주쳤을 때 내 이름을 정답게 부르는 것을 듣고 아연실색하였다. 이후 그에 대한 인상이 좋은 쪽으로 변하고 있다는 내 마음속의 신호를 감지하였다. 나야말로 태생적으로 이름이나 얼굴 익히는 데는 전연 소질이 없고 심지어 어제 만난 사람도 오늘 기억하기가 어려우니 정치인이나 인기직업인으로는 아예 소질이 없게 태어났나 보다. 그래도 처음 만나거나 길거리에서도 얼굴이 마주치면 눈인사를 하거나 미소로 내 마음을 전하는 여유는 있으니 사람의 도리를 다하고자 하는 노력은 하고 있다.

많은 사람들이 모여 살다 보면 갈등도 있고 어려움도 뒤따르겠지만 이 공간에, 같은 시간대에 얼굴을 마주한다는 것은 얼마만한 큰 인연이랴. 그리고 기회가 닿으면 생각을 나누고 뜻을 전달할 기회가 있으면 또 다른 큰 수확이 아니겠는가. 인간이 지구의 지배자가 된 것은 공동생활을 통한 협력의 결과이다. 세계 다른 나라 사람을 접할 기회는 많지 않겠지만 내 이웃, 내 가까이 있는 사람들과 따뜻한 인사라도 나누는 사이가 되었으면 한다. 몇 마디 얘기를 나누다 보면, 세 다리 건너면 아는 사람이라는 것을 실감하는 기회가 여러 번 있었다. 더불어 같이 사는 우리가 반갑게 인사하고 기회가 되면 살아가는 일상의 얘기라도 나누는 따뜻한 이웃이 되었으면 한다.

내 삶에서 가장 행복한 때

중년을 넘어 노년기에 접어든 나이에서는 앞으로 남은 삶의 한 고개를 넘고 있다는 생각에 가끔은 저 넘어 지나온 날을 문득 되돌려 볼 때가 있다. 아픈 기억이 되살아 날 때도 있지만 되돌려 아스라한 즐거웠던 그 때로, 그 분위기로 다시 가보고 싶은 충동이 일 때가 있다. 이제 그때로 다시 가서 그 분위기에 젖어들 수는 없으니 더욱 아쉽기는 하지만 마음속, 상상으로는 어찌 그 상황에 아니 빠져들 수 있을까보냐. 그리고 그 순간에 스며들면 한동안 얼굴에 나만이 아는 미소를 띠면서 흡족한 기분에 젖어 보기도 한다. 아마도 대부분은 어릴 때 기억이리라. 마음이 풍요로운 기억은 시간에 쫓기고 계획된 일과에 묻히지 않은 여유로움의 시기, 내가 할 수 있고 밀려서 하는 억지일이 아닌 나만의 의지로 내 길을 가고 있을 때의 일이다.

시골, 농촌의 생활은 이런 조건에 딱 맞는 조건을 갖추었다. 아마도 초등학교 때의 기억, 책가방이 아닌 보자기로 싼 책보를 들고 학교에 갔다 집에 돌아오면 책과는 멀어지고 바로 들로 나간다. 뛰어나가기 전 해야 할 일은 어머니께서 준비해 놓은 대바구니에 퍼 놓아 시렁에 놓아 둔 잘 익은 햇보리 밥을 한 사발 퍼서 옆에 준비된 알싸한 고추장에 잘 익은 열무김치를 넣어 척척 비벼 먹으면 허기진 뱃속도 달래지고,

다음 밖으로 뛰어나갈 준비가 다되었다. 논에는 한 달 전 심었던 모가 땅 맛을 알아 한 뼘쯤 훌쩍 자랐고 한결 푸름을 뽐내고 있다.

개울물이 논으로 들어오면서 자기들끼리 속삭이는 소리가 내 귀에도 전달된다. 물을 머금은 모들의 싱싱한 그 모습이 지금도 선하게 떠오른다. 이들과도 무언의 교감이 되고 가끔은 손으로 쓰다듬어 보기도 하는데 손에 닿는 촉감이 어제 일인 양 마음으로 느껴진다. 곧바로 우리의 쉼터 새막으로 가면 어른들이 자리를 차지하고 있어 옆 구석에서 한 여름의 더위를 피하면서 여유를 즐긴다. 가끔은 예상치 못한 소나기가 먹구름을 몰고 와서 당황스럽기는 하지만 삼베옷으로 갖춰 입은 나에게는 문제가 되지 않는다. 잠깐 젖었다 해도다음 이어 오는 햇볕으로 금방 말라 버릴 테니. 소나기가 지나가고 난 후 파란하늘에 뭉게구름 옆으로 얼굴 내민 태양은 어찌도 그리 아름다운지. 그 따사로운 햇볕을 지금 맞고 있는 기분이다.

바쁜 논갈이나 밭일이 뜸한 경우 소들도 조금은 한가하다. 어린이들의 몫은 소를 데리고 잘 자란 풀밭으로 소를 몰고 가는 일이다. 대개 지정된 범위이긴 하지만 그래도 어제 자리가 아닌 다른 곳을 선택하여 풀 뜯기를 한다. 소도 친해져서 내가 의도한 것을 금방 알고 같은 마음을 갖게 된다. 가끔은 큰물이 지나고 난 개울가 웅덩이를 잘 살피다 보면 예상외로 큰 물고기들이 갇혀있다. 이 큰 수확으로 설레던 마음을 지금도 느낀다. 붕어는 물론이고 피라미, 가래 등도 보인다. 붕어는 조금 느리지만 피라미나 가래는 어찌나 빠른지 보통 감각으로는 잡는 것이 쉽지 않다. 그래도 계속 쫓다보면 어딘가에 숨어 자기 몸을 감춘다. 그러나 내가 그들의 속내를 경험으로 알고 있으니 숨은 곳을 정확히 추정하여 손으로 더듬으면 살아있는 고기의 펄럭임이 느껴진다. 이때의 희열, 이제 생각하니 한 생명의 명줄을 끊어내는 순간인데 그때는 어찌 그렇게 즐거웠는지. 이렇게 이것저것 챙기다 보면 해가 서산에 걸리고 하루를 마무리 한때가 된다.

여름날의 해거름 녘의 노을을 내 기억에서 빼놓을 수는 없다. 태양이 서산에 기울면서 구름에 비춰 내는 빛의 향연은 그것을 보는 것만으로도 황홀경에 빠진다. 매일 달라지는 모습은 결코 어제 것이 아니고 오늘 새롭게 창조되는 것이다. 우리도 서서히 집으로 돌아가야 할 시간이 되었다. 그때까지 풀밭에서 풀 뜯기를 멈추지 않았던 소를 앞세우고 집으로 간다. 물론 이때 모기불에 쓸 풀을 가지고 가야 하는 것은 잊을 수는 없다. 집안에 들어서면 익숙하고 구수한 된장국과 너무도 친근한 밥 짓는 냄새, 이 모든 것이 천년 변화가 없을 것 같던 내 어릴 때의 행복한 추억이다. 물론 대가족 생활에서 나는 작은 틈을 차지하고 있었지만 결코 소외되지 않는 가족으로 포근함과 안락함, 그리고 내가 이 가족의 한 구성원이라는 것에 무한한 편안함을 느끼면서 저녁상을 대한다. 상추, 쑥갓, 김치, 막 된장 등이지만 내 생에 가장 맛있는, 어머니가 챙겨 주는, 밥상을 맞는 순간이기도 하다.

추억은 아름답다고 한다. 모든 것을 알알이 기억으로 내 머릿속에 간직하고 있다는 것에 지금도 가슴 가득 감사하면서 오늘을 보낸다.

우리라는 신비

어머니 몸과 함께했던 열 달을 기다려 태어날 때 모체와 떨어지는 두려움이 태생적으로 외로움을 느끼게 하나 보다. 이 외로움을 떨치기 위하여 사람들은 서로 소통하고 모이며 협력하고 상대를 향하여 말을 걸며 끊임없이 같이하려 애를 쓰는 것 아닐까. 인간이 사회적 동물이라고 갈파한 것은 이해가 가는데 이런 마음속에 있는 본능적인 욕구가 근래 들어 자꾸 스러지는 것 같아 아쉽다. 한 번도 경험하지 못한 코로나로 서로 간 접촉 기회를 원천적으로 막아버리고 모임을 기피행동으로 몰아가는, 우리 같이 경험했던 사회 분위기는 우리가 함께 라는 인간의 기본욕구와는 반대로 가고 있었다. 사무실에 나가서 상사, 동료, 선후배와 부대끼며 생활하는 풍토에서 컴퓨터 화면 하나로 일 처리를 하고 옆 사람과 얼굴을 맞대기는 하나 도움이 필요 없는 지경에 이르렀다.

서울시에서 로고로 걸고 있는 'Me Me We'의 진정한 의미는 우리말이 아니어서 감성에 와 닿지는 않지만 나를 넘어 '우리'라는 것을 강조하는 뜻으로 나름대로 해석하며 같이, "함께"를 부각하고 있다고 여긴다. 그렇다. 우리가 가진 본능적 함께하려는 욕구를 인위적인 강제로 모임과 소통을 막아버렸으니 인성의 왜곡, 인류발전에도 크게 저해되지 않을까 걱정이 된다. 한 사람보다 둘이, 그리고 셋의 힘이 산술적 합계보다 훨씬 커진다는 것을 우리는 태초부터 알고 있었다. 서로 힘을 합하기 위하여 모인 집단화된 사회가 큰 힘을 발휘했고, 그 결과물로 찬란한 물질문명을 이룩한 후 여기에 바탕을 두어 지금의 문화를 꽃피우는 계기를 마련하였다. 가장 개인적인 영역으로 알고 있는 문학계나 미술계, 그리고 음악인들도 각각 자기 개인이 이룬 결과를 공유하려 음악회를 열고 작품전시회를 통하여 내 마음 깊은 곳에 묻어 놓았던 생각을 같이하려 노력하고 있다.

시나 소설 등 문학 작품은 어떤가. 나 혼자 머릿속에, 마음에 품은 생각을 응축시켜 글로 표현하여 얻은 결과물을 책으로 출간하는 것은 내 마음속 나만의 생각을 다른 이들과 공유하려는 인간의 본성을 나타내는 것이다. 유튜브 등 첨단 매체에서도 내 글을 올리고, 생각을 말로 전달하면서 '좋아요'가 나타나는 것에 눈을 떼지 않고 기다리고 있다. 나만의 공간이긴 하지만 내 공간에서 같이, 더불어 생각을 같이하고 공감하는 사람이 있다는 것에 내 외로움을 삭이려는 생각이 바탕에 깔려있다. 그래서 혼자이면서 같이 있어야 하는 모든 영역에서도 "우리"를 강조하고 있다.

옛 우리 선조들은 농사일할 때도 두레를 구성하여 같이 일하고 힘을 합쳐 힘든 농사일을 수월하게 해냈다. 마을공동체도 이런 본능적인 필요에 따라 만들어졌고, 공동사회의 힘으로 여러 어려운 일을 좌절하지 않고 견디며 해내었다. 특히 육체적 힘이 필요한 농경사회는 혼자서는 살 수 없었다.

우리가 살아가면서 각종 모임에 속해지는 경우가 한둘이 아니다 동창모임은 기본이고 향우회니, 각종 직장 모임, 동호회, 그렇지 않으면 운동을 같이하는 취미활동, 심지어 맛집순례 그룹도 있다. 이 모두가 생각을 공유하고 같이 행동함으로써 내가 홀로 가 아니라는 것으로 마음의 위안을 받고자 함이다.

혼자이기를 고집하는 맹수 외에는 동물의 사회도 같이 더불어 공동생활을 하는 경우가 많다. 대표적인 개미나 벌 집단은 한 마리는 큰 힘을 발휘하지 못하나 집단이 되었을 때 큰 힘을 발휘한다. 약한 동물이나 곤충류 등이 모임을 선호하는 이유는 작은 힘을 모아 집단화함으로써 더 큰 일을 해낼 수 있기 때문이다. 육체적으로 우월하지 못한 인간도 결국 여럿이 모여 같이 일함으로써 더 많은 업적을 낼 수 있다는 것을 일찍이 알아냈다.

근래 혼자 일할 수 있는 기계가 발달하고 더 나아가 지능화하면서 개인만으로 할 수 있는 역할의 영역이 확대되면서 인간들이 서로를 껴안을 필요를 느끼지 않는 단계까지 이르고 있다. 인간의 본성인 협력을 도외시하는 현상이 인간사회의 정상적인 발전 단계인가, 아니면 파멸로 가는 과정인가를 헷갈리게 한다. 스티브 호킹은 AI에 의해서 인간이 파멸로 갈 수 있다는 것을 경고했는데 현실에서는 이런 일이 일어나지 않기를 바랄뿐, AI 발전 속도를 보면 어디까지 갈려는지 제동장치가 없네. 독립불구 돈세무민(獨立不懼 遯世無悶), 홀로 있어도 두렵지 않고 세상과 떨어져 있어도 고민하지 않는다. 어느 경지일까. 이런 경지에 이르는 때가 언제일까? 그게 인간사회일까?

코로나를 겪으면서 본능에 배치되는 또 다른 인간들의 민낯이 보여 씁쓸하다.

댓돌과 눌림 돌

우리 일상에서 접하는 댓돌과 눌림 돌은 용도가 서로 반대이다. 댓돌은 춤 높은 마루에 오르기 위한 받침돌로 대부분 직사각형으로 마루중간에 자리하고 있다. 물론 댓돌 위에는 석가래에서 내려온 손잡이가 대롱대롱 매달려있다. 보통 나무구슬을 꿰어 만든 둥근 손잡이가 끝에 달려 손으로 잡았을 때 미끌리지 않게 하는 배려를 하고 있다. 즉 댓돌은 마루 위로 올라가는 데 쉽고, 의지하기 위한 받침돌이다. 한 곳에 붙박이로 있지만 방안으로 들고 나는 사람이 꼭 밟고 의지하여 높은 마루에 오른다. 편리하고 안전하여 꼭 필요하다.

그러나 눌림 돌은 김장하고 난 후 동치미독이나 시래기를 덮은 김칫독 위에 올려놓아 발효하면서 배추나 무 등 건더기가 물 위로 떠올라오지 않도록 눌려 놓는 목적으로 사용한다. 보통 수백포기를 하는 김장에는 온 식구가 동원되어 수확한 배추나 무를 바작 지게에 지고 날라다 절이고 다시 냇가로 가지고 가 씻은 다음 물기를 빼고 다시 집안으로 들인다. 이 과정이 그렇게 쉽지는 않고 많은 노동력이 필요하다. 대가족이 한겨울을 지내는 데 쌀과 함께 제2의 양식이기 때문이다. 김장 과정 중 김치 종류별, 먹는 시기별, 용도별로 김치가 만들어지고 김치 독안에는 위에는 겉절이를 놓고 눌림 돌을 얹어 놓는다. 이때 사용하는 눌림 돌은 냇가에 널려있는 돌중에서 매끄럽고 무거우며 단단한 것을 골라 놓아야 한다. 이 일은 보통 남자아이들의 몫이다. 너무 무겁지도, 가볍지도 않으면서 매끄러워야 눌림 돌로 선택을 받는다. 지금도 시골 김장독에는 눌림 돌을 사용하나 김칫독 대신에 김치냉장고가 일반화된 지금은 옛 추억 속에나 존재하는 것이 되었다.

그러나 눌림 돌과 댓돌의 역할에 따른 정신적 의미는 현대에서도 곱씹어 봐야 할 깊은 뜻이 담겨져 있다. 눌림 돌은 담가놓은 김치나 동치미의 무가 올라오지 못하게 억누르는 역할을 하는 데 공기와 접촉하면 변질되기 때문이다. 한창 성장하는 젊은이들에게 억누른다는 것은 절대 금기의 행동이며 경쟁상대를 향한 억눌림 또한 단기적으로는 자기가 이길 수 있을는지 모르지만 장기적으로 봤을 때는 공정치 못한 행동으로 비난의 화살을 면할 수 없다.

억눌림보다는 댓돌과 같이 도움을 주고 서로 격려하여 상생하는 우리 사회 분위기가 필요하다. 내 주위, 옆 나라가 잘 되어야 나도 그 혜택을 받는다는 영구불변의 진리를 터득해야 할 것이다. 이런 의미에서 댓돌, 즉 받침돌은 억눌림의 반대 역할을 한다. 댓돌은 마루에 오르는 사람이 더욱 편하게 오를 수 있도록 도와주는 것이 자기의 임무이다. 어렵게 올라야 하는 마루에서는 댓돌이 있어 더 쉽게 마루에 오를 수 있다. 상대를 도와주는 일이다. 댓돌이 없다면 높은 마루에 쉽게 오를 수 없으며 그냥 무리하다가는 실족하여 피해를 입을 수도 있을 것이다.

같은 돌이긴 하지만 눌림 돌과 댓돌은 용도가 반대 이듯 우리 삶에서도 이와 같은 역할을 하는 경우를 많이 보고 있다. 상대에게 도움을 주고 더욱 성장하도록 도움을 주는가 하면 자기의 이속을 챙기거나 권력에 이성을 잃어 상대를 찍어 누르거나 날카롭게 공격하여 자기를 내세우는 꼴을 보라. 의식의 정도가 떨어지는 동물의 경우도 자기를 도와주는 경우와 헤치는 것을 금방 알아차린다. 산 속에 홀로 수양하는 스님의 어깨에는 산새가 내려앉아 스님과 대화하고 먹이를 주면 즐거운 마음으로 다가와 먹는 것을 본다. 자기를 해치지 않고 도움을 준다는 확신이 있기 때문이다. 하물며 인간사회에서야. 한문의 "人"과 같이 사람은 서로 돕고 도움을 받으면서 의지해야 완전히 살 수 있다. 어릴 때는 부모와 가족의 보살핌이 있었으나 사회에 나오면 상대와 서로 의지하고 도움을 주고받아야 계속 성장할 수 있다.

인류가 지금의 지구 지배자가 된 배경에는 서로 돕고 협력하면서 일을 같이 해서 이룬 결과이다. 서로 없어서는 아니 되는 관계가 성립되어 너와 나, 둘의 힘이 합하여 열이 되는 기적을 이루어온 역사이다. 가장 가까운 부부관계도 서로 돕는 관계이어야 발전하고 자기 가족을 제대로 이끌 수가 있다.

눌림 돌과 댓돌의 차이를 알고, 살아가면서 상대에게 눌림 돌 역할을 하고 있나를 성찰해보고 어떤 상황에서도 댓돌의 기능으로 내 생각을 추스르면 이 사회는 더욱 살만한 따뜻한 방향으로 성장을 계속 할 수 있을 것이다.

협력과 배려, 그리고 눈물

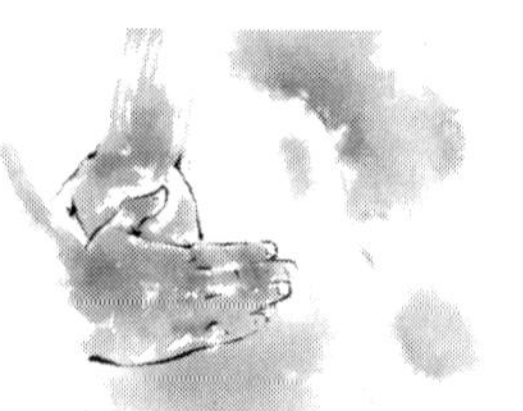

이 지구상에 많은 동물 중에서 인간만이 갖는 정서적 감정과 행위는 어떤 것이 있을까. 생명체의 뿌리는 하나라는데 수십억 년의 진화과정을 거쳐 서로 다른 특성과 모습을 갖게 되었다. 원시시대로 돌아가 인간이 지금의 지구주인으로 등극한 과정은, 체력 등 모든 조건이 열세인데도, 이를 이겨내고 생존했으며 계속 발전한 동기는 개인이 아닌 집단으로 서로 협력할 수 있었기 때문이다. 1:1로 대결하면 결코 이길 수 없는 맹수들도 5명, 10명이 한꺼번에 대들면 쉽게 이기지 못할 걸 알고 물러난다. 인간의 가장 차별화된 특성은 협력하여 힘을 키우는 집단의식이었다. 그리고 이 협력의 바탕에는 상대를 믿고 배려하는 마음이 뒷받침되고 같은 집단 구성원의 아픔을 내 것인 냥 느끼고 받아들이는 상호감응에 따른 정서에 바탕을 두고 있기 때문이다. 인간다움의 특징은 나만을 위한 것이 아닌 다른 사람의 불행이나 고통을 느끼면서 눈물을 흘릴 수 있는 감성에 있다.

물론 우리가 동물의 마음과 의사를 완전히 이해하지 못해서 그럴 수도 있지만 자기가 낳은 새끼가 아닌 상태에서 동족의 슬픔을 공유하지는 못한다. 코끼리가 눈물을 흘리고 도살장에 들어가는 소도 눈물을 흘린다고 잘 알려져 있지만 이 눈물이 나 아닌 다른 개체에 대한 연민과 아픔의 상징이라고는 여기지 않는다. 자기가 낳아 기른 송아지를 떼어놓을 때 어미는 한동안 끊는 슬픔에 겨워 울음을 터뜨리나 그렇게 오래 가지는 않는다. 인간은 친족 간의 알뜰한 정으로 맺어지기는 했지만 그 정에 한정되지 않고 더 넓게 모든 사람에 대한 박애의 정신을 바탕에 깔고 있다.

중국의 성현은 인간을 성선설과 성악설로 나눠 낳을 때부터 착한 본성을 가졌다고 하기도 하나 한편으로는 그 반대 주장을 하기도 한다. 본성을 떠나 사람으로서 갖춰야 할 덕목은 성장하면서 체득하지 않나 여겨진다. 영화에 나오는 타잔은 인간이나 동물과 교감하고 동물의 소리와 행동을 하는 것으로 묘사되고 있다. 이런 상황을 보면 백지상태로 태어난 어린아이가 결국 자라면서 교육과 훈련으로 본능에 덧붙여 독특한 자아를 갖추는 과정으로 이어진다는 것이 옳은 논리라고 여긴다.

성장하면서 사고능력이 생기는 과정은 교육과 훈련에 의해서 제2의 본성으로 발전한 결과이다. 태생적으로 인간의 본성을 이루는 것은 생존본능으로 위험에 대처하거나 생명유지에 필요한 먹이의 획득, 그리고 다음 세대를 이을 생식본능은 기본적으로 갖춰진 것이리라. 이런 동물적 본능은 다른 동물과 차이가 없으나 성장하면서 얻어지는 제2의 본성은 결국 새롭게 만들어진다고 여겨진다. 협동하는 인간의 본성을 감안하면 대가족, 집단거주형태의 사회와 접촉의 기회가 한정된 핵가족 조건에서 성장한 사람들은 생각에서 차이가 날 수밖에 없을 것이다. 대가족이라는 집단에서 자기가 적응하기 위해서는 상호 타협하고 협력하며 자기가 속한 조직의 안녕과 이익을 추구하기 위한 자연스런 생각이 결국 자기생각을 형성하는 밑거름이 된다. 이런 마음의 자세는 나만이 아닌 다른 사람을 배려하고 그들의 불행에 대하여 공감하면서 안타까움과 아픔이 나에게 전달된다. 눈물을 흘릴 수 있는 동물이 인간이다. 이런 연민의 유전자가 인간 생체 내에 원래 있는지는 알 수 없으나 성장하면서 외부의 여건에 따라 갖춰진 것이라 여겨진다.

근래 세상이 변하면서 남을 배려하는 숭고한 검정이 흐려지고 아픔을 같이 나누는 인성이 쇠퇴하고 있다는 생각이 들어 아쉬움이 인다. 특히 어린생명을 대하는 성인들의 태도가 크게 변하여 생명체에 대한 경외의 감정이 흐려지고 있다는 느낌을 지울 수가 없다. 아동학대는 보는 사람까지도 가슴을 먹먹하게 만들며 내가 같은 인간이라는 것에 부끄러움을 일게 하는 세태가 되었다. 이제 인간의 본성으로 돌아가 협력하고 상대를 배려하는 마음을 갖고 상대의 아픔에 눈물을 흘릴 수 있는 본성을 찾아야겠다.

우리 사회는 너무 한쪽으로 기울어졌다고 생각하면 자정능력을 발휘하여 옳게 가려는 반작용이 일어왔다. 우리나라 역사상 국가의 위기에서 민중이 일어나 잘못된 것을 바로 잡으려는 구국운동이 일었으며 우리는 이런 숭고한 정신을 지금도 기리고 있으며 본받으려 가르치고 있다. 이제 인간의 본성을 옳게 기르기 위해서는 백지상태의 어린이 마음속에 배려와 협력, 그리고 남의 아픔에 눈물을 흘릴 줄 아는 사람을 기르는 노력이 필요한 시점이다. 본래 인간 본성으로 돌아가, 인성이 무너지는 지금에서, 상대를 배려하고 어려운 사람에 대한 측은지심이 이는 살만한 사회로 되돌아 갈 것이라 믿고 싶다.

자연과의 교류 추억을 공유하는 기쁨

봄 들녘, 모심은 논에서 늦은 저녁까지 온 들에 메아리치는 우렁찬 개구리 합창은 자연에서 이미 사라져 버렸으니, 마음속 추억을 더듬지 않으면 결코 들을 수 없다. 이는 머릿속 책장을 넘기는 나만의 마음속 울림이지만 가끔은 그 정경에 그리움이 솟는다. 자연과의 교류에서 얻는 산물도 있지만 사람과의 교류에서도 수많은 추억을 만든다.

살면서 일생동안 많은 일을 겪고 여러 사람을 만나고, 그들과 잠시 접촉하거나 혹은 꽤 오랜 시간, 또는 일생을 같이 하기도 한다. 모든 만남은 그 영상 데로 기억에 저장되고 필요에 따라서 다시 기억하면 그것이 추억으로 되살아난다. 추억은 대상이 생물에만 한정되는 것은 아니다. 내가 했던 행동과 같이했던 일들 또한 내 기억 속에 고스란히 남아있기도 하다. 살아오면서 결코 잊지 못할 일들, 일생 간직하면서 나만이 안고 있는 귀한 구슬로 어루만지며 산다. 털어버리지 못하는 아픈 기억도 추억으로 승화되기도 하며 기뻤던 감정을 회상하면서 그때 그 즐거운 기분에 젖어들기도 한다.

한 가족과 친구는 어찌 보면 같은 추억을 공유하는 사이이다. 어느 땐가 같이 있었고 함께 행동하면서 느낌을 공유하고 지금도 같이 느끼는 사이, 가족과 친구이다. 그리고 부부관계란 오랜 시간을 함께하면서 녹아서 스며든 감정이 한 몸이 되어 같이 생각할 수 있어 오롯하다. 신혼이 있었는가 하면 어느새 자식을 키우며 서로 나눈 생각들을 고스란히 둘이 공유하는 역사가 되었고 언제나 불러올 수 있는 결코 스러지지 않는 추억의 보고가 되고 있다. 특히 슬픔으로 가슴 졸였던 기억들도 세월의 씻김으로 날선 아픔이 가시고, 잊지 못할 한때의 고통을 감싸 마음 저 안쪽에 간직한다. 형제간은 어떤가. 한 방에서 자고 아침을 맞고 영원할 것 같았던 매일에서 겹친 시간을 같이 하였기에 세월이 지난 후 추억으로 되감기를 할수 있다.

여름 어둑한 저녁 소쩍새 우는 소리를 같이 들으며 올해가 풍년들리라는 "솥 적다"를 어머님 해석을 믿고 안심한다. "솥탱"하면 흉년이라고 하여 그 소리를 지우려 노력했던 그 마음이 지금도 선하게 떠오른다. 나만의 기억도 남아있다. 아버지 등에 업혀 나들이할 나이, 시장을 지나다가 노란 김막가 참외를 사서 어깨 너머로 넘겨주셨던 그 따뜻함이 어제 일같이 선한데 그 감정을 공유할 아버님은 돌아오지 못할 먼 길을 일찍 떠나셨으니. 그냥 나만이 외롭게 그 기억을 고이 간직하고 있다. 할아버지 방, 높은 벽장에 잘 감춰진 꿀을 맛보기 위해 할아버지가 외출하신 틈을 타서 동생과 등받이 하여 진한 단맛을 보면서 느꼈던 아슬아슬했던 순간은 내 동생과 같이 나누지 않으면 전혀 의미가 없다. 큰 눈을 끔벅거리며 순한 모습의 우리 누렁이집 외양간, 쇠죽을 쑤는 솥에 같이 넣어놓은 풋콩이 익어 진한 냄새가 코끝을 스치는 그 정겨운 감각이 살아 움직인다. 쇠죽냄새와 어울린 콩깍지의 거친 촉감과 그 안에 있던 여린 콩알이 혀끝에 닿은 그 맛이란. 지금도 그 감촉을 어제 일같이 불러올 수 있다.

오늘이라는 시간이 지난 다음, 또 다시 추억의 한 자락으로 남겠지만 그 영상이 어떻게 비춰질 것인지는 자취를 남기고 있는 나도 가능하기는 쉽지 않겠구나. 나 혼자이기는 하지만 결코 혼자이지 않은 "나". 가족이 있고 더불어 사는 동료들이 있으니 이들과 공동으로 출연하는 우리만의 관객 없는 연극이긴 하지만.

이제 곧 새 계절이, 이미 자리 차지하고 주인 행세하는 전임자를 밀어내고 제자리라고 치고 들어와 주위 환경을 바꿀 것이다. 그 속에서 나는 또 다른 이야기를 만들고 그 기록을 머릿속에 간직하겠지. 안타깝게도 주위에서 귀하고 귀한 자기만의 기억을 잊어가는 가족과 친지들을 본다. 어찌하여 고이 저장하였던 결코 잊지 못할 기록을 하나하나 지워가고 있는가 하는 마음에서 안타까움이 앞선다. 그것도 최근의 것에서부터 차례로 과거로 돌아간다. 나에게도 올 수 있지만 애써 외면하면서 겪고 싶지 않는 미래를 피하고 싶은 본능적 몸짓을 한다. 내 머릿속이 컴퓨터와 닮은 데가 있다면 기록된 것을 다 지우는 reset key를 눌러 과거를 없애고 새롭게 기록을 입력시킬 수도 있지만 그것이 결코 행복일 수는 없다. 지나온 내 생활의 발자취와 나와 함께한 모든 분들의 영상을 결코 지울 수는 없다. 기록된 모든 것이 지금 있는 나이고 나를 만든 바탕이기 때문이다. 부모에게 생을 받아서 태어나 수많은 삶의 기록을 머릿속에 간직하고는 있지만 언젠가 마무리하고 빈칸으로 남을 날이 오겠지.

탄생은 내 의사와 전혀 관계가 없이 주어졌지만 모든 것을 마무리하는 순간만은, 내 의사가 조금이라도 관여했으면 하는 간절한 바람이다. 그것이 그렇게 쉽게 될지는 모르지만. 3대 적선해야 온전하고 바람직한 마무리를 한다는데, 지금 살고 있는 지금 내가하는 적선도 부족하다고 느끼니 걱정이 된다. 지금부터라도 작은 것부터 마음 씀을 옳게 하려 나를 살핀다.

외로움은 내 삶을 성찰하는 기회

어린 시절 국민학교(초등학교) 2학년 때 인가, 6. 25. 전쟁의 와중에도 학교 수업은 계속되었고 어린 마음에도 주위가 어수선했던 기억이 남아 있다. 오전 수업을 마치고 집으로 돌아왔다. 한창 바쁜 농번기라 모든 가족이 들녘에 나가 농사일하느라 집안은 텅 비어 천년의 고요가 조용히 집안에 내려앉아 있고 따사로운 햇볕만이 가득 툇마루를 차지하고 있으면서 느슨한 오후를 여유롭게 노닐고 있었다.

학교에서 돌아올 아들을 생각, 그 바쁜 중에도 어머니는 밥상을 챙겨 삼베로 만든 밥상 포를 가지런히 덮어놓았다. 놓인 빈 밥그릇에 부엌 시렁 위에 걸어 놓은 잘 익힌 보리밥 소쿠리를 내려 한 덩어리 뚝 때서 찬물에 말아 고추장을 곁들여 너무나 친근한 된장찌개를 국으로, 할머니 말씀대로 복스럽게 늦은 점심을 때운다. 그렇다. 바쁜 농촌의 환경에서 지나가는 과객의 손도 빌려야 할 때 학교 갔다 온 아들 점심을 챙겨 줄 시간을 내기는 어렵다. 이런 광경이 전혀 어색하게 생각해 본 적은 없었다. 먹고 나서 어머니 농사일을 돕는 것은 뒷전이고 밀려오는 졸음을 참을 수 없어 따뜻한 햇볕을 동무 삼아 꿀맛 같은 낮잠은 즐겁다.

어린이의 시간은 늦게 간다는 것을 그때는 몰랐다. 잠으로 꽤 오래 보낸 것 같은데 아직도 해는 그 자리에 있는 기분. 제정신이 든다. 갑자기

천년의 고요가 갑자기 밀려온다. 너무나 조용하여 하늘을 나는 제비의 날갯소리가 들리는 듯하다. 순간 이 세상에 내가 혼자라는 생각이 문득 들면서 낮잠 동안 잠깐 꿈속에서 어머니의 손길을 놓친 기억이 퍼뜩 떠오른다. 나를 이 외딴곳에 혼자 놓아두고 어디를 가셨을까. 이 대낮에 왈칵 두려움과 외로움이 밀려온다. 어린아이의 외로움, 어머니의 품을 떠날 때라고 하는데 한낮에도 이런 쓸쓸함과 외로움이 밀려오나 보다. 어찌 보면 혼자인 무서움이겠지. 세상 누구도 어릴 때 느꼈던 자기만의 외로움을 느끼지 않고 살아온 사람이 있을까? 대가족인 집안에서도 혼자라는 생각을 할 때가 있고 심지어 가족이 함께한 자리에서도 자기만이 외톨이라고 생각하는 때도 있었다.

아마도 이 세상에 날 때 혼자였기 때문에 그 외로움은 태생적인 마음의 바탕에 깔린 것이 이걸까. 어릴 때 외로움은 성장하면서 가족의 범위를 넘어 친구를 사귀면서 서서히 희석되어가지만, 우리 모두의 가슴속에는 혼자여서 외롭다는 생각을 수시로 하나 보다. 특히 나이를 먹어가면서 육친을 한 분, 두 분 떠나보내고 이어서 같이 컸던 형제자매가 오지 못할 곳으로 자리를 옮기면 그 허전함은 가슴속으로 늦가을 찬바람이 스쳐가는 서늘함을 느끼곤 하였다.

어제는 학교 동기의 장례식을 다녀왔다. 학창 시절 함께 했던 그 정다웠던 기억들이 영정사진 속에서 웃고 있는 친구 모습과 겹쳐온다. 친구 장례식에 조문 가서 느끼는 감정은, 평소 아주 가까이 지내면서 부인까지 안 경우를 제외하고 완전히 처음 대하는 친구의 자식들에게 나를 소개하는 순간이다. 그 자손들이 처음보는 아버지의 친구를 어찌 느낄 것인가. 문상하고 나올 때 감정은 쓸쓸함과 친구를 보내고 나만 남은 외로움이 같이 밀려온다. 그 마음의 충격이 꽤 심하다. 그래서 마음의 상처가 이는 나이로 늙음이 찾아오면 특별한 경우가 아니면 어느 장례식에도 참여하지 말라는 말이 나오나 보다. 조문의 뜻보다 내 마음의 충격이 너무 크기 때문이다.

가족과 같이 친했던 친구와의 이별은 나만 혼자 남느냐는 불안과 외로움이 찾아드는 마음의 고통이다. 점점 스스럼없이 전화할 상대가 줄어들고 핸드폰에 남아있는 가버린 정 들었던 정든 사람들의 이름을 삭제할 것인가, 그래도 마지막 추억으로 남겨놓아 이름을 보면서 같이 보낸 시간을 다시 되새겨 볼 것인가를 고민하는 시간을 맞는다. 서서히 내가 느끼는 외로움은 내 삶의 일부가 되었고 그 외로움을 스스로 즐기는 경지로 나를 끌고 가야 하지 않을까 하는 생각을 해본다. 그 외로움은 지금 이 자리에 있는 나를 다시 성찰하는 시간이 되지 않겠는가!

새끼 꼬기의 교훈

농사가 생활수단인 시골에서 생활해본 사람들은 가을 추수가 끝나고 쌓아놓은 볏단을 추수하며 얻은 볏짚의 다양한 변화를 보았을 것이다. 아마도 과거의 추억으로 거슬러 올라가 보면 쉽게 생각나는 광경이다. 볏짚의 상당부분은 아궁이에 들어가 밥 짓고, 그 불이 구들장으로 빨려 들어가 방안을 따뜻하게 하는데 쓰였고 소 사육에서는 볏짚을 작두로 잘게 잘라 소의 먹이로 요긴하게 변신한다. 쇠죽 쑤는 데는 작게 자른 볏짚뿐만 아니라 쌀겨와 때에 따라서는 콩도 넣어 농가의 재산목록 1호이면서 농사일의 바탕인 소를 건강하게 키우는데 큰 역할을 담당해왔다. 또한 멍석과 가마니는 볏짚이 만들어내는 알뜰하고 꼭 필요한 농사용구였고 지금의 눈으로 보면 아름다운 예술작품의 하나다. 그래서 볏짚은 나락(벼)를 만들어낸 것만으로 자기 일을 모두 끝내는 것이 아니고 자기 자신이 다시 무한 변신을 하며 농촌생활을 편리하게 하도록 도와주는 여러 농구의 필수재료로 역할을 톡톡히 하였다. 지금은 추수가 끝난 들판에 공룡 알(볏짚 묶은 덩이)로 남아 소 먹이로 쓰일 때를 기다리지만 자원이 한정된 시절에는 참으로 유용한 생활재료로 사용되었다. 그 용도는 위에 설명한 것들 외에 또 하나는 새끼로 완전히 다른 용도로의 변신이다.

바쁜 가을걷이가 끝나고 나면 시간 여유가 있는 겨울에 접어들면 집안이나 사랑방에서는 가마니 짜기나 새끼 꼬기가 일상의 일로 자리 잡는다. 새끼는, 이제 모든 끈이 플라스틱으로 대체되었지만, 당시에는 묶고 연결하는 데 가장 유용한 필수품이었다. 특히 새끼 꼬기는 우리에게 무언의 교훈을 준다고 생각해본다. 짚단을 추려 물을 뿌려 부드럽게 만든 다음 세 네 볏짚 줄기를 양손으로 나눠 잡고 비벼 꼬면 새끼가 된다. 하나의 벼 줄기는 길어야 겨우 1m 내외인데 이 짧은 볏짚이 이어지면 끝이 없이 긴 새끼가 된다. 볏짚 한 가닥 한 가닥이 서로 엉기고 꼬이면 긴 줄이 만들어지는데 한 가닥은 약하나 이들이 서로 꼬이면 긴 새끼라는 강인한 줄로 변신한다. 줄기 하나가 서로를 품고 안아서 협력함으로써 강한 긴 새끼 모습으로 탈바꿈한다.

이런 변신은 우리 사람들의 생활에도 큰 교훈을 준다고 여겨진다. 우리 자신들을 가까이 들여다보면 이 지구상에 있는 여러 동물보다도 우세하다고 여겨지는 부분이 별로 많지 않다. 호랑이나 사자같이 힘이 세거나 강인하지도 않고 뜀박질은 개나 여우, 늑대를 따라갈 수가 없다. 몸에는 털이 없으니 추위에 약하여 겨울에는 난방이 없으면 얼어 죽기 딱이다. 이런 불리한 신체조건을 타고났으면서도 이 지구에 250만 년 전 출현한 이후 얼마 되지 않아 이 위성의 주인이 된 것은 서로를 품어 안는 협동의 정신이 크게 작용했다고 여겨진다. 지구 상 어느 동물이 서로 협력하면서 공동으로 자기 작품을 만들어 내는가! 물론 일부 동물도 사냥할 때 공동작업을 하거나 고래도 먹이를 잡는데 협동작업을 하는 것이 알려지고 있으며 동물에 따라서는 살 집을 같이 지는 행동을 하나 그 행동으로 끝난다. 인간과 같이 지식의 축적과 언어, 글 등이 연계되어 지혜가 독보적으로 축적되고, 이 과정에서 서로 돕고 협력하는 본성의 발휘가 없었다면 이처럼 단기간에 이 위성의 주인이 되고 지금의 물질문명을 이루는 것은 불가능했을 것이다. 나 혼자가 가지고 있는 힘과 능력은 한계가 있으나 둘이 합하면 둘의 힘이 합이 아니라 배의 결과를 내게 된다.

예술이나 문학 부분에서는 혼자의 능력이 돋보이기는 경우가 있긴 하지만 그 업적의 뒤에는 수많은 선배들의 정신적 뒷받침이 있었다는 것을 결코 부인할 수 없다. 글을 매체로 책을 써내고 창작 발표회를 갖는 것은 내 결과를 공유하는 자연스러운 행위의 하나다. 과학계에서도 협동과 협력은 필수이면서 영향을 주고받는 것은 일상화되었다. 혼자의 힘으로 모든 것을 이룰 수 있다고 생각하는 것은 착각이다. 연구결과를 꾸준히 공유하고 협력하며 토론을 통하여 타인과 협력한다. 가정은 어떤가. 부부가 마음 힘을 합쳐야 얻는 성과가 더 커지고 지치지 않고 험난한 일생을 순조롭게 항해하면서 자식들을 길러낸다. 부부가 결합하여 가정을 꾸미지 않았다면 이 세상의 인간사회는 이루어질 수가 없다. 일반적으로 총각으로 있을 때보다 결혼해서 살게 되면 훨씬 더 많은 재산을 쉽게 모을 수 있다는 것을 모든 많은 사람들의 공통된 의견이다.

새끼꼬기의 지혜로 다시 넘어가면 그 짧은 한 가닥의 벼줄기가 서로를 보듬음으로서 긴 줄이 될 수 있고 쉽게 끊어지지 않는 질긴 새끼가 된다. 그래서 여러 용도로 쓰인다. 근래 학교 교육부터 시작하여 모든 모임이나 발표회 등이 서로 접촉이 없는 비대면 영상으로 이루어진 불행한 시기가 꽤 오래 지속되었는데 이런 수단으로 지식의 전달은 가능하나 경험과 지혜, 더 중요한 것은 얼굴을 맞대고 대화하면서 얻어지는 감정의 교류는 과연 가능할 것인가. 마음을 주고받는 과정에서 협력하고 같이 할 수 있는 기회가 더 많이 생긴다는 것은 옳은 얘기이다. 그래야 새로운 영역으로 더 쉽게 나갈 수 있다. 연인도 서로 만나야 정이 든다. 새끼 꼬기에서 서로합치고 기대면서 협력하는 지혜를 배우면 한다.

서너 개의 여유

우리는 생활하면서 마음속에 갖고 있는 여유를 서로 공유하는 넉넉함이 말 속에 함유되어 있는 경우가 있다. 내가 필요한 물건의 개수를 말할 때 서너 개라고 얘기한다. 딱 잘라 세 개, 네 개가 아니라 그 범위가 주어진다. 어찌 보면 정확하지 않고 뭉뚱그려진 느슨한 개념이지만 여유를 갖고 결정하도록 하는 배려의 감정이 배어 있는 것이 아닐까 하는 생각을 해본다. 우리민족은 예로부터 싹둑 자르듯이 말하는 것을 야박하고 인정머리 없다고 생각해 왔다. 심부름을 시킬 때 가져올 것을 대여섯 개, 열 두어 개라고 말하고 심부름 가는 사람의 처지와 현지의 상황에 따라서 결정하도록 여유를 주고 있다. 즉, 마음에 여유를 갖고 있으며 그 주어진 폭은 우리 생활 곳곳이 나타나고 있다.

화면의 빈 곳을 용납하지 않는 서양화에 비하여 동양화는 화면 전체를 채우는 것을 금기시 했으며 여백의 미가 그 작품의 진가를 돋보이게 한다. 그림 속이나 대나무도 한쪽에 치우쳐 그려지고 하늘에 해당하는 윗부분은 거의 빈 공간으로 남겨놓는다. 그 여백은 보는 사람의 몫이며 상상의 영역으로 미루어 놓았다. 내가 그린 부분은 소재 그 자체로 이미 뜻을 전달하였으며 보는 상대는 기존 있는 것에 자기 것을 더 추가하여 전체를 완성할 수 있게 보는 이에게 여유를 남겨두었다. 어찌 보면 공백에서 상대와 무언의 대화로 내 뜻을 전달한다.

전통시장에서 물건을 사다보면 딱 떨어진 가격이 없이 현장에서 값을 흥정한다. 미리 값을 정하는 것보다 조금은 여유를 갖게 만들기도 한다. 파는 사람도 여유를 이미 마음에 품고 있으며 사는 사람도 그 여유를 알고 있다. 이런 생각이 맞아 흥정이 가능하고 깎고 더 하면서 값이 정해진다. 개별포장이 되어 있는 것은 별 수 없으나 용량이나 개수로 판매되는 경우 자기 물건을 파는 사람은 대부분 덤으로 약속했던 양에 조금을 더 얹혀 건넨다. 어찌 보면 후덕한 내 마음과 상대를 배려하는 마음을 전달하는 것이다. 개수로 판매하는 경우도 정해진 개수에 더하여 한두 개를 더 얹어주면서 덤이란 말로 고마움을 표시하고 사는 사람도 흡족한 마음이 된다. 이렇게 해야 야박하지 않고 다음을 기약하는 관계를 맺는다. 서로의 마음을 읽는다.

이제 모든 상거래가 꽉 짜인 단위로 판매하고 있는 백화점이나 대형 마트 등은 이런 여유를 기대할 수 없으나 지금도 재래시장에서는 조금은 느슨한, 마음이 오고 가는 상거래가 이루어지고 있다. 이런 광경을 사람 냄새가 난다고 표현한다. 사람 간의 정을 느끼기 위해서 전통장터를 찾고 사람간 오가는 인정에 서로 위안을 받는다. 이와 같은 상거래는 물건을 거래하는 것에 더하여 사람만이 갖고 있는 정감의 표현이기도 하다.

조용한 대형 판매점에 비하여 우리 전통시장은 시끌벅적하다. 거래하는 사람 간에 대화가 오고가며 손님에게 자기물건을 알리는 목소리가 겹치기 때문이다. 더욱 정다운 것은 시장 한쪽 바닥에서는 농촌에서 자기가 심어 가꾼 농산물, 즉 배추, 무, 상추 등과 함께 들에서 금방 캐온 쑥, 달래, 냉이 등 신선한 채소류 등을 늘어놓고 정해진 값이 없이 그날 상황과 사고파는 사람의 의사 결정에 따라 거래가 이루어진다. 주고받을 때도 큰 아쉬움 없이 모두 만족한 감정으로 마무리를 짓는다.

우리는 원래 마음이 닫힌 야박함을 아주 천스럽게 생각하였다. 조금은 마음을 열어 놓고 상대를 생각하는 폭을 넓게 하는, 서로를 배려하는 여유를 갖고 있는 민족이었다. 이런 감정은 한 마을에서 생활하는 경우 훨씬 진하게 나타난다. 상대의 아픔을 내가 느끼고 그 아픔을 서로 덜어주려는 노력을 해왔다. 잘 알려진 경주 최부자가 흉년에 땅을 사지마라는 유훈은 상대의 아픔을 이용한 치부를 경계했으며 구례의 운조루(雲鳥樓)는 외진 곳에 뒤주를 놓아 흉년에 어려운 이웃이 곡식을 퍼갈 수 있게 하면서도 자존심을 건드리지 않게 배려하는 깊은 뜻이 담겨있다. 약소국이었던 이 나라가 굴곡은 있었지만 오천년의 역사를 이어갈 수 있었던 저력에는 이와 같은 배려와 화합의 정신이 우리 모두의 마음 밑에 바탕을 이루고 있었기 때문이다. 재물에 메이는 것보다 정신적인 여유를 가치의 높은 곳에 두었다.

근래 단군 이래 가장 풍족한 물질의 풍요 속에서 우리 민족이 유유하게 간직하고 있는 여유로움과 상대를 배려하는 정신이 자꾸 훼손되는 것 같아 안타깝기 그지없다. 물질은 형상이고 유한하다. 우리 정신은 무한하고 무형의 자산이다. 특히 극단적으로 양분화 되고 있는 가진 자와 못가진 자, 지배계층과 피지배층의 갈등은 사회구성원을 서로 갈라서게 하는, 참으로 안타까운 현상이 일어나고 있다. 부를 축적한 계층과 권력과 힘이 있는 지배층이 더 여유를 갖고 포용하는 마음의 자세가 필요한 때이다.

서너 개의 여유로 상대를 배려하는 우리만이 갖어 왔던 마음의 여유를 다시 성찰 할 때이다.

세상보기

말 없는 기다림의 마음 情

말 없는 기다림에 익숙한 마음이 들면 어른이 된 것이다. 이는 시간의 흐름에서 묻어나는 마음의 가다듬이 뒷받침되어야하기 때문이다. 말은 소리내어 상대에게 의사를 전달하는 것이나 말이 없이 속내를 나타내는 경우도 있다. 인간이 말과 글을 쓴다는 것은 다른 동물과 비교하여 가장 큰 차이점이다. 물론 몇몇 동물은 우리가 이해하지는 못하지만 음성으로 자기 뜻을 전달한다고 하나 인간처럼 모두에게 같은 뜻으로 전달되고 이해되는 말과 같은 수단은 찾기 어렵다. 그래서 우리는 끊임없이 상대와 말을 하고 글을 써서 나를 알리고 이들 수단을 통하여 상대를 알고 이해한다. 또한 이어지는 다음 대까지 교신하며 문화를 꽃피우고 있다. 이렇게 축적된 힘이 오늘 인간 회의 기반이 되고 있다.

글과 말은 눈으로 보고 귀로 듣는 전달 방법이나 더 깊고 애틋한 마음의 전달 방법은 무언의 상호감응이다. 내 안에 있는 뜻이 말이 아닌 정신감응으로 서로에게 전달되는 것이 진정한 마음을 읽는 수단이다. 마음에서 마음으로 전달되는 '정'이라 부르는 무언의 감정교류는 실로 미묘하다. 며칠째 연락이 없는 연인을 말 없는 기다림으로 나만의 시간을 채우고 멀리 타향에 갔거나 군 복무를 하는 아들을 생각하는 마음은 말이 없는 기다림의 깊은 어머니의 속마음이다. 그리고 타국에서 살고 있는 자식을 생각하는 부모의 마음은 가슴에 안고 있는 무언의 나만의 정이다.

살다 보면 꼭 말이나 글이 필요 없을 때가 있다. 이를 이심전심(以心傳心)이라 하고 부처님과 가섭존자의 염화시중(拈華示衆)의 미소는 너무나 잘 알려진 마음으로의 교신이다. 평소 우리도 말이 아닌 방법으로 내 의사를 전달하는 경우가 많다. 보디랭귀지라고 하여 몸동작이나 눈과 얼굴 표정으로 내 의사를 전달하거나 특정한 몸짓으로 실감 나게 내 생각을 전달하기도 한다. 모두가 마음에서 우러나는 생각을 전달하는 것인데 이런 유의 전달 방법은 꾸며낸 가식이 끼어들 여지가 없다. 말에는 수사와 참이 아닌 거짓이 끼여 들어갈 수 있으나 마음으로의 교류에는 전혀 그럴 수가 없다. 가식 없는 순수한 느낌만이 무언으로 전달되기 때문이다.

물질문명이 너무나 빠르게 삶의 변화를 부추기는 현대 사회에서는 말이 아닌 마음속 기다림을 용납하지 않는 분위기가 되고 있다고 느낀다. 어찌 되었든 빨리빨리 해서 목적을 달성해야 하고 남이 갖기 전에 내 소유로 만들어야 하는 탐욕이 일반화되는 사회 분위기가 되어가고 있다. 이런 상황에서 여유를 부리며 진득이 기다림의 여유를 갖는 것은 실로 어려운 일이다. 옛 우리 선조들은, 양반은 비가 와도 뛰지 않는다고 하였다. 조급함은 마음의 여유와는 어울리지 않기 때문이다. 빠름의 극치인 전자기기가 우리 생활을 완전히 점령해 버린 현실에서 꿈에도 어울리지 않는 얘기가 되려는지 모르겠으나 여유와 기다림은 인간이 갖는 마음의 기본이 되어야 하지 않겠는가 하는 역설적인 생각이 드는 요즈음이다.

말 없는 기다림의 인내는 씨앗이 땅에 떨어져 물을 머금고 때가 되면 싹을 피우는 것과 닮았다. 아무리 서둘러도 시간이 지나야 결과를 볼 수 있다. 소리 없는 울림, 홀로 있을 때 비로소 내 마음의 소리를 들을 수 있고 자기 자신에게 눈을 떠 바라보는 순간을 맞는다. 이런 정적의 상태가 되면 세월이 한 고개를 넘으며 내쉬는가는 숨소리를 들을 수 있다. 가는 것이 아니라 오고 있음을.

아마도 기다림의 정수는 백제 향가, 정읍사에서 찾을 수 있을 것이다. "달아 높이곰 돋우사 멀리곰 비추 오시라~" 타향에 출타한 남편의 안녕 귀환을 애타게 염원하는 여인의 간절함이 어찌 마음으로 전달되지 않겠는가. 너무나 바쁜 현대에 묻혀 사는 우리는 말 없는 기다림의 여유를 경험하지 못하고 그냥 지낸다. 휘영청 밝은 달밤에 한적히 산책하면서 달에게 내 소원을 빌어보고 그리운 사람의 얼굴을 떠올리면서 고요히 내 심정을 전해 보는, 정적인 마음자세를 갖는 기회가 별로 없는 시대에 살고 있다.

명상이나 묵도 등은 모두가 말이 아닌 마음속의 말로 교신하는 과정이 아닐까 생각해 본다. 아무리 바쁘고 뛰어야 살 수 있다고는 하지만 가끔은 내 정신의 내면을 조용히 바라보면서 이 몸의 존재를 생각해 보는 것도 인간으로서 태어난 큰 혜택을 누리는 기회가 아닐까 여긴다. 중요한 것은 눈으로는 보이지 않으나 마음의 눈(心眼)으로 보이는 것을 찾는 지혜가 필요하며 내 영혼과의 대화를 갖는 시간을 가졌으면 한다.

궁금증과 호기심

어느 정도 지능을 갖춘 동물의 경우 궁금증과 호기심은 정도의 차이는 있지만, 공통으로 가진 일상적인 감정이다. 특히 만물의 영장이라는 인간은 주위의 사물에 대한 궁금증과 호기심을 항상 갖고 있다. 물론 원숭이나 사람과 유전인자가 98% 정도 같다고 알려진 침팬지의 경우는 더욱 우리가 놀랄 정도의 궁금증과 호기심을 갖고 있는 행동을 한다. 낯선 물건을 주웠을 때 그것을 관찰하고 기능이 무엇인가를 알려고 노력하는 것을 쉽게 볼 수 있다. 이런 궁금증과 호기심이 인간 머릿속에서 발동함으로써 획기적으로 인류 발전의 계기를 마련한 경우가 많다. 새는 어떻게 하늘을 날 수 있을까 하는 궁금증으로 나도 한 번 날고 싶다는 생각으로 비행기를 만들었으며 어떻게 말보다 더 빨리 달릴 수 있을까를 고민하면서 마차와 자동차를 발명하게 되었다. 물에 떠다니는 오리를 보고 우리 인간은 배를 만들어 사용하고 있는가 하면 하늘의 별을 보면서 일어나는 궁금증은 달을 탐험하고 화성을 우리의 삶의 영역으로 불러들였다.

과학은 결국 궁금증과 호기심에서 시작되며 이를 바탕으로 필요를 충족시키기 위한 기술이 뒷받침하고 있다. 과학기술은 과학, 즉 궁금증과 호기심을 충족시키기 위한 인간의 본성에 바탕을 두고 있지만 다시 호기심이 충족되면 더 나아가서 얻어진 정보로 우리 실생활에 필요 쪽으로 방향을 잡는다. 과학기술자는 끊임없이 궁금증과 호기심을 가져야 할 이유이다. 미지의 세계에 대한 끝없는 탐험은 그 자체로도 흥미로운 일이나 그 결과가 자기만족을 지나 결국은 인류 발전에 기여하기 때문이다.

가끔 자동차를 타고 친구와 여행을 할 때가 있다. 길거리를 지나다가 친구가 저 건물은 무엇을 하는 사람들이 있을까 하고 물으면 나는 갑자기 차를 세우면서 친구에게 얘기한다. 궁금하면 여기 내려 저 건물 주인에게 물어보면 어떨까 하고 차를 세우면 친구의 당황스러운 모습이 지금도 선하다. 나도 살면서 궁금증과 호기심이 많은 사람 중 하나이다. 오래전 몽고에 여행 갔다가 게르에 자면서 한밤중 일어나 오랫동안 보지 못했던 그 많은 별을 보면서 다시 호기심에 불을 붙였고 조금 쉬는 시간에 앞동산을 올라 처음 보는 가시가 있는 풀을 만지다 한쪽 팔이 마비되는 경험을 하였다. 그래도 그 식물에 대한 궁금증을 떨쳐버리지 못하고 사진을 찍어 알아봤는데 결국 알아내지 못하였다. 그러나 그때의 생각, 팔이 마비되는 아픈 기억도 결국 내 호기심의 발동이라고 여겨 결코 털어내야 할 내 습관이 아니라고 생각하고 있다.

어린애들 교육에서는 질문을 많이 하라는 얘기를 한다. 어린이의 눈과 머릿속에는 궁금한 것이 잔뜩 쌓여있다. 우리는 예로부터 부모님에게 말대꾸하는 것을 금기로 가르치고 말이 많은 것은 좋지 않은 습관으로 여겼다. 지금 생각하니 인간으로서 궁금증과 호기심은 어린이의 상징인데 우리는 이 과정에 있는 자라나는 세대에게 이 특징을 억제하라고 가르쳤으니 호기심에서 오는 창조적인 사고의 싹을 잘라버리지 않았나 하는 아쉬움이 남는다. 성장하는 어린 시절에는 보는 것, 듣는 것 모두가 신비하고 한 번도 경험해 보지 않은 것 투성이다. 그게 낯선 것을 받아들이고 그 대상이 갖고 있는 특성을 알아내는 과정은 정신적으로 성장하는 기회가 된다. 성장과정에서 자연과 함께하라고 권하는 것은 수많은 현상과 변화의 기회를 끝없이 제공하는 천혜 보고이기 때문이다. 어느 것 하나 신비하지 않은 것이 없으며 이 순간 외에는 존재할 수 없는 찰나의 광경의 연속이다. 자연을 대하고 있으면 너무나 많은 질문이 있으며 이들이 여기에 있는 것 그 자체가 신비의 덩어리임을 알게 된다. 그래서 성장기에는 자연과 함께 하도록 배려하는가 보다.

이 나이 먹어서도 집을 나서면 만나는 모든 것이 나를 가르치는 대상이고 그 안에 있는 비밀을 알고 싶은 충동에 빠진다. 늙음의 특징적인 징표는 호기심과 궁금증을 잃어버리는 것이라고 한다. 즉 새로움을 찾는 마음의 창을 닫고 새로움에 거부반응을 보이는 현상으로, 결국 현재에 멈추고 정체되면 오히려 과거로 돌아가는 역성장을 뜻한다. 그래 이런 현상을 이기기 위하여 오늘도 화분에 심어져있는 행운목의 새싹과 대화하면서. 그 신비안에 감춰진 비밀을 알고자 상상의 나래를 펼쳐본다.

겨울 지나 버려진 화분의 모습

봄을 맞아 날씨가 따뜻해지면 대자연이 긴 잠에서 깨어나 기지개 켜며 온갖 생명이 꿈틀거린다. 딱딱하게 닫혔던 줄기에 맺힌 몽우리에서 새싹이 돋는 생동감 넘치는 식물의 모습에서 나도 힘을 얻는다. 이런 활기찬 새 삶을 시작하는 모습 한쪽에는 지난겨울 추위를 견디지 못하고 창창했던 지난날의 자기의 본래 모습과는 동떨어진 앙상한 모습을 하고 쓸쓸히 한구석을 차지하고 있는 길가 버려진 화분이 여기저기 눈에 띈다. 지난가을 그렇게 탐스럽고 우아한 꽃을 피우고 매혹적인 향기로 나에게 즐거움을 주었던 국화의 꽃잎은 자취를 감추고 갈색으로 변한 초라해진 몇 개의 잎사귀가 자기를 있게 해준 줄기에 아쉬움을 떨쳐버리지 못하는 듯 붙어 있다. 고무나무나 측백 류 등 관목들도 관심의 대상에서 밀려나 초라한 모습으로 길가 한구석에 변해버린 잎사귀와 앙상한 모습으로 밀려나 있다.

생(生)이 있으면 멸(滅) 하는 것이 자연의 순리이고 이어지는 과정이긴 하지만 한쪽에서는 새로운 삶을 시작하는데 그 옆에는 생을 마감한 생명체가 있다는 어울리지 않는 광경에 스산한 생각이 든다. 길가 한 옆 여기저기, 버려진 화분에서 어제의 영광은 자취가 없이 사라지고 보기 흉한 모양으로 마지막을 알리는 것을 보면 우리가 가고 있는 삶 또한 이 과정을 거치고 있음을 본다. 화분의 식물이 대지에 뿌리내렸다면 지금이 시간에 새 생명의 새싹을 틔워 오는 계절을 맞을 터인데.

지금에 멎어있는 나를 가만히 눈여겨보면 새싹의 유년기를 지나 청장년의 푸름을 뽐내던 때가 엊그제인데 길가에 나뒹그러진 앙상한 화분의 모습에서 나를 견주어 보는 이 시간을 보내고 있다. 그러나 식물과는 다르게 인간은 시간이 축적되면서 밖으로 나타나는 외형은 늙어가지만 내면의 정신은 더욱 원숙하고 젊음에서 갖지 못하는 너그러움과 포용력을 갖추는 시기가 된다는 것에 큰 위안을 받는다. 젊음의 아름다움은 자기의 의지에 의해서 받은 것이 아닌, 주어진 현상이지만 아름다운 노년은 내 스스로 만든 나만의 작품이며 내 의지로 이어간 시간의 축적으로 이루어진, 이 세상 하나밖에 없는 유일한 예술품이 아닐까 여겨진다. 생명을 다한 식물의 잔해는 볼품이 없지만 오랜 경륜이 쌓여 원숙한 노년의 모습은 또 다른 아름다움으로 전달되고 그 모습에서 누구에게나 편안함을 안겨주는 포용의 여유를 보인다.

겨울 지낸 생명을 잃은 화분은 그것으로 종말을 맞으나 인간의 삶은 하루하루의 생활이 또 다른 삶의 연속이며 마지막까지 이룸을 멈추지 않는 여정이다. 어느 순간 태엽 풀린 시계같이 멈춤의 시간이 오겠지만 그 자체도 축적된 의미 있는 삶의 총화를 계산하는 마무리 순간이기도 하다. 생명의 현상이 지속되는 한 그리고 마감의 순간을 맞아도 갈무리된 잠재력과 뭉쳐진 지혜는 결코 스러지지 않는다. 끝마무리하는 낡은 화분과 우리 인간의 삶이 다른 이유이다. 자연의 흐름에 순응하는 식물의 끝과는 다르게 우리의 삶은 자연의 흐름을 바탕 삼아 나름대로 선택한 의지의 결과이고 정신문화로 연결된다. 젊음의 패기에서 이제는 조용히 지나온 날을 관조하면서 앞으로 찾아올 남은 날을 맞을 준비를 하는 노년의 시간이다.

아침 떠오르는 태양의 아름다움을 찬미하지만 중천의 해도 아침 해의 연속이고 하루를 마감하고 지는 해가 남기는 노을 또한 다른 내일을 약속하는 몸짓이다. 아침 해가 다시 떠오르듯 내 생이 마감되어도 이루어 놓은 응집된 정신의 결정체는 결코 스러지지 않음을 우리는 역사에 남은 인물에서 보고 있다.

모든 생명체의 근원은 한 점에서 시작되어 수십억 년을 지나오면서 주어진 환경에 따라 각각 분화되고 진화되어 오늘의 형태를 갖추었다는데 주어진 지금의 생명이 다해도 정신 영역의 응집체가 남아 전달될 수 있는 지구의 영장체, 인간으로 태어난 것을 무한 감사하고 있다. 한 개체가 탄생하여 스러지면서 영원히 끝나는 것이 아니라 물질을 떠나 정신으로 계속 이어질 수 있다는 것은 혜택 받은 인간이기 때문이다.

오늘도 버려진 화분을 애처로운 마음으로 보면서 생명체의 종말은 항상 아쉬운 마음을 불러일으킨다. 더 바라는 것은 작은 화분 속에서도 자기의 모든 힘을 다해서 푸르름을 유지하였고 최선을 다하여 자기를 선택한 사람에게 즐거움과 아름다움을 선사하고 마감했다는 것에 작은 위안이라도 느꼈으면 한다. 필요에 의해 선택하고 미련 없이 버려버리는 우리의 일상에서 무언가 인간의 이기적인 행태에 대하여 다시 생각해 보는 계기가 된다. 동식물 모두 생명을 갖은 우리의 이웃인데.

향기와 악취

오감 중 가장 민감한 감각이 코로 냄새를 맡는 취각이라고 한다. 민감한 만큼 무디어지기도 쉽다. 푸세식 화장실은 도시에서 낳아 성장한 사람은 상상이 어렵겠지만 시골에서 자란 세대는 뒷간(지금으로 말하면 화장실)에 처음 들어설 때 그 냄새를 잊지 못할 것이다. 그러나 조금 견디다 보면 전혀 느끼지 못하고 볼일을 시원히 끝내고 나온다. 냄새에 적응하여 무디어진 결과다. 우리 인체조직 중 냄새를 맡을 수 있는 기관은 코뿐이다. 참으로 미묘하면서도 가장 예민한 기관이다. 만물의 영장이라고 하는 인간의 코는 냄새 맡는 데서는 여우나 늑대, 개, 고양이 등 동물에 비하여 열등하기 그지없다. 늑대는 땅 밑 몇 미터 아래에 묻힌 동물사체의 냄새도 맡는다니. 아마 사냥개를 쓰는 이유, 군견, 공항 검색대에 동원되는 개들도 비슷할 것이다.

우리가 느끼는 냄새는 크게 유쾌하고 좋은 냄새와 불쾌하고 역겨운 냄새로 대충 구분할 수 있다. 공기처럼 전혀 냄새를 느끼지 못하는 대상도 있는데 공기 중 주성분인 질소나 산소를 냄새 맡을 수 있다면 끊임없는 자극에 고통스러워서 오래 살지 못할 것이다. 조물주의 큰 배려라 여기고 있다. 그에 극소량의 휘발성 물질이 냄새의 원인이다. 상쾌한 숲속의 냄새를 느끼기도 하지만. 극히 일부의 역한 냄새를 내는 꽃을 제외하고 모든 화초에서는 사람에게 즐겁고 상쾌하며 이끌리는 향기를 내뿜고 있다. 갓 피어난 장미의 향을 싫어할 사람은 없을 것이다. 늦가을 서리를 맞으면서 계절을 마지막으로 장식하는 소국의 향은 신비의 경지를 불러오게 한다. 꽃잎사귀는 여느 식물과 차이가 있으나 그 조그만 꽃잎과 꽃술 어디에서 이런 상쾌하고 오묘한 향기를 뿜어내는가. 신비하다. 진하지는 않지만 짙푸른 소나무 숲에서 품어나는 은은한 솔 향은 한동안 서서 느껴도 전혀 지루하지 않다. 이런 유쾌한 향을 품고 있는 자연에 다시 감사한 마음을 가지면서 내 육체에 이를 감지하고 느낄 수 있는 감각을 준 생명체의 시원에도 감사한 마음을 갖고 있다.

꽃에서 나는 향기는 우리가 알기로는 꽃가루받이를 위하여 벌과 나비를 불러들이려는 자연의 현상이라고 하는데 벌이나 나비가 이들 향을 감지하여 찾아가는 것 또한 신비의 세계임을 간과할 수가 없다.

우리 전통 발효식품도 음식마다 독특한 향과 냄새를 갖고 있다. 잘 익은 김치의 독특하고 구미 당기는 냄새는 한국인의 유전자에 각인되어 평생 잊지 못하는 냄새가 되었다. 그 냄새에 끌려 김치를 먹고 즐긴다. 간장, 된장, 고추장은 어떤가. 약간 퀴퀴한 냄새가 나긴 하지만 그 향 때문에, 그 매력에 다시 찾는 우리 전통식품이 되고 있다. 그 향기를 맡으면서 떠먹는 된장국과 청국장은 그 향이 있어야 본래의 맛을 제대로 즐길 수 있을 것이다. 아마도 음식의 냄새에 있어서 백미는 청국장일 것이다. 어릴 때 어머님이 만드신 청국장, 아랫목 가장 뜨거운 곳에 이불로 덮어 띄운 청국장은 집안 전체에 독특한 냄새를 풍기고 몇 날 며칠 그 냄새에 찌들어야 한다. 그래도 그 냄새와 향은 지금도 잊지 못하고 가끔은 즐기는 찌개가 되고 있다. 요즈음 발효에 관여하는 균을 선발하여 냄새가 덜한 청국장이 상품으로 나오지만 어찌 어머님이 해주신 아랫목 청국장에 비할 것인가. 그 맛이 지금도 그립지만, 그 비법을 갖고 계신 어머님이 오신 곳으로 돌아가신지 오래 되었으니 어쩐다. 지금 가진 것에 내 입맛을 맞추는 수밖에.

발효와 부패는 인간이 느끼는 기준이다. 모두가 식품의 성분 중 일부가 분해되거나 새롭게 합성되어 독특한 냄새를 내면서 변화시키는 과정인데 사람이 좋게 느끼면 발효요, 기분이 나쁘면 부패다. 유럽의 사람들이 좋아하는 스위스치즈는 나에게는 청국장보다 더 역하다. 이들 식품은 우리에게 발효인가, 부패인가. 애매해진다

인간의 감각이 결코 절대적인 기준이 될 수 없듯이 우리의 생각도 내가 전부 옳다는 소아적인 테두리를 벗어나야 한다는 것을 우리 향기와 악취에서 본보기를 보인다. 냄새와 악취는 외부에서 바람을 타고 번지는 물질의 냄새로, 육체적인 감각일 뿐인데 더 중요한 것은 인간의 정신세계에서 우러나는, 스스로 발산되는, 결코 가볍게 스쳐 지나지 않는 인품의 향기가 아닐까 한다.

퀴퀴하고 썩은 냄새를 풍기는 일부 부패한 정치인과 기업인, 그리고 시류에 편승하여 눈앞의 이익만을 좇는 어용학자들의 악취는 많은 사람을 역겹고 불쾌하게 만들지만 수백 년 전 성현 말씀이나 고매한 정신지도자의 향기는 지금도 우리 가슴에 와닿는, 비교할 수 없는 잔잔하고 은근한 천년의 깊은 향기를 품어낸다.

식혜(食醯) 예찬

식혜는 우리 유전인자에 각인된 한국인의 고유한 단맛 음료다. 어느 가정에서나 쉽게 만들어 먹을 수 있고 특히 겨울철 별미로 인기가 높다. 여름철 시원한 식혜도 그 맛을 잊지 못한다. 동서양을 막론하고 사람이 가장 좋아하는 맛은 단맛과 짠맛이다. 그래서 우리 음식의 대부분은 단맛과 짠맛을 관리하는데 신경을 쓴다. 너무 과하면 입맛을 버리고 너무 적으면 기호성이 떨어져 음식으로서 선택을 받기 어렵다. 가공식품을 만들 때도 5미 중 가장 신경 쓰는 것이 단맛과 짠맛이다. 근래 단맛을 내는 대표 격인 설탕은 비만과 당뇨 원인이라 기피의 대상이 되었고 맛의 기본인 짠맛은 고혈압 등 만성병의 원인으로 지목받고 있다. 이들 2가지 맛 성분은 과유불급(過猶不及)의 대표적인 예이다. 꼭 필요한 성분이나 지나치면 미치지 못한 것만 못하다니 여기에 딱 어울린다.

오랜 식생활에서 인류는 끊임없이 단맛 원을 찾아왔으며 자연에서 얻어지는 대표적인 단맛 식재료는 꿀이었으나 언감생심, 값이 비싸 서민에게는 접근하기 어려웠다. 이런 제한 때문에 농촌 어디에서나 재료를 쉽게 구할수 있으며 만들기 어렵지 않고 비교적 간단하여 식혜가 인기 있는 단맛 음료가 되었다. 보통 설 전후로 집안에는 항상 식혜가 준비되어 있고 설 제사상에도 꼭 오르는 대표적인 전통음료의 하나이다. 특히 손님

접대에 요긴하게 쓰인다. 또한 농축하면 조청이 되고 더 나아가면 엿으로 변신하니 가변성이 좋다,

새로 수확한 겉보리로 싹을 틔워 만든 엿기름이 가장 중요한 기본 재료이다. 주부들은 가을걷이가 끝나면 잘 고른 겉보리를 물에 불린 후 시루에 넣어 따뜻한 곳에 놓아두고 가끔 물을 뿌려주면서 싹을 틔운다. 보통 싹이 보리 길이의 1.5배 정도 되면 털어내어 햇볕에 말린다. 보통 멍석에서 말리는 기간을 결정하는 것은 주부의 오랜 경험에 의한 노하우이다. 늦가을로 서리가 내릴 때가 엿기름 준비하기 가장 좋은 때이다. 낮에는 뜨거운 가을 햇볕과 바람에 잘 말려지고 저녁에는 말리고 있는 엿기름에 하얀 서리가 내려야 좋은 엿기름을 얻을 수 있다고 알려져 있다.

과학이 발전한 현시점에서 보면 우리 조상들이 영하 이하로 되었을 때 엿기름의 품질이 더 좋아진다는 것을 어떻게 알았을까? 즉 효소의 기능이 향상되는 현상이다. 엿기름은 자체 내에 생성된 전분 분해효소(maltase)가 쌀밥에 작용하여 고분자 물질인, 물에 녹지 않는 전분을 분해, 수용성인 맥아당으로 만드는데 이 전분 분해 효소의 힘이 저온처리를 하면 더 증가한다는 것이 과학적으로 밝혀졌다. 다시 우리 조상들의 지혜에 탄복한다.

식혜를 만드는 과정을 보면 일단 엿기름가루를 물에 풀어 걸러서 국물을 얻고 여기에 고두밥을 넣어 무쇠솥에 부어놓고 미지근한 불로 서서히 가열한다. 대개 저어주면서 4-5시간이 지나면 당화가 완료되어 단맛을 낸다. 식혜 품질을 결정하는 것은 첫째 은은한 단맛이고 다음은 잡미가 없어야 하며 고두밥으로 넣은 밥알이 잘 분해되어 식혜 국물에 둥둥 떠 있어야 한다. 또한 밥알도 흰색으로 누런색이 없어야 한다. 아침부터

식혜 만들기가 시작되면 늦은 저녁에나 끝난다. 어릴 때 학교 갔다가 집에 들어설 때 달짝지근한 냄새가 집안에 퍼져있으면 얼마나 기대가 되었는지. 할머니, 어머니, 그리고 작은 어머니까지 총동원된 가족행사다. 초저녁 얼핏 잠이 들었을 때 어머니가 깨워 따끈한 식혜 한 사발을 건너 받았을 때 그 행복감, 맛을 보기 전에 기대에 부푼다. 꽤 뜨거우니 후후 불어 진수의 맛 이전에 달콤한 향을 즐긴다.

식혜는 자연에서 얻는 다른 감미 원과는 다르게 맥아당이 주요한 단맛 성분이다. 맥아당은 설탕 감미의 60% 밖에 되지 않으나 은은하고 부드러운 맛과 엿기름에서 오는 독특한 향이 어울려 식혜의 독특함을 충분히 나타낸다. 식혜는 마시는 음료로서의 기능뿐만 아니라 식혜를 걸러 맑은 액을 졸이면 끈적끈적한 황금색의 조청이 되고 이 조청은 정초 구운 인절미와 좋은 짝이 된다. 조청 묻힌 인절미라, 생각만 해도 군침이 돈다. 조청을 다시 더 졸이면 굳는 엿이 된다. 갈색을 띠는 갱엿과 공기를 불어넣은 흰 엿, 모두가 옛 정취가 물씬 풍기는, 오랜 역사가 깃든 우리의 전통음식이고 단맛을 주는 몇 안 되는 기호식품이다. 비슷한 것으로 식해(食醢)가 있으나 이는 어패류를 엿기름과 같이 익힌 곡물을 한데 섞어 고춧가루, 파, 마늘, 소금 등을 조미하여 발효시킨 음식이다. 가자미식해가 유명하다.

우리 조상의 슬기가 돋보이는 독특한 단맛 음료인 식혜는 이제 우리 식생활을 풍요롭게 하면서 수출로 외국인의 입맛을 사로잡아가고 있다. 식혜는 여러 과실과 짝을 맞춰 새로운 맛을 창조하는 기본이 되기도 한다.

식혜를 더욱 발전시켜 세계인의 음료로 격상시켜야 할 의무가 후손에게 주어졌다.

동료, 선후배들과의 인연

살면서 가장 큰 인연은 내게 생명을 주신 부모님과 피를 나눈 형제들이고 이들은 평생 이어지는 천륜으로 내 의지로 달라지지 않는 필연이다. 그러나 사회생활을 하면서 내 삶의 과정을 함께한 동료, 선후배들과 함께 공유한 경험은 내가 스스로 만든 인연이다. 이렇게 관계를 맺은 선후배, 친구들은 시시때때로 찾아오는 마음의 공백과 허전함을 채워주는, 목마를 때 물과 같은 역할을 해 주고 있다. 부모는 조건 없는 사랑과 보살핌이라면 동료, 선후배는 내가 가꿔온, 그리고 알뜰한 정을 세월과 함께 쏟아부어 자라게 한, 마음에서 성장하는 말이 없는 식물 같은 존재이다. 있는 그대로가 좋고 아무 때나 마음으로 불러내어 내 사정을 하소연하면 귀담아 들어주는 마음의 안식처 역할을 한다.

학교생활에서 어깨 나란히 교정을 누비었던 친구들, 그리고 직장 생활과 여러 연관된 사회생활에서 만났던 많은 선후배는 나이 들어가면서 영역이 겹쳐 계속 가까이할 때도 있으나 연이 다하여 희미하게 기억에서 사라지기도 한다. 부모 · 형제간에는 피를 받고 나눈 하늘이 준 관계가 있으나 학창 시절, 직장 등 사회생활에서 만난 모든 사람은 내 의지로 마음을 나눴고 경험을 함께한 동시대를 살아온 동료들이다. 이들을 만나면 같은 시간을 공유했던 우리만 아는 이야기가 있고 그때의 감정을 같이하면서 생각을 나눌 수 있는 공간이 마련된다.

며칠 전 50년도 넘은 군대 생활에서 고락을 같이했던 친구의 전화를 받았다. 전방 생활에서 여러 어려움을 같이했고 도움을 주고받았던 관계였는데, 저 밑에 간직되었던 그의 이름이 잊히지 않고 걸려 올라와 반가움을 표시할 수 있었다. 삭막할 것 같은 군대 생활에서 같이 느끼고 생활했던 친구의 전화는 갑자기 시공을 넘어, 매일매일 정해진 메마른 군대 생활 속에서도 같이 만든 추억이 주절주절 마음의 사슬에 걸려 올라오게 했다. 매일 생활했던 군 막사며 내 개인 물건을 넣어두었던 사물함의 모양까지 선하게 떠오르는 것은 도대체 무슨 조화일까. 이렇게 내가 지금 만나고 있는 친구들, 이웃들도 같이했던 여러 생활에서 함께한 경험이 차곡차곡 쌓여가는 과정이 아닐까 여긴다.

한동네에서 오래 살아왔던 내 어린 추억에는 이웃 간 음식 나눠먹는 것이 일상화되었다. 물론 결혼식이나 환갑잔치 등은 동네잔치가 되지만 몇 대에 걸친 선형들의 저녁 제사를 모시고 나서 늦은 아침에 차려진 제물을 동네 어른들에게 나눠드리는 것은 당연한 일이고, 그 음식을 나르는 역할은 발 빠른 어린이들의 몫이었다. 그때의 정경이 지금도 선하다. 이런 잊지 못할 정경이 마음 밑에 남아 고향을 잊지 못하고 고향 친구를 만나면 너무나 많은 추억이 함께 따라 올라온다. 이들과 함께한 추억이 내 가슴속 상당 부분을 차지하고 있기 때문이다. 잊힌 듯 아스라하지만 언뜻 기회가 닿으면 표면으로 올라와 내 생각을 풍요롭게 하는 내 삶의 밑바탕을 받치는 한 지주대가 되고 있다.

이제는 고향 생활보다 직장에서, 사회생활을 더 많이 해온 지금, 삶에 새롭게 맺은 직장의 동료들이 더 가까이 내 삶 속에서 자리를 같이 하고 있다. 여러 즐거움을 같이 하고 어려움을 내 일인 양 함께 해결하고 때에 따라서는 주어진 일을 밤새워 해내고 그 결과를 뿌듯하게 공유하는 자리를 마련하였다. 이러면서 서로의 생각을 나누고 즐거운 일을 같이 공유하면서 어려움이 있을 때 마음을 다독거려 서로 위로하기도 했었다.

학교의 동기나 선후배는 어떤가. 같은 선생님 밑에서 공부했고 그분들의 지식과 지혜를 나눠 가졌다는 것에 진한 동료의식을 넘어 같은 부류라는 동질감을 느끼기도 한다. 이제 시간과 공간을 나와 같이 했던 이들 모두가 내가 간직해야 할 결코 바꿀 수 없는 보물들이다. 인연이 맞닿은 내 친구와 동료들에 대한 애틋한 정과 함께 이제는 단순한 이해의 폭을 더욱더 넓혀야 하지 않을까 하는 희망을 품어는 보는데 원래 가진 작은 그릇의 범위를 넘어나지 못할 것이라 스스로 가늠해 본다.

존경의 대상인 세계 종교 지도자들이나 우리에게 큰 영향을 주고 있는 역사에 남아있는 성현들의 말씀은, 나를 버리는 순간에 더 큰 세계를 만난다고 하는데 속 좁은 나는 아직도 내 울 안에서 내 것만을 챙기려는 이기심을 이타심으로 바꾸지 못하고 작은 틀 속에서 벗어나지 못하고 있다. 그래도 선후배와 친구들, 내 옆 이웃에게 적어도 불편만은 주지 않으려 노력은 하고 있다.

선정능을 둘러보며 회한에 젖는다

선정능은 서울 강남구 선릉로에 위치한 선릉과 정릉으로 알려진, 조선조 9대 왕인 성종과 11대 왕인 중종의 능이 있고 인근에 성종의 왕비인 정현왕후의 능을 모신 곳이다. 아마도 조선 초 당시는 경복궁에서 보면 아주 멀리 떨어진 한적한 시골이었을 것이나 지금은 강남의 중심, 가장 번화한 곳이 되었고 주위에 사는 많은 시민이 이 곳을 찾아 산책하는 명소가 되었다. 가장 높은 빌딩이 많은 강남의 번화가, 시멘트 무리 속에서 진한 녹색으로 우거진 숲이 너무나도 아름다운 공원의 역할을 단단히 하고 있다.

시간이 있을 때 한적한 공원을 산책하면서 여유를 즐기고 봄, 여름, 가을의 계절 변화에서 나무가 형형색색 옷단장하고 변하는 모습에서 자연의 경이로움을 느낀다. 계절이 바뀜을 자연스레 감상하면서 이어지는 겨울에는 참나무 등 활엽수가 걸쳤던 옷을 벗는 모습을 통하여 본래의 자태를 감상한다. 이들과는 다르게 청정한 소나무는 드디어 나를 알릴 때가 되었다는 듯 푸름을 뽐내고 가지마다 소복이 눈을 이고있는 모습은 한겨울의 정취를 더욱 북돋아 주고 있다.

겨울의 쉼을 끝내고 활엽수에서 새순이 앞다투어 얼굴을 내밀고 이에 따라 봄이 무르익어 가면 꿩이 짝을 부르는 소리가 우렁차고 조금 지나면 대여섯 마리의 새끼를 거느린 어미가 의젓하게 주위를 살피면서 종종걸음으로 앞을 가로지른다. 신비하고 경이롭다. 가끔은 이름을 물을 수 없는 새가 내는 독특한 소리는 그 녀석들 모습은 보이지 않지만 음성만으로도 미루어 짐작하기에 아름다운 모습이 아닐까 상상한다. 각양각색의 새소리울림은 이 숲이 함께 사는 이들 동물들과 같이 있다는 포근함을 느끼는 순간이다.

공원관리 측에서 수목 등을 세심하게 보살피고 산책하는 길도 깨끗하게 정리해 놓았으며, 안내 책자도 준비되어 이 선정능을 알리는 데 부족함이 없다. 하루에 두 번, 안내인이 관람객을 대동하여 선정능에 대한 자세한 역사 공부를 시켜주니 전에 몰랐던 조선왕조의 내력과 선정능을 잘 이해할 수 있도록 도움을 준다. 그래서 신이 올라가는 계단, 신도와 왕이 오르는 어도의 뜻을 알았다. 또한 왕릉이 구축되는 과정을 비디오로 자세히 보여주어 겉모습만의 왕릉이 아니고 구축되는 과정을 실감 나게 알 수 있어 우리 조상들의 알려지지 않은 비법을 이해하는 좋은 기회도 된다. 특히 역사문화관은 선정능의 역사와 성종과 중종, 그리고 정현왕후의 내력까지 자세히 기록되어 있고 특히 우리나라 왕릉의 전국 분포까지를 자세히 알려주고 있다. 평소에 지나치고 미루어두었던 우리의 역사를 깊이 이해하는 데 크게 도움이 된다.

조선(1392~1897) 왕릉은 왕과 왕비 그리고 대한제국(1897~1910) 황제와 황후 포함 73분의 무덤을 통틀어 가리키며 능은 모두 42기가 있으며 북한에 있는 2기를 제외한 40기가 2009년 세계 유네스코 세계문화유산으로 등재되어 세계인의 유산으로 격상되었다. 유교의 통치이념에 바탕을 둔 조선조에서는 왕릉의 조성과 관리에 효와 예를 다하였고 능참봉을 두어 세심하게 관리하였다. 특히 당시 믿음으로 정착한 명당의 개념은 왕릉의 위치 선정에 각별한 의미를 부여했으며 때에 따라서는 지관을 재선정하여 이장하기로 하였다. 지금도 종묘의 제사는 물론이지만 각 능에 제실을 두어 정한 날에 격식을 갖춘 제를 올리고 있다. 선정능에서도 법에 맞는 제상을 차려 제를 올리고 있는 것을 알 수 있다.

의미 깊은 선정능의 내력을 알고 나서 참배할 때마다 가슴이 아린 망국의 한을 느낀다. 기록에 의하면 1592년 시작된 임진왜란 중에 선능과 정릉이 왜구에 의해 파헤쳐져 훼손되었다는 내용이 실려 있다. 선조는 피난 중 왕릉의 훼손 소식을 들었고 훼손된 왕릉에서는 시신까지 불태워진 모습이 확인되었다고 한다. 시신의 흔적도 찾지 못하여 별수 없이 성종과 중종 그리고 정현왕후의 옷가지를 갖추어 1593년에 다시 장례를 치렀다는 기록이다. 한 국가의 왕과 국모의 묘를 훼손하고 시신까지 불태워 흔적을 지워버린 왜구의 만행을 이제와서 지탄하면 무엇하리오. 나라를 빼앗기고 지킬 능력을 잃으면 왕이나 왕비 묘의 수난은 물론이고 백성들은 얼마나 피눈물 나는 고통을 당했을 것인가.

선정능을 산책할 때마다 중종과 성종 그리고 정현왕후의 사후를 지켜드리지 못함에 대한 후손으로서 비통함과 다시는 이 나라의 주권을 잃어서는 안 된다는 각오를 다짐하는 계기가 된다. 회한에 묻혀 쓰린 아픔을 넘어 마음을 다시 추스르는 기회가 되며, 앞으로 이 아픈 역사를 배워 오늘에 우리의 각오를 굳게 다지는 산 역사의 장소로 선정능이 일반에게 잘 활용되었으면 한다.

진정한 기업가를 만나고 싶다

자유민주주의를 바탕으로 자본주의 시장경제 체제하에서 국가 경제는 기업인의 재화에 의존하는 경향이 뚜렷하다. 모든 재화는 부가가치를 높이는 경제활동에 의해서 산출되고 이 경제활동의 주체는 기업인이기 때문이다. 이들 기업인들이야말로 여러 어려움을 헤치고 많은 직원들의 생활을 책임지고 이 사회에 계속 일자리를 마련하면서 상당하는 세금을 내서 국가 경제를 뒷받침하는 진정한 애국자들로 이들을 항상 마음속으로 존경한다.

경제활동의 범위는 제조업, 서비스업 등 육체활동을 바탕으로 하는 분야와 문화, 예술 등 정신에 바탕을 둔 영역까지 포함되어야 할 것이다. 이 모든 분야에 참여하여 한나라와 사회의 경제를 이끌어가는 사람들을 기업가, 사업가, 자유업자 등으로 부르고 있다. 이들 기업가나 사업가가 어떻게 이 사회에, 국가에 기여하느냐에 따라 사회와 국가의 대외위상은 크게 달라진다. 한 나라의 위상 결정에 중요한 역할을 맡고 있는 기업가나 사업가를 나름대로 분류하여 그들의 역할과 사회 및 국가에 대한 기대수준을 가늠 해 보고자 한다.

우선 제조업이나 서비스업, 그리고 정신영역에 참여하는 모든 분야의 최고 책임자를 그 마음가짐에 따라 기업인, 사업가, 장사꾼 그리고 장사치로 나눠보면 어떨까 하는 생각을 해본다.

참뜻을 알기 위해 한글학회가 편찬한 우리말 큰 사전에서 이들 단어의 사전적 해석을 보면 기업인이란 영리를 목적으로 사업을 경영하는 경영주, 또는 자본가이며 사업가란 사업을 익숙하게 경영하는 사람, 장사꾼은 장사에 수단이 있는 사람, 장사치란 장사 이치의 준말로 장사에 종사하는 사람을 홀하게 일컫는 말이라 정의하고 있다.

이들 모두가 여러 사업 활동을 통하여 이윤을 창출하고 그 이윤으로 자기의 직원등 식솔들을 먹여 살리고 시설투자와 경영활동 등 사업체가 필요로 하는 여러 활동을 통하여 얻은 이윤으로 사업체가 영속하려 노력한다.

위에서 분류한 모든 사업가는 이윤을 추구하는 것은 공통적인 목적이나 이윤추구를 통해 얻은 과실을 어떻게 활용하고 같이 일하는 종업원을 어떻게 대하느냐에 따라 이들의 위상은 크게 달라진다. 나름대로 그 뜻을 추가해 보면 기업인은 이윤추구와 함께 기업활동을 통하여 자기 기업뿐만 아니라 국가와 사회가 더불어 발전하고 여러 혜택을 같이 누리도록 배려하는 마음을 가진 사람이다. 따라서 종업원을 나와 함께하는 동반자로 여기고 이들을 위한 복지혜택을 최대한 보장하려 노력한다. 아울러 내 사업체가 있도록 해준 소비자 즉 사회와 국가에 여러 면에서 혜택을 나누도록 노력한다. 일자리 창출은 물론이요 사회 공익사업에도 여러 경로를 통하여 자진하여 참여한다. 이런 과정에서 진정한 기쁨과 행복한 삶을 통하여 자신이 세상에 존재하는 진정한 의미를 찾는다.

사업가는 우선 사업을 통한 이윤을 먼저 생각하고 자신에게 이익이 될 것이 무엇인가를 생각하여 모든 노력을 그 방향으로 집중시킨다. 종업원은 상하관계를 유지하고 사회 기여는 자기 사업에 이익이 되었을 때 참여한다. 자기희생이나 사회 기여는 피동적일 수밖에 없고 얼굴 내기가 주 목적이 된다. 다음 장사꾼은 물론 이윤을 추구하는 것은 당연하고 모든 행동에서 다른 사람을 생각하지 않는다. 나만, 내 사업만 잘되면 다른 것에는 눈을 감는다. 따라서 주위나 사회와 국가 등은 생각하는 순위에서 뒤에 밀린다. 이타(利他)의 개념은 중요하지 않다.

마지막으로 장사치는 모든 것이 장사꾼과 비슷한 범주에 들어가나 남에게 이익은커녕 해를 끼치는 부류이다. 돈벌이를 하면서 남에게 상처를 주거나 부당한 방법으로 남의 것을 가로채고도 전혀 양심에 가책을 느끼지 않는다. 사업을 하는 데서만 이런 분류가 적용되는 것은 아니다. 일상을 살아가는 범인의 경우도 이런 분류에 나를 적용해 보면 내가 어디에 속하는지를 가늠해 볼 수 있을 것이다.

몇 년 사이 중소기업, 대기업을 불문하고 가장 약자인 운전수나 경비원을 폭행하거나 심하게 모욕하는 경우, 자기 종업원을 함부로 다루는 일부 기업 오너 모두가 갑질이라 뭉뚱그려지지만 이들이야말로 사업체의 외형적 크기에 전연 상관없이 장사치에 속하는 사람들이다.

이 사회는 거미줄처럼 서로 얽혀있다. 한쪽에서 흔들리면 다른 쪽에서도 그 흔들림이 전달된다. 내 이익, 나만을 생각하는 사람이 많을수록 협동과 협력에 따른 상승효과는 없어지고 결국 자신도 피해를 보는 부메랑의 원리를 당하게 된다. 세계적인 부호들이 거액을 사회에 환원하는 것은 유한한 삶의 의미와 진정한 재화의 용도를 깨쳤기 때문이다.

과거가 아닌 현실의 우리 사회에서 진정한 기업가를 뵙고 싶고 그들을 통하여 난마같이 얽혀있는 이 사회가 정화되고 살고 싶은 사회가 되었으면 한다.

마음의 지주, 가족

할머니와 모집이

어린 시절 할머니와 함께한 생활에 얽힌 애틋한 추억이 너무나 많다. 한 장면, 한순간이 나와 내 가족만이 오롯이 간직한 잊혀지지 않는 영상들이다. 어린 시절을 지나 대학을 다니는 동안에도 항상 곁에 계셨고 지척에서 응원해 주시며 살뜰한 애정을 주셨다. 임종을 맞을 때까지 한 집에서 계속 모시고 살았으니 아득한 기억 속에 할머니와의 추억이 겹겹이 쌓여 있어 할머니를 빼고 나면 고향 추억의 반이상이 날아간다.

특히 여러 장면 중 생각이 머무는 물건은 할머니의 보물창고인 '모집이'(가는 버드나무 가지로 엮어 만든 뚜껑이 딸린 작은 바구니)는 손자들이 자기가 필요한 물건을 찾을 때 항상 제일 먼저 손이 가는 곳이다. 소소하게 필요한 것, 묶을 끈이나 못, 나사는 물론이고 실, 실패, 바늘이며 작은 집기들, 필요한 것을 꼭 찾을 수 있는 만물상이며 할머니의 비밀의 공간이기도 하다. 여러 물건을 다 모아 놓았다고 하여 '모집이'라는 이름이 붙여지지 않았나 생각한다.

한편, 할머니에게는 비밀스럽게 모아 놓은 물건들인데 손자 녀석들이 몰래 스스럼없이 제 필요에 따라 그 모집을 뒤져서 필요한 것을 찾아 쓰는 것이 신경이 쓰였을 것이다. 할머니가 계시지 않을 때 시렁에 얹혀있는 모집이를 내려놓고 뒤지는 재미는 제법 쏠쏠하였다. 어떤 때는 할머니에게 들키기도 하지만 가벼운 지나침으로 결코 우리를 야단치지는 않으셨다. 손자들이 자기가 모아 놓은 보물창고를 뒤지는 것에 크게 괘념하시지 않는 눈치였고 이 녀석들이 필요한 것을 미리 준비해놓았다는 것에 나름대로 만족하시지 않았나 하고 생각해 보기도 한다.

대가족으로 모여 살다 보면 내 것 만이라고 정해놓은 것이 없다. 형제가 같이 덮는 큰 이불은 물론이고 베개도 먼저 차지하는 사람의 것이다. 밥그릇은 물론 각자 것이 있지만 같은 상에서 먹는 반찬과 찌개는 구분되지 않으니 먼저 먹는 것이 제 것이 된다. 어른과 겸상할 때는 버릇없이 굴어서는 안 된다는 무언의 압력으로 어머니의 눈치를 봐야 한다. 밥상머리 교육 인게다.

다시 모집이로 돌아가 항상 여러 가족들, 특히 어린 손자들의 손때를 타서 반질반질 윤이 나 오랜 연륜을 말하고 있는 이것을 놓아두는 시렁은 조금 높아 어린 우리에게는 베개를 몇 개 올려놓고 올라서야 손이 닿는다. 보통 혼자는 아니고 동생과 합동 거사를 해야 한다. 형제간에 각각 필요한 것이 다르니 방바닥에 내려놓고 경쟁적으로 뒤적여 목적물을 찾아낸다. 대부분 필요한 것을 얻었다는 기억이 지금 머릿속에 남는다. 이런 행동은 빠르게 해야 하고 마무리도 깔끔하게 해야 뒤탈이 없다. 즉 할머니가 눈치채지 못하게 뒷정리를 해야 하는데 어린애들의 마무리가 그렇게 깔끔할 것인가. 물론 할머니께서는 손자 녀석들이 또 뒤졌다는 것을 아셨을 것이다. 그래도 모른 척 넘어가시는 모습에서, 할머니가 모르실 거라는 지레짐작으로 안심하고 있었던 기억이 남는다. 그때를 생각하면 지금도 몇 십 년 전으로 돌아가 입가에 나만 아는 미소를 머금는다. 누구나 어릴 때 기억이 있겠지만 대가족을 이루는 가정에서만 느낄 수 있는,

성장 후 나만의 보물 같은 추억이 서려 있는 머릿속 창고가 만들어진다. 한 가구 한 아이만 있는 집이 이제 일상인 우리 가족제도에서 할머니의 애틋한 사랑은 기대할 수 없지만, 할머니, 할아버지는 우리 가족이 아니라고 여기는 어린 시절을 보낸 사람들은 부모 외에 과연 가족에 대한 추억이 무엇이 있겠냐는 안타까움이 남는다. 할머니의 사랑은 어머니와는 또 다른 감정이 베어있다. 내가 손녀를 키워보니 그때 할머니가 손자들을 대하셨던 그 심정을 조금 이해할 수 있을 것 같다. 할머니의 손자, 손녀 사랑은 아마도 조건 없이 끌리는 마음의 표현이 아닐까 여겨진다. 말로 표현하기 어려운 정이 가는 대상이고 살뜰하고 귀여운 마음만이 전부인 것의 표현이다.

할머니의 모집이를 생각할 때마다 그 애틋한 사랑이 흠뻑 밴 그때로 다시 돌아가고 싶으나 일방통행의 열차를 탔으니 언제일는지 모르는 미정의 목적지에 도달하는 것만을 기다릴 수밖에 없구나. 할머니의 몸은 가셨어도 주셨던 큰 사랑의 추억들은 내 마음속에 남아있어 나와 함께 살아계심을 느낀다. 지나간 것들은 모두 아름답다고 하는데 드넓은 들녘에서 뛰어놀다 늦게 돌아와 마주하는 가족의 정다운 웃음소리를 들으며 달빛을 등불 삼아 온 가족이 함께 대나무 평상에서 밥을 먹었던 정경은 지금도 돌아가고 싶은 날들이지만, 그럴 수 없다는 아쉬움과 허전함이 인다.

할머니와 맴생이

할머니, 할아버지와 함께한 대가족 생활의 정경이 지금도 아스라한 기억 속에 가슴 따뜻함으로 다가온다. 내가 태어난 동네는 한 40가구가 모여 사는, 그때로 봐서는 크지 않은 촌락을 이루고 있어 모두가 한 가족같이 살던 시절이었다. 공교롭게도 내 나이 또래의 사내아이 7명이 1년 터울로 태어났다. 그러니 초등학교, 중학교까지는 어울려 같이 다니는 꾀복쟁이 친구가 되었다. 고등학교에 다닐 때인가. 같이 모일 때가 있었는데 이때 누군가 제안을 하였다. 우리 친구로 정식 모임을 갖자고. 그 당시 모임의 형태는 "계"였고 그 모임 결성을 계를 묻는다고 하였다. 한 사람의 반대도 없이 우리 동지들은 계를 묻기로 결정했고, 물론 계이름도 멋있게 지었다. 녹우회(綠友會), 푸른 나무같이 싱싱하게 자라자는 뜻이었고 이 이름에 모두 만족하였다. 그리고 계의 기금이 필요할 테니 각자 쌀 한 말(그때는 가치의 단위가 쌀이었고 쌀로 기준을 삼았다), 쌀 7말이 모였는데 이 기금을 사용해야 되겠다는 생각이 떠올라 여러 논의 끝에 당시 인기가 있었던 맴생이(염소의 지역 이름) 암놈 새끼를 한 마리 사서 키우면서 새끼를 낳게 하고 그 새끼를 분양하여 키우고, 이 과정을 몇 번 거치면 상당한 기금을 마련할 것이란 생각에 모두 동의하였다. 꼭 병아리 사서 암탉으로 키우고 다시 달걀을 받아 다시 병아리를 얻어 키우면 몇 년 내 큰 수입을 얻을 수 있겠다는 꿈이었다. 하여튼 결정된 대로 시장에 나가 맴생이 암컷 새끼를 한 마리 사 왔다. 그 어린 맴생이의 모습이 지금도 머리에 남아있다. 그렇게 귀여울 수가 없었다. 자, 사 오기는 했는데 누가 키우지? 선뜻 나서는 친구가 없어 결국 내가 지원을 했고 그날 사온 맴생이 새끼는 우리의 가족이 되었다. 그러나 학교에 가야 할 내 처지에서 돌봄의 책임은 결국 할머니에게 돌아갔고 할머니께서도 손자의 일이니 흔쾌히 받아주셨다. 조그만 새끼의 상태에서는 할머니의 관리의 범위에 들어왔고 한동안 키우는 재미를 즐기시는 눈치였다. 목을 매놓기는 했지만 풀을 잘 뜯어 먹고 내가 학교에 다녀와서 이곳저곳을 훑어 연하고 먹기 좋은 풀을 뜯어다 새끼에게 주면 그렇게 좋아할 수가 없었다. 이 녀석은 그저 풀만 먹고 무럭무럭 자랐다. 실로 탐스럽게 자라는 모습이 대견하고 어서 새끼를 낳아서 우리 녹우회 기금 확장에 기여해 주길 우리 계원 7명이 한결같이 기도하고 있었다.

보통 염소는 150~160일이면 임신을 할 수 있다고 들었다. 그런데 더 기간이 지났는데도 소식이 없다. 몸은 튼튼하고 힘도 엄청 세지는데 기별이 없으니 아주 초조하게 기다리는 수밖에. 키우기 1년이 다 되어서야 판정이 나왔다. 이리쟁이(선천성 불임)이라고 한다. 암놈 중 선천적으로 임신이 안 되는 상태라는 것이다. 염소를 키워본 전문가 진단이었다. 새끼를 못 낳는다고 그냥 처분을 할 수도 없고 진퇴양난에 빠진 것은 할머니 처지였다. 더욱 힘들게 하는 것은 훌쩍 성체가 된 맴생이는 힘이 어찌나 세어졌는지 70을 바라보는 우리 할머니를 끌고 달리는 처지가 되었다. 저녁 들녘에 매놓았던 맴생이를 끌고 오는 것은 할머니 몫이었는데 이놈이 길길이 뛰고 달리니 할머니는 실로 감당하기 어려우셨다. 맴생이 뒤로 고삐를 잡고 딸려 오시다 보면 숨이 차고 기력이 감당하지 못하는 처지가 된다. 할머니 말씀, 저를 보고 "저놈이 날 죽이려고 이 맴생이를 나에게 맡겼다"라고 하셨다. 죄스럽기도 하지만 뾰족한 수가 없어 단지 일요일만은 할머니의 어려움을 덜어드리는 기회를 갖는 수밖에 없었다. 이렇게 한동안 지내다가 결국 시장에 내다 처분해야겠다는 결론이 났고 어느 날 그 맴생이는 우리 곁을 떠났고 할머니도 큰 짐을 덜게 되었다.

돌아오지 못할 길을 떠나신 할머니에게 그때의 감사한 마음과 미안함을 전할 길이 없으니 안타깝다. 묘소에 참배하러 갈 때마다 그 기억으로 할머니가 더 그립다. 우리 녹우회로 이름 지은 계 이름은 그 이후 맴생이계로 개칭되어 지금도 동내 나이 드신 분들의 머릿속에 그 이름으로 남아있다. 고향 친구들 몇은 다시 못 올 길을 떠났고 몇은 가끔 얼굴을 볼 수 있으니 귀하고 귀한 기억을 공유하고 맴생이로 돈을 벌지는 못하였지만 돈보다도 훨씬 중요한 추억을 선사하여 마음속으로 할머니를 금방 뵐 수 있고 고향의 정경을 따뜻이 안을 수 있다.

칼국수와 낭애

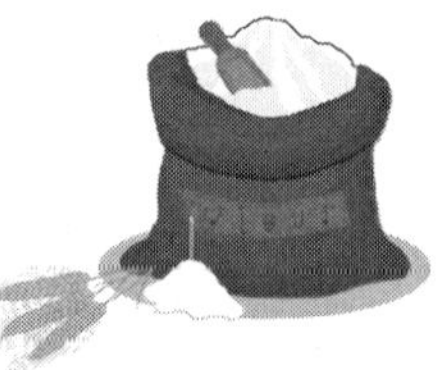

식량이 태부족한 시절에 살았던 사람들은 "나때"라고 치부되어도 먹는 것에 감회가 깊을 수밖에 없다. 한때 우리 주린 배를 채워주었던 칼국수에 대한 생각은 살아온 시대에 따라 감정이 조금씩은 다를 것이다. 비극의 6.25가 끝나고 먹고살기 어려웠을 때 미국이 무상 제공한 밀가루는 우리가 굶지 않고 끼니를 때울 수 있게 한 고마운 중요한 식량원이었다. 잦은 홍수와 가뭄 그리고 병충해로 국내생산 가능한 주식인 쌀은 태부족하고 겨우 보리로 연명하였으나 보리마저도 충분치 않아 식량 기근은 심각하였다. 이때 "보릿고개"라는 말이 굶주림의 상징으로 지금까지 회자되고 있다. 남아있는 쌀은 떨어지고 보리는 아직 익지 않았으니 하루하루 수확 가능한 날을 점치는, 보리를 보는 심정이 어떠했을까. 이 때 밀가루는 우리가 접할 수 있는 최고급 식재료였고 허기를 채우는 것 이상으로 생명을 이어주는 역할을 하였다.

잘 정제된 미국 산 밀가루가 들어오기 전에는 일반 가정에서는 통밀을 맷돌에 갈아 체로 쳐서 가루를 얻었고 이 거친 가루를 여러 용도로 사용하였다. 이후 무상원조물자로 들어온 밀가루 포대에는 구호단체와 수혜자가 서로 악수하는 디자인이 인상적이었고 그 모습이 지금도 머리에 남아 있다. 어머니는 배급받은 밀가루로 여러 음식을 잘 만들어주셨다. 수제비는 물론이고 부침개며 쑥을 넣은 개떡도 별미였고 특히 어린 호박잎 위에 밀가루 반죽을 부어 익힌 것은 별미로 쳤다. 여러 밀가루 음식 중 지금도 잊지 못하는 것은 팥을 갈아 넣은 팥칼국수, 이것을 낭애(지역말)라 했는데 이 낭애의 맛이야말로 결코 잊을 수 없는 추억으로 남아있다. 밀가루를 적당히 반죽하여 어느 정도 찰기를 갖게 되면 적당량을 떼어 내어 암반(떡판이라고도 한다)에 밀가루를 밑에 뿌리고 방망이로 살살 눌려 밀면서 넓게 핀다. 적당한 두께가 되면 몇 겹으로 접어 일정한 크기로 자르면 칼국수 발이 완성된다. 이 잘라진 칼국수 발을 털면서 끓는 물에 슬슬 뿌려 넣는다. 이 끓는 국물에 갓 따온 애호박을 채 썰어 넣고 필요에 따라 감칠맛 나는 새우젓을 넣으면 칼국수가 완성된다.

물론 팥을 이용할 때는 먼저 팥을 삶고 삶은 팥을 으깨어 대바구니에 치대면서 걸러 껍질을 빼내고 이 액을 끓이고, 이 끓는 팥죽에 칼국수 발을 넣는다. 이 팥죽은 팥이 가지고 있는 약간의 단맛에, 여유가 있다면 설탕을 조금 넣으면 최상의 감칠맛 나는 팥칼국수가 된다. 물론 간을 맞추는 것을 잊으면 안 되지만 듬성듬성 구색을 맞춘 초록색의 애호박이 씹히는 그 연한 조직은 지금도 입안에서 군침이 돈다. 보통 앉은 자리에서 두 그릇은 뚝딱이다. 다행스럽게도 우리 식구에게는 글루텐 알러지가 없어 밀가루가 건강에 문제를 일으키지 않은 것은 다행이었다. 이 뜨거운 팥낭애를 시원한 대나무 평상에 앉아 높이 솟은 은은하고 넉넉한 보름달을 벗 삼아 허기를 채우는 정경은 지금 생각해도 정겹다. 더욱 백미는 저녁에 먹고 남은 팥낭애를 어머님은 장독대 시원한 곳에 놓아 두셨다. 이 남은 낭애는 아침에 일찍 일어나는 사람의 차지이다. 일찍 일어나는 새가 먹이를 더 많이 차지한다는 속담이 여기에도 적용된다. 뜨거웠을 때의 맛과 식어서 엉켜있는 낭애의 맛은 꽤 다르다. 뜨거울 때 칼국수 맛과 식었을 때 팥낭애는 완전히 촉감과 맛이 같지 않다. 뜨거운 때보다 단맛은 더하고 칼국수의 조직은 조금 흐무러졌으나 또 다른 부드러운 감촉이 다른 느낌을 준다. 이 걸쭉한 팥죽 낭애를 한 그릇 먹으면 아침으로 충분하다.

먹을 것이 풍족하며 배고픔을 알지 못하는 세대에게는 어찌 이 감정과 정경을 이해할 수 있으랴. 부족의 감정이 필요에 의해서 더 절실하게 느껴지기는 하지만 모든 것이 갖춰진 풍요 속에서 사는 경우 원하는 것을 얻는 만족감과 흐뭇함은 결코 느낄 수 없을 것이다. 그 어려운 시대를 살았던 우리 윗 어른 세대에서 느껴졌던 먹을 것의 어려움, 인간의 본능에서 묻어나는 공포는 그 느낌이 어떠했을까하는, 저미는 아픔이 지금도 느껴온다. 이 가슴 조임은 나이 들어 느끼고 살아오면서 터득한 철들음이 아니겠는가.

팥칼국수(낭애)가 지금까지 머리 깊숙한 곳에 간직되어 그때를 회상하면 옛 추억에 젖어드는 것도 지나온 그 살뜰한 경험이 없으면 어찌 느낄 수 있는 애틋한 감정이랴.

김장에 실무경험

아내의 말, "이론에는 밝은데 실무에는 약하니 이번 기회에 직접 몸으로 경험해 보세요" 이 말에 꼼짝없이 우리 집 김장하는 날, 김치 버무리는 작업에 내 의사에 반하여 강제 동원되었다. 근 50년 식품 분야에 몸 담그고 있으면서 여러 분야에서, 특히 발효 식품분야에서 폭넓게 경험했고 실제 실무에도 접하면서 새로운 연구를 정리하여 많은 연구 논문을 내곤 했는데 아내에게 실무 경험이 없다는 얘기를 듣고 반성하는 바가 컸다.

순수과학이 아닌 응용 분야는 내가 머릿속에 그리는 이론이 현장에서 이용되어야 하고 실생활에서 넓게 활용되어야 그 소임을 다했다고 평소에 생각하고 있었는데 김장에서 그 소신이 잘 지켜지지 않은 것을 실토하지 않을 수 없는 계기가 되었다. 김치의 숙성과정이나 관여하는 미생물, 성분 변화와 맛의 관계 등은 줄줄이 쉽게 설명할 수 있는데 김치 담그기에 좋은 배추 고르기, 크기, 조직에 따라 소금을 어떻게 얼마만큼을 사용해야 하며 시중에 나오는 소금의 종류는 어찌 되며 시장에서 배추를 구매할 때 선별 기준은 무엇을 내세우는지 등 세세한 것은 내 머릿속에 갖고 있는 지식의 범위를 넘어가는 사항이 너무 많았다.

내가 김장에 참여한 동기는 자식 분가시키고 이제 부부간에 만 사는데 아내도 이제 80을 바라보고 있으니 건강이 옛날만 하겠는가. 가끔 가사에도 힘들어하는 모습을 보면서 애틋한 생각이 문득 들기도 했는데 김장철이 되어 낑낑대면서 배추 들어놓고 여러 양념재료 사러 값이 싼 이 시장, 저 슈퍼를 뒤지는 모습에서 내가 힘을 보태지 않을 수 없는 지경에 이르렀다. 이것이 늙어가는, 생각건대, 더 피해갈 길 없는 막다른 골목에 들어섰다고 여기니 이 일도 함께 할 날이 많이 남지 않았다는 서글픈 생각이 언뜻 들기도 했다.

이제 공장에서 생산되는 김치도 믿을 만하고 훨씬 위생적으로 만들고 있으니 필요량만큼 때때로 사다 먹어도 되지 않겠냐는 내 말은 전연 씨알머리가 먹히지 않는다. 결혼생활 40년이 넘는데 아마도 김장에 관여한 기억이 별로 없으니 식품과학도가 실무에는 전연 능하지 못하다는 얘기를 들어도 전연 변명의 여지가 없게 되었다. 올해 김장 참여가 처음이 아니고 실은 작년부터 같이 했는데 소가 어디 끌려가듯 억지로 참여하다가 올해는 자진하여 절임배추에 양념 속을 넣는 작업을 맡기도 하였다. 사실 더 중요한 것은 배추 씻어 소금 절임이라는 과정과 맛을 좌우하는 양념 조합과 버무림인데 여기에 내가 설자리는 없다는 것을 직감하였다. 벌써 오래전에 유명하다는 김치용 젓갈을 구매해 놓았고 절임용 소금을 잘 만든다고 알려진 시중 제품을 확인하여 미리 준비해 놓았다. 그리고 배추 다듬기, 절단하기는 수십 년 노하우로 숙달한 솜씨를 발휘한다.

학술논문에는 소금양과 배추 무게 등을 고려해야 하는데 아내는 손이 저울이요 눈이 무게를 대신한다. 절임을 해놓고 저녁에 자다가도 정확한 시간에 일어나 뒤집어주는 모습을 잠깐 잠 깬 사이에 느끼곤 한다. 이렇게 정성 들여 잘 절인 배추에 전날 잘 조합된 양념을 배추에 버무리는 작업은 전체 과정 중 극히 일부라는 사실을 뒤늦게 알았다. 양념 속 넣는 버무림 과정도 아내의 지침을 받아 배추 잎 하나하나를 젖혀가며 넣는 것이 요체라고 한다. 옛날 할머니와 어머니의 김장 담는 모습은 건성으로 봤으니 내 머릿속에 무엇이 남아있겠는가. 단지 기억에 남는 것은 갓 버무린 김치를 한 잎 따서 내 입속에 넣어주시고 만족해하시는 모습이다. 또한 김장하면서 남겨놓은 연한 배춧속 노란 잎의 약간 단맛과 아삭거림이 아직도 입속에 남아있다.

대가족이 살고 있어서 배추 몇 십 포기가 아니라 몇 백 포기, 수많은 옹기에 김치의 종류도 다양하였다. 겨울 몇 달 사이에 먹을 것, 봄, 여름 농사지을 때 밥반찬으로 사용할 것 등 용도에 따라 소금이나 양념이 달랐고 겨울에 먹을 동치미며 짠지 등도 구분하여 담가야 한다. 내가 한 일은 배추 나르는 일, 샘물 길어 큰 독에 넣는 것이었으니 김치 담그는 그 노하우는 어찌 알겠는가. 하긴 그것은 어머니와 할머니의 고유한 영역이고 나하고는 관계없다는 생각이었다.

나를 낳고 길러주신 분들이 떠나고 이제 단출히 아내와 함께 우리만이 먹을 김장을 하고 있으니 여러 감회가 가슴에 저려온다. 시골에서 김장하는 날은 집안 잔칫날로 가족을 포함, 많은 이웃이 참여하고 같이 나눔의 정이 솟았는데 아파트, 우리 집에서는 누구도 없이 단둘이 담그는 김장에서 옛 멋을 되찾기는 너무 큰 욕심이런가.

우리 김장 문화가 유네스코 무형문화재로 등재된 것은 우리 민족의 정신이 응어리진 것으로 결코 우연이 아니다. 이 김장에 이제 실무를 조금 익힐 수 있도록 배려해 준 아내에게 감사해야 하겠지.

어머니와 꽃

어머니를 떠올릴 때는 항상 꽃이 연상된다. 일찍 짝을 잃고 많은 아들딸 부양을 가냘픈 여인의 어깨에 몽땅 짊어졌던 어머니, 농사일로 그리 바쁜 중에도 갖가지 꽃씨를 뿌리고 가꾸셨다. 꽃의 종류도 다양하다. 귀한 꽃이라기보다는 우리 주위에서 쉽게 구하고 까탈 부리지 않는 꽃들, 금잔화며 한련화, 패랭이꽃, 사강 꽃 (코스모스) 등을 우리 집 뜰은 물론 집 밖 담장과 이웃집 문간까지 다니면서 심는다. 물론 이른 봄에 마당 한쪽에 씨를 뿌려 모종을 정성스레 키우고 날 잡아 옮길 때가 된 녀석들을 어머니 마음에 드는 곳에 옮겨 심는다. 이 꽃들 중 봉선화는 어머니가 무척 사랑하는 꽃 중의 하나였다. 흰색, 붉은색, 분홍색을 구분하여 모를 나누고 이들을 장광 (장독대) 주위와 안쪽까지도 듬성듬성 심는다. 어쩔 때는 돗나물까지 심어 그 푸름을 즐기기도 한다. 장독대 옆에는 붉은 맨드라미를 심어 혹시 꼬일는지 모를 잡귀를 막았다. 어머니는 꽃씨를 심어 키우고 꽃이 피는 것을 즐기시기도 하였지만 정성스레 관리하시는 것을 보면 많은 자식들을 보살피는 정성이 꽃 관리에도 스며들었다고 여겨졌다.

한창 꽃이 필 때는 우리 집 안팎이 여러 꽃들로, 말 그대로 꽃동산이 된다. 채송화와 봉선화는 여름 내내 꽃을 이어서 피우고 가을까지도 꽃 피기를 그치지 않는다. 이들 꽃 색깔은 자연에서 얻어지는 경이롭고 신비한 색의 정수가 아닐 수 없다. 채송화는 작년에 피었던 것과는 다른 것이 유전인자가 교배되었는지 색깔이 혼합되어 아름다움을 더해준다. 누가 조사해서 보고한 내용을 보지는 못하였는데 짐작컨대 꽃을 좋아하는 사람치고 악인이 없지 않을까 생각해 본다. 그 아름다운 꽃을 심고 관리하면서 순수성을 잃어버리고 어찌 나쁜 마음이 생기겠는가. 어머니는 일년생 꽃을 주로 상대하셨지만 집안에 심어진 줄장미에도 관심을 가지셨는데 일년초만큼 정성을 쏟지 않았다고 기억이 된다.

줄장미들은 누나들이 애지중지하였고 나에게도 가끔 그 향기를 맡아보라고 권해 주었다. 그때 익숙해진 버릇이 지금도 머릿속에 남아 길거리에서 담장에 얹혀있는 줄장미 향기를 즐기면서 옛적 내가 고향집에서 감상했던 장미향과 비교해 본다. 큰 차이가 없게 느껴지는 것은 아직도 내 후각기능이 제 기능을 하고 있구나 하는 안도감에 젖기도 한다. 꽃향기를 맡는 버릇은 다른 꽃에 까지 옮겨가서 어느 꽃이건 코를 대고 킁킁대며 감상한다. 여름 초입에 피는 쥐똥나무의 작은 꽃에서 묻어나는 향은 약간의 풀냄새를 뒤에 깔고 진한 향이 후각을 즐겁게 한다. 쥐똥나무 다음 순서는 회향목으로 자기 꽃이 피었다는 것을 지나가면서도 금방 눈치챈다. 많은 작디작은 수술이 밖에 촘촘히 나열되고 가운데 암술이 지키고 있는데 그 향이 진하면서도 공기 중에서 꽤 멀리 퍼진다. 좀 늦은 봄부터 여름의 초입까지 이들의 꽃 잔치는 그 향으로 한결 돋보인다.

옛 우리 고향집에는 쥐똥나무와 회향목이 없어 어머님과 기억이 연결되지는 않지만 나무 꽃에 조금 관심은 덜했던 어머님은 아마도 옆에 두지 않았을 것 같다. 꽃과 어머님을 연결시키는 것은 내 즐거움 중의 하나이다. 어머니가 좋아하셨던 꽃을 보면서 지금도 어머니를 떠올릴 수 있으니 이 아니 행복이겠는가. 꽃의 향기와 모습, 어느 것 하나 달라진 것은 없는 것 같은데 이들 꽃을 그렇게 좋아하시고 가꾸시던, 흐뭇한 미소를 지으셨던 그분은 우리 곁을 떠나신지 너무나 오래되었고 꽃을 좋아하게 만든, 그래서 그들 꽃을 보면서 그리워하는 마음을 남겨주셨다.

내 사무실에도 몇 종류의 분재와 일년초를 심어 가꾸는 화분이 있어 매일 서로 인사하고 지낸다. 어쩔 땐 깜빡 잊고 며칠 물을 주지 않고 방에 들어서면 가느다란 신음 소리가 들린다. 물을 달라는 절박한 느낌이 전달되어 온다. 얼마 전 친지가 선물해 준 선인장인 스투키는 선인장답게 2-3주일 만에 물을 줘야 하는데 딱딱한 표면에 표정이 없으니 그 속내를 알아내기가 쉽지 않다. 일년초는 쉽게 잎사귀의 상태로 갈증 여부를 쉽게 알 수 있는데, 나무 화분은 전문가의 지침을 잘 기억해 놓지 않으면 생명을 잃는 큰 실수를 하게 된다.

식물을 좋아하면서 생활할 수 있다는 것은 내 삶에서 큰 즐거움의 하나이다. 매일매일 조금씩 달라지는 모습을 보면서 나도 이들을 닮아 변화해야 하며 하루 일과를 내가 찾을 수 있는 새로움을 향하여 생활해야 한다는 교훈을 얻는다. 식물을 좋아하고 꽃의 아름다움과 그 향기를 사랑할 수 있도록 나를 인도해 주신 어머니를 다시 불러 본다. “어머니”

새끼 떠난 빈 까치집을 보며

겨우내 텅 비어있는 나무 위 까치의 빈 둥지를 볼 때마다 그리움과 아쉬움이 교차하였던 내 기억에 불이 들어온다. 봄 냄새가 어른거리자 까치들이 새끼를 키워 떠나보냈던 옛 둥지를 수리하는 작업으로 꽤 바삐 움직인다. 작년 작지 않은 큰 집을 짓기 위해 몇 날 며칠 동안 가느다란 나무줄기를 하나씩 하나씩 물어다 튼튼한 집을 지었는데 또다시 수리하고 있다. 새끼를 낳아 잘 키워 자기 후손으로 이 세상에 내보낸 지 몇 개월, 다시 새 생명을 탄생시키기 위한 노력을 하고 있다. 이런 모습에서 자연에서 일어나고 있는 생명의 이어짐에 경외감이 든다.

우리 사람들도 비슷하지 않을까 한다. 부모님으로부터 생명을 받고 이어진 보살핌으로 성인으로 컸고 짝을 맞아서 한 가정을 이루고 자식까지 낳아 성장시켰으니 그것만으로도 부모님은 큰 역할을 다 했다고 여겨진다. 이어진 삶에서 나도 딸 하나를 두고 낳을 때부터 커가는 과정을 보는 것은 초보 부모라 하더라도 보람된 매일매일이었다. 기어 다니는 어린애의 모습을 겨우 벗어날 때부터 매일매일 밀려오는 회사 일이며 친구들과의 모임, 그리고 며칠이 멀다 하고 떨어지는 출장명령, 허둥대며 살다 보니 자라나는 내 자식을 챙기는 일에 시간을 충분히 할애하지 못하는 무심한 일상이 되었다.

지금의 젊은 부모가 이 글을 읽으면 생각이 다르겠지만, “나 때”의 사정은 이랬고 그것이 일반적인 통념이라는 얘기다. 물론 엄마가 모든 것을 잘 챙겨줄 것이라는 믿음은 있었지만 그렇다고 아비의 몫이 감하여지는 것은 아닐 것이다. 딸애의 일생에 추억으로 남을 학교 행사에도 제대로 참여하지도 못하고 지나쳐버리는 무심함이 지금 생각하면 마음속 안타까운 아쉬움으로 남지만 어찌하랴. 그 기억이 저 멀리 추억으로라도 남아 있으니 다행이라 치부하고 있다. 고등학교, 대학까지 스스로 찾아가는 과정을 보면서 자연스레 그렇게 되니라 여기고 있었으니. 무심함으로 속내가 감춰진 내 마음이 아닐까 짐작해 본다.

짝을 찾는 과정, 부모로서 뿌듯함과 자식 장래에 대한 불안함, 중요한 결정에 대한 망설임 등은 아마도 결혼 적령기를 맞는 자식을 둔 부모의 마음이리라. 한 성인으로 성장하는 과정이고 부모를 떠나 독립된 장래를 꾸며야 하는 자연의 섭리이니. 그런 스스로 찾아가는 행동에 지나놓고 보니 부모에게 효도했다 여겨진다. 요사이는 결혼하지 않겠다는 자식들이 늘어나 부모의 속마음을 애타게 하는 경우가 많다는데 그런 어려움을 주지 않고 순탄하게 가정을 꾸린 것에 감사할 따름이다.

꽤 오래전, 결혼식 날을 정하고 준비하는 것은 제 엄마의 몫이었다. 내 몫은 예식장에서 신부인 딸의 손잡고 주례 앞으로 천천히 다가가 신랑의 손에 내 핏줄기를 넘기는 일, 꽤 긴 시간이 흐른 것 같은데 나중에 생각하니 정말 짧은 순간이었네. 예식 끝나고 돌아오는 길, 축하하러 온 친지들과 헤어져 집에 돌아와 소파에 앉는 순간, 무엇인가 큰 것을 놓쳐버린 심정이 왈칵 쏟아진다. 어제까지 저녁을 같이 먹었던 딸애는 어디 갔지? 시집보냈다는 것을 받아들이며 마음을 추스르는데 순간적인 갈등이 인다. 더욱 가슴 서늘하게 하는 것은 딸애가 쓰던 빈 방을 열어봤을 때. 그 애가 항상 자고 있었던 잠자리는 그대로 있고 머리 싸매고 공부했던 책상은 주인을 기다리고 있다. 어릴 때부터 옆에 끼고 살았던 곰 인형이 덩그러니 짝을 잃고 앉아있다. 이 광경이 쉽게 머릿속에 정리가 되지 않는다. 그렇다. 제 길을 찾아갔는데 보낸 나는 이 변화가 정리되지 않고 지난 추억에 마음을 붙들어 매 놓고 있구나.

이제 시간이 많이 흘러 그 감정이 꽤나 무디어졌지만 그때 느꼈던 그 서늘함은 그 강도가 그리 약해지지 않았다고 여겨진다. 이제 손녀를 우리에게 안겨주어 또 다른 알찬 즐거움과 기쁨을 주고 있으니 빈 둥지를 보는 서운함에서 새로운 기쁨으로 서서히 생각이 바뀌고 있다.

오늘도 까치는 작년의 낡은 둥지를 수리하느라 바쁜데 우리 부부에게는 다시 찾아와 사용할 대상이 이제 제 둥지를 따로 갖고 있으니 낡은 옛 터를 다시 수리할 필요가 없다는 아쉬움이 있으나 자기만의 세계에 잘 정착하는 모습이 대견하다. 오늘도 부지런히 나뭇가지를 물어 나르는 까치는 또 다른 한 해를 준비하기에 바쁘다. 이어지는 생명을 새로 맞을 준비로 분주히 노력하고 있으니. 곧 깔끔히 단장한 둥지에 어린 새끼가 여린 주둥이를 엄마를 향하여 벌리는 생명의 잔치가 다가오고 있다는 기대감에 나까지 마음이 부푼다.

제가 살았던 둥지는 뒤로 남겨놓았지만 다복한 한 가정을 이룬 딸과 사위, 그리고 외손녀를 머리에 그릴 때는 흐뭇한 행복감에 젖는 시간을 갖는다. 그들이 또 이어지는 세대를 새롭게 맞겠지.

금화조 조문

요사이는 반려동물, 반려 식물에 대한 감정이 옛 생각과 많이 달라졌다. 반려동물의 범위도 개는 물론이고 새, 파충류, 심지어 쥐 종류까지 넓혀졌다. 같이 사는 생명체에 대한 애착의 감정이고 정신적으로 교감하는 대상이 되고 있다.

몇 년 전의 일, 평소 감성이 풍부했던 동생에게서 울먹이는 음성으로 전화가 왔다. 자기가 애지중지해서 오래 키우던 새가 죽었다는 부고이다. 평소 베란다에 난 등 화초를 잘 가꾸어 즐기는 것을 잘 알고 있었는데 새까지 이렇게 애착을 두고 키우는지는 몰랐다. 전화 너머로 전달되는 목소리가 하도 애처로워 위로 겸 마음 다독거려 줄 요량으로 문상을 하고픈 마음이 문득 일었다. 문상하려면 조위금을 준비해야 할 터인데 새 조문에는 과연 돈으로 해야 하나, 새가 평소 좋아했던 좁쌀로 해야 하나. 아니지, 새는 죽었으니 먹을 수는 없을 것이고 조위금 대신에 조화를 배달시켜야 하나? 이것저것 망설이다 다시 전화를 잡고 목소리로 우선 조의를 표하고 애잔한 감정을 전하려 바로 조문 길에 나섰다. 평촌까지 가는 길에 나까지 울적한 심정이었다. 동생과 얼굴 맞대고 슬픔을 나누는데 생명체에 대한 애착, 서로 위로하고 마음을 나누는 것으로 조문을 끝냈다.

반려견을 위한 동물 병원이 개설된 지는 수 십 년이 되었고 사료하며 돌봄 분야가 큰 사업 영역으로 자리 잡았다. 농사가 생업이었던 옛날에는 소나 말 등 가축이 농사를 짓는 데 필수 동물이 된 이래 수의사는 농민에게는 없어서는 아니 되는 이웃이 된, 긴 역사를 갖고 있다. 우리 아버님께서도 농사짓는 소를 꽤나 심혈을 기울여 모셨고 조금만 아파도 옆 동네 나이 지긋하신 소의원을 불렀다. 지금으로 보면 수의사인데 그 소의원은 오랜 경험으로 진맥하고 처방하여 아픈 소를 치료해 주었다. 발이 잘못되었을 때도 큰 대침으로 환부에 침을 놓아 거뜬히 제자리로 다시 돌려놓았다. 이처럼 가축에 대한 배려는 살뜰하였고 특히 개나 염소 등은 한집안 식구같이 보살펴주었다. 물론 지금과 같은 반려동물의 개념은 아니지만, 주인과 짐승 사이에 살뜰한 교감이 오고 갔다.

이제 반려견의 전용 병원은 물론이고 호텔도 생겼고 지방 한 곳에는 장례식장까지 운영되고 있다니 반려동물이 우리 일상생활에 들어온 것은 물론이고 우리 정신 영역까지 큰 위치를 점령하고 있다. 이런 현상은 소가족 현상과 서로 기댈 수 있는 상대의 결핍에 따른 외로움의 해결 방법이 아닐까 여기는데 여기에 다른 이론을 제기할 사람도 있을 것이다. 반려견이 주인에게 살뜰하게 대해주고 항상 함께하면서 교감하는 감정의 교류는 사람에게서 느끼는 것과 다름없다고 하니 대중 속에서 외로움을 늘 느끼고 있는 현대사회에서 마음의 위로를 받을 수 있는, 없어서는 안되는 대상이 되어가고 있다. 나도 어릴 때 키우던 개를 10여 년 가까이 가족같이 키우다 내가 군대에 가 있을 때 늙어 생을 마감했다는 편지를 받고 엉엉 울었고 한동안 울적했던 기억이 지금도 새롭다. 그 이후 개를 키울 형편도 못 되었지만 이제 동물보다는 식물에 더 애착을 두면서 살고 있다.

반려동물은 자기 행동과 표정 그리고 음성으로 자기 필요를 주인에게 전달할 수 있으나 식물의 경우는 세심한 관심과 주의를 기울이지 않으면 이들의 요구를 알아차릴 수 없으니 특별한 교감 능력이 필요하다. 연약한 식물, 예를 들면 화초나 일년생식물은 잎사귀나 줄기의 상태를 보고 쉽게 물이 부족한 것을 알 수 있으나 관엽수는 한계를 넘어가기 전까지는 알 수 없으니 달력에 동그라미를 그려놓고 그 날 즈음에 물과 화초 비료를 더해주는 등 신경을 써야 한다.

반려 식물도 한동안 정이 들어 가꾸고 감상하다가 자연의 현상으로 생을 마감할 때가 되면 아쉬움과 생을 더 이어주지 못한, 관리 불찰에 대한 미안한 마음과 안타까움이 인다. 특히 그 화려했던 양난의 꽃이 하나씩 하나씩 떨어지고 줄기만 남아 가는 모습을 보면 늙어가는 내 처지와 비슷하여 동병상련의 감정에 젖기도 한다. 꽃이 다 떨어졌으나 꽃이 있게 한 잎이 아직 싱싱하게 푸름을 간직하고 있는데 이 녀석을 그냥 쓰레기통에 넣어버리려니 미련이 남아 그래도 잊지 않고 물을 챙겨주다 보면 밑에 있는 잎겨드랑이에서 다시 꽃대가 나온다. 이때의 신비함이란, 내가 관심 둔 보답이라고 여기고 그 꽃을 다시 즐기면서 시간을 보낸다. 이런 반려 식물도 이제 제대로 된 마지막 인사 수단이 있으면 하는 엉뚱한 생각을 한다.

동생의 금화조 죽음에 대한 조문을 경건한 마음으로 했지만 이제 반려동물이나 식물도 떠나보내는 의식을 치를 날이 올 것인가 갸우뚱해 본다. 이들 모두가 이 지구에 몇 겁의 인연으로 같은 시간대에 우리와 같이 삶을 나누고 살았으니 존중받아야 하지 않을는지. 생명에 대한 경외의 감정이 더해가는 나이가 되었다.

살면서 갖는 생각

회색 영역이 필요하다

조선조 황희 정승의 "너도 옳고 자네도 옳네!"라는 말은 우리 사이에 잘 알려져 있다. 양자 간 옳고 그름을 명쾌하게 나눌 수 없음을 은유하여 대답한 것이리라. 매일 접하는 우리 삶에서도 주어진 상황을 판단하고 결정해야 하는 경우의 연속이다. 주어진 여건에서 "이거다" 하고 단 번에 결정할 수 있는 것이 그렇게 많지는 않다. 사람이나 민족마다 옳고 그름의 판단 기준은 다르고 시대에 따라서도 같은 척도가 적용되지도 않았다. 근래 들어 흑백을 놓고 이분법적 선택을 해야 하는 일들이 빈번해지고 있다. 유교사상에서는 중용을 가치의 높은 기준으로 삼아 극단적으로 치우치지 않음을 선비의 정신적 지주로 삼았는데 요즈음 우리 정신 영역에 큰 변화가 일어났다는 것을 느끼고 있다. 한 사건에 대하여 옳고 그름은 그렇게 쉽게 판단하기가 어려운 경우가 일상생활에서도 자주 일어난다. 안타까운 것은 백(白)은 옳고 흑(黑)은 그르다는 일반적인 통념은 사회 갈등을 초래하고 내 편이 아니면 적으로 돌리는 풍토는 이제 고쳐져야 할 우리의 아픈 통념이다. 즉, 흑도 아니고 백도 아닌, 둘을 아우르는 회색 지대를 인정하고 상호 존중하면서 의견을 수용하는 마음의 여유를 가져야 할 때라 여겨진다.

인간 사회에서 절대 선(善)과 절대 악(惡)을 그렇게 쉽게 구분할 수 있으며 실제 존재하는가, 설혹 구분한다 해도 현시점에서 사람에 따른 나눔이지 세월이 지나고 나면 그것이 꼭 옳다고 주장할 수 있을 것인지. 역사의 사례에서 되짚어봐야 한다. 조선조에는 상투를 틀고 갓을 써야 양반 행세를 했고 이 기준에 맞지 않으면 사회에서 양반 계급이 아닌 상민으로 분류되면서 상류사회에 들지 못하였다. 개화기에 단발령으로 상투를 자르느니 내 목을 치라고 했다는데 지금의 기준으로 어찌 판단해야 할지.

우리 사회에 지금 일고 있는 친일 논란은 독립한지 70년이 지났는데도 계속되고 있다. 과연 친일은 어디까지가 그 한계인가. 더 확대하여 생각하면 일제 36년 기간 생명을 유지하기 위하여 주어진 생업에 종사하면서 일본 지배자에게 세금 내고 생산물을 공납한 보통 사람은 어떻게 해석해야 하는가. 그 모두를 일제에 도움을 주었다고 말할 수 있는가. 그들을 친일로 분류하면 일제 강점기에 산 대부분의 국민은 잠재적 친일이다. 이때 산 사람들은 친일과 반일을 구분할 수 있겠는가.

이분법적 논리는 상대의 취지나 당시 상황을 전면 이해할 마음이 없을 때 쉽게 나누고 비판에 사용하는 기준이다. 개개인의 생각과 뜻을 헤아려 보면 간단히 구분하기가 어려운 경우가 많다. 고창에 있는 미당 기념관을 방문할 때마다 가슴에 닿는 시어가 있는 전시물을 자세히 보고 읽어보면서 타계하신 시인의 정신세계에 접근하려 노력해 본다. 글을 따라 읽다 보면 미당의 시인으로서 일생을 이해하는데 크게 도움이 되었다. 인상적인 것은 미당의 친일 행적과 해방 후 행적, 그리고 친일에 대한 사죄의 글을 같은 공간에 전시해 놓았다. 한 사람의 공과는 사후에 평가되어야 하겠지만 흑백으로 나누지 말고 있는 그대로 밝혀 이를 보고 느끼는 사람들의 판단에 맡기고 지금의 교훈으로 삼아야 한다는 의도로 보인다.

우리가 접하고 있는 모든 일은 똑 부러지게 양자 간 한 쪽을 택할 수 있는 경우가 많지 않다. 한 쪽을 택한 사람의 사정을 들어보면 그렇게 하지 않을 수밖에 없는 사정이 있고 그것을 받아들이면 결코 한 쪽에 설 수 없는 상황이 된다.

박쥐는 상황에 따라 새나 쥐로 입장을 바꾸는 대표적인 동물로 묘사되는데 박쥐의 입장에서 보면 자신의 생존과 직결되는 삶의 형태이다. 쥐나 새의 입장으로 결코 양분할 수는 없다. 우리 생활에서 회색분자로 찍히면 줏대 없고 소신이 없다고 양쪽에서 환영받지 못한다. 한 쪽을 택하길 강요받고 그렇지 않을 경우 기피의 대상이 되거나 적으로 돌려 배척을 받는다.

현대의 상황은 매일 접하는 물질문명의 상황이 너무 복잡해졌고 정신 영역도 어느 한곳에 치우쳐 생각할 수 없는, 복합적인 사고를 하지 않으면 현실에 적응할 수 없는 처지가 되었다. 이제 한 쪽의 논리를 공격하여 적으로 돌리기 전에 내 논리를 점검하고 상대의 사상과 생각을 수용하여 더 나은 대안을 내는 경지로 나아가야 할 때이다.

과학 분야에서도 논리의 다툼이 있으나 발표된 학문적 근거를 바탕으로 비교하고 평가하면서 상대의 이론을 수용하면서 내 논리를 더욱 공고히 하는 계기로 삼기도 한다. 근거가 비교적 확실한 과학 분야와 정신 영역을 바탕으로 한 인문사회과학은 기초한 바탕이 다르지만 상대의 생각을 존중하고 받아들이며 이해하는 풍토를 같이 발전시켰으면 하는 바람이다. 특히 국가 장래를 이끌어 가는 정치인이 심하게 한쪽으로 치우친 생각은 국민을 편 가르기하기 때문에 힘을 모을 수 없어 결국 국가 발전에 큰 저해요인이 된다. 이제 의견이 다른 상대를 이해할 수 있는 공통의 회색 영역을 만들어 상대를 포용하는 여건을 만들 때이다.

깨끗함도 지나치면 독이 된다

너무 깨끗한 환경에서 자란 어린이가 그렇지 않은 아이에 비하여 자라면서 병치레를 많이 한다는 것이 과학적으로 밝혀지고 있다. 비교의 대상으로 청결한 도시 아파트에서 살고 있는 어린이와 시골에서 흙과 더불어 생활하는 경우 질병의 빈도를 비교해 보면 깨끗한 환경의 어린이가 천식, 알러지 그리고 류마티스나 장괴양 등 자가 면역질환에 걸릴 확률이 높다는 연구 결과가 덴마크 코펜하겐 대학교 연구자에 의해서 발표되고 있다. 그래서 침대 보를 매일 갈아대는 것보다 조금 늦추는 것이 바람직하다는 것을 예로 들고 있다. 우리가 생활하는 침실의 환경에서 938여 종의 세균, 곰팡이 등이 발견되고 이 종류는 시골에서 더 많이 발견되고 종류도 다양하다. 즉, 살고 있는 환경에서 미생물이 다양하게 존재하면 우리 인체는 이들 미생물과 교류하면서 자체 면역기능을 강화시켜 자기 몸을 보호하는 기능을 갖게 된다.

일반적으로 시골에서 성장한 사람과 도시생활의 경우 장내미생물의 구성이 다르다는 것은 잘 알려진 사실이다. 미생물의 다양성은 우리 인체의 면역기능을 강화하는데 크게 관여한다. 자신뿐만 아니라 같이 살고 있는 가족 간에도 미생물 교환이 일어나 어른이 가진 미생물이 어린이에게 전이되어 새로운 미생물에 대한 저항성을 높이는 계기가 된다. 조촐한 가구보다 대가족 환경에서 더 건강한 몸을 유지할 수 있다는 근거가 되고 있다.

너무 깨끗하면 미생물에 접촉할 기회가 줄어 일생 살아갈 때 한 번도 접하지 않은 유해 미생물이 쳐들어오면 방어능력이 없어 질병에 걸릴 수 있는 가능성이 높아진다. 우리 속담에 너무 맑은 물에는 고기가 살지 못한다고 했는데 우리 인체도 적당히 미생물이 있어야 이들과 접할 기회를 마련하고 서로 교류하면서 이들 미생물과 싸워 이길 방도를 찾는 것이 생물학적 방어 시스템이다. 예방접종도 특수한 병원균이나 바이러스에 저항할 수 있는 면역기능을 갖도록 해 주는 것인데 대부분이 미생물로 예방백신을 만들어 내고 있다. 외부에서 주사를 맞는 것도 한 방법이나 성장하면서 비슷한 미생물의 공격을 받았을 때 우리 몸은 그 미생물을 이겨내기 위한 면역체계를 미리 갖추고 대항할 힘을 체내에 갖춰놓게 된다.

인간은 태초부터 위험한 동물과도 싸웠으나 특히 미생물과도 우리가 알지 못하는 상태에서 필연적으로 유익, 유해 관계를 맺어왔다. 유익한 경우 그 기능을 이용한 것이 발효식품이나 그 외에 항생제 등을 생산하는데 활용하고 있다, 인류 역사상 참혹한 질병, 예를 들면 페스트. 콜레라 등은 한 도시를 멸망시키는 질병이었고 그 원인은 모두 세균이었으며 바이러스 원인인 홍역도 한몫을 하였다. 근래는 세균보다는 바이러스에 의한 질병이 더 무섭게 부각되고 있다. 알려진 세균에 대해서는 방어 방법을 비교적 잘 알고 대처하나 바이러스는 아직도 알지 못하는 것이 많은 상황이다. 앞으로 이들도 제어 방법이 나오겠지만 유해 미생물과의 경쟁은 그렇게 쉽지 않다. 우리가 방어벽을 만들면 미생물도 재빠르게 이 장애물을 이겨낼 수 있게 유전자를 변화시키는 기능을 갖고 있기 때문이다. 지금 접하고 있는 코로나 바이러스도 계속 변이종이 나와 창과 방패의 씨름을 계속하고 있다. 결국 유해미생물과 인간은 끝없는 투쟁을 할 수 밖에 없는 숙명적 관계를 갖고 있으며 완전 정복은 결코 쉽지 않을 것이다.

나의 경우도 초가집에서 사는 대가족으로 구성된 가정에서 흙으로 둘러 싸인 방을 형제간이 공유한 것에 대하여 감사하고 있다. 내 대장 속 미생물을 검사해 본 결과 다른 사람에 비하여 미생물의 종류가 다양하고 유해보다 유익균의 분포가 더 우세하다는 분석 결과이다. 시골에서 컸고 대가족의 혜택을 받아 유익한 균을 더 많이 전수받은 것에 지금 감사하고 있다.

우리 몸속에서 더불어 사는 미생물은 보통 수십조 마리 이상이라고 알려져 있다. 이들 미생물의 종류가 많을수록 건강에 청신호를 주고 이들과 공생하면서 서로 주고받는 것들이 많아진다. 유해 미생물을 유익균으로 막을 수 있으며 이들과 교신하면서 인체는 신비하게도 면역력을 높인다. 삼국지에서 촉나라가 이기지 못한 이유 중 하나로 제갈공명이 너무나 깨끗한 환경과 몸가짐으로 인재를 모으지 못한 것이 원인이라고 역사가들은 분석하고 있다. 친구도 너무 깔끔을 떨면 가까이하기 어렵고 수더분한 경우를 좋아한다. 미생물도 너무 깨끗하면 살아가기 어려워 다양성에서는 큰 제약 요인이 된다. 살아가면서 결코 피치 못하게 미생물과도 더불어 같이 살면서 혜택을 주고받고 사는 현상은 우리 인간 사회와도 비슷한 모습이다.

이 지구는 인간만의 것은 아니다. 모든 생명체가 같이 살게 되어 있고 그중 큰 부분을 차지하는 생명체가 미생물이다. 이들 미생물을 잘 다스려야 인간이 편하다.

가위, 바위, 보의 지혜

이 놀이가 도대체 언제부터 시작되었는지는 알 수 없으나 우리나라 사람이라면 간단한 손놀림만으로 하는 가위, 바위, 보를 모르는 사람이 없을 것이다. 말을 배우기 시작할 때부터 우리의 생활에 젖어든 선택하는 공통의 규칙이며 여럿이 경쟁하면서 승자를 가릴 때 사용하는 확실한 방법이면서 나름의 깊은 뜻을 갖고 있다. 상대와 어떤 사항을 결정할 때 우리는 곧잘 가위, 바위, 보로 결론을 내자고 하여 의견 일치를 볼 때가 많다. 단 두 사람이 참여하기도 하나 2~3명이 함께 할 수도 있다. 이 행위의 근본을 보면 어느 하나가 다른 모두를 이기게 만들어 놓지는 않았다. 서로 물고 물리게 되어 있으나 확실하게 결론이 나고 상대가 그 결과에 대하여 전혀 이의를 달지 못하게 해놓았다. 단순한 손동작이긴 하지만 내 의지가 담겨있고 내가 선택했기 때문에 결과가 나왔을 때 다른 반대 의견을 내기 어렵다. 어쩔 때 손을 내미는 순간을 조절하여 상대의 의중을 알아차리려는 속임수를 쓸 때도 있으나 이 또한 쉽게 발각이 되어 무효화가 된다.

가위는 보를 이길 수 있고 보는 바위를 이기나 다시 바위는 가위를 이겨 어느 것도 2가지 선택으로 모두를 이기게 만들어 놓지 않았다. 어느 하나도 절대 강자가 아니라는 논리다. 이 원리는 우리 삶에 커다란 교훈을 준다. 단지 이긴다는 개념을 넘어 결코 모든 것을 내가 모두 이길 수 없다는 무언의 가르침을 주고 있다. 살다 보면 이치에 닿지 않는 주장으로 혼란스럽게 하거나 많은 사람이 옳다고 하는 것을 혼자서 고집을 부려 옳고 합리적 결과 도출을 어렵게 만들기도 한다. 우리 삶은 가위, 바위, 보로 결정할 만큼 간단한 것이 그렇게 많지는 않으나 속성을 잘 살피면 이 단순하면서 서로 수용할 수 있는 이 방법을 사회 활동에서도 활용할 수도 있겠다는 생각이 들 때도 있다.

계단을 오를 때 애들과 아카시아잎 떼기 놀이, 가위바위보 놀이를 한다. 같은 잎사귀 수를 갖고 이길 때마다 하나씩을 떼어가면서 한 계단을 오른다. 어린아이와 어른 간에 아주 재미있는 놀이이며 어린이에게는 내가 결정한 것에 대해 거부하지 않고 스스럼없이 받아들임을 배우게 하는 좋은 교육의 기회가 되기도 한다. 내가 결정한 결과를 거부감 없이 받아들이는 연습은 이 사회에서 일어나는 일에도 적용된다. 가끔 사회 지도층에 있는 사람도 논리에 맞지도 않는 이론을 들이대며 자기주장을 관철하려는 경우에 경종을 울리는 방법이다. 문제를 조금 더 단순화시키면 쉽게 판가름이 날 것도 더욱 복잡하게 해석하여 결론은 오리무중에 빠지고 만다.

우리는 보통 어린아이의 순수한 마음으로 돌아가라고 한다. 사실 불가능한 얘기이지만 그렇게 하려고 마음을 비우면 꼭 불가능한 얘기는 아니다. 모든 종교나 현자들이 주장하는 공통적인 가르침은 나를 위한 탐욕을 버리고 자신의 마음속에 있는 평정심을 찾으라는 것이다. 탐욕은 결국 내 중심적이고 타인을 배려하지 않는 마음에서 온다. 내가 뺏으면 상대는 뺏겨야 하는데 뺏기면서 즐거운 사람은 도를 깨친 일부의 사람에게거나 가능한 행위이다.

많은 사람이 모여살고 이해관계가 복잡하게 얽힌 우리 사회에서 일의 앞뒤를 간단하게 정리 하기는 쉽지 않은 일이나 조금 더 단순화시키는 노력은 가능하지 않을까 여겨진다. 항상 살면서 복잡한 것보다 단순화시켜 생각하고 행동도 그렇게 해야 행복에 접근할 수 있다고 말한다. 복잡을 벗어나면 옳은 길이 쉽게 두드러지게 나타나기 때문이다. 얽히고설킨 문제도 하나하나 벗기다 보면 핵심에 이르게 되고 핵심에서는 이것인가 저것인가를 선택할 수 있게 단순해지는 경우를 경험한다. 이럴 때 가위, 바위, 보로, 서로의 의견을 조율하는 방법은 그냥 순진한 꿈일까.

많은 사람이 이것이 옳다고 하는데 그렇지 않다고 주장하는 힘 있는 몇 사람에 의해서 엉뚱한 결론이 나는 것을 이 사회에서 보고 있다. 민주주의의 결점도 있지만 다수의 의견을 존중하고 그 결정을 따르도록 보편교육을 하고 있으나. 여기에서 옳고 그름을 확실히 구분할 수 없는 것도 있겠으나 핵심으로 접근하면 판단하는 데 어려움이 없는 경우를 경험한다.

혼란한 정치판에서 자신의 이해관계를 떠나 국가와 국민이 원하는 것이 무엇인가를 곰곰이 생각하면 쉽게 결론에 도달할 것도 나와 패거리 집단의 이익이 앞서면 방향이 뒤틀려진다. 이럴 때 어린아이의 마음으로 돌아가 몇 사람이 가위, 바위, 보로 결정하면 어떨까 하는 순진무구한 생각을 해본다. 허망한 미소가 지워진다.

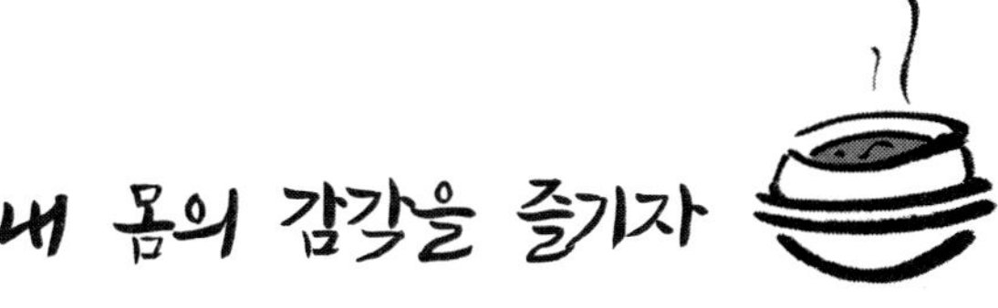

내 몸의 감각을 즐기자

신비로움의 모음체인 우리 몸의 감각기관을 하나하나 생각해 보면 미처 알지 못했던 그 정교한 기능에 감탄하지 않을 수 없다. 보통 오감(각)이라고 하여 보고(視) 냄새(嗅) 맡고 맛(味)을 느끼며 듣고(聽) 피부로 느끼는 촉감(觸感) 등인데 어느 기능 하나 오묘하지 않은 것이 없다. 눈으로 세상의 온갖 것을 보고 감상하고 있으며 주위의 모든 물체는 물론이고 하늘의 별과 그 변화, 떠오르는 해를 보며 느끼는 환희, 석양의 스러지는 해의 아쉬움을 볼 수 있는 눈의 기능이 아니면 어찌 느끼겠는가. 늦가을 서리를 이고 있는 국화의 의연함을 볼 수 있는 감사함은 눈이 없으면 어찌 상상이나 할 수 있으랴. 장미의 진한 향보다도 옥잠화가 내뿜는 오묘한 향기의 차이를 알고 한적한 곳에 소국이 늦가을 무리 지어 어울리면서 뿜어내는 매혹적인 향내, 잠깐 스치는 여인에서 풍기는 향수, 어머니께서 끓여주셨던 된장국의 구수한 냄새, 그리고 지금까지 그 냄새를 머릿속에 기억하고 고향과 거기에 계셨던 가족을 그리워하는 것은 냄새의 강력한 기억의 힘이다. 참기름 같은 고소한 냄새도 있지만 다시 맡고 싶지 않은 불쾌취 등은 코의 기능이 없으면 어찌 상상할 수 있겠는가.

모든 동물과 함께 인간은 음식을 먹어야 살 수 있다. 음식은 그냥 단순 배를 채우는 기능만을 갖고 있는 것은 아니다. 입속에 들어가는 순간 우리는 맛을 느끼고 이를 감상하면서 즐기고 먹는 행복감에 젖어든다. 음식의 맛을 느끼지 못하면 어찌 되겠는가. 무미건조라는 말이 딱 어울릴 것이다. 미각 기능은 혀에 있는 세포의 감각기능으로 알려져 있으나 어떻게 일어나는지는 아직도 어렴풋이 알고 있을 뿐이다. 동양에서는 오미, 즉 달고, 시며 쓴맛이 있는가 하면 짠맛으로 입맛을 다르게 하며 매운맛은 입안을 얼얼하게 마비시키기도 한다. 서양에서는 매운맛은 빼고 4미라고 표현하나 근래 감칠맛을 추가하고 있다. 고기 국물 맛은 감칠맛에 들고 각종 조미료의 주 용도는 감칠맛을 돋우는 데 사용하고 있다.

맛을 느끼게 만든 것은 인간에게 먹는 즐거움을 한껏 올리는 데 크게 기여하고 있다. 고기 국물을 먹으면서 느끼는 감각은 그윽함과 행복감을 같이 주고 있어 그 맛에 길들여지면 일생 동안 고기 타령을 하게 된다. 식물성 위주의 채식에서는 담백하고 자극적이지 않은 맛을 즐기는 것이나 밋밋한 맛으로 썩 선호하지는 않으나 건강상, 그리고 동물복지라는 이유로 점차 채식인이 늘고 있는 것은 맛의 차원을 벗어나 인간으로서 기대하는 건강과 함께 같이 살고 있는 동물에 대한 애틋한 정이 함께한 결과라고 생각한다.

입안에서 느끼는 통각, 즉 매운맛은 고추나 겨자, 무, 생강, 후추 등을 먹었을 때 느끼는 피부의 감각인데 각각 원인 성분은 다르나 우리 세포에 작용하여 자극적인 아픈 감각(통각)을 불러일으킨다. 매운맛은 자극적인 특수한 성분으로 각성작용과 혈류 증가에 관계하기도 한다. 특히 한국인에 적응된 감각으로 한참 인기를 끌고 있는 매운맛 라면은 고추에서 오는 매운맛에 힘입은 바 크다. 다른 감각과 다르게 매운맛 성분은 체내에 들어가 지방질 대사 촉진에 관여되어 비만 억제에 효과가 확인되면서 세계인의 인기 식품으로 떠오르고 있다.

이들 오감 기능은 통각(痛覺) 기능을 제외하고는 우리 몸에서 직접적으로 생리적 이익을 주는 기능은 없으나 감각으로 즐거움을 선사하거나 내가 살아 있다는 것을 증명하는 통로로 작용한다. 오감의 하나라도 상실하게 되면 실로 많은 불편함을 느낀다. 볼 수 없거나 듣는 통로가 막히면 삶에서 많은 것을 상실하고 감상하지 못하는 불편을 느끼게 된다.

촉감 기능은 어떤가. 인간이 태어나서 처음 접하는 어머니의 촉감과 젖을 빨아먹으며 손으로 어머니의 젖무덤을 더듬는 행위는 자기를 낳아 준 상대를 느끼는 최초의 만족스러운 촉감이고 안정감을 얻는 행위이다. 보통 살아가면서 많은 사람이 스킨십을 강조한다. 상대의 피부가 닿으면 더욱 가깝게 느낀다. 연인 간 신체 접촉은 사랑의 정도에 비례하고 포옹은 상대를 가까이 하는 인간만이 갖고 있는 친근감의 표시방법이다. 악수도 상대의 손을 통하여 나를 알리는 적극적인 행동의 표시이기도 하다. 거북한 사이라면 가까이 있는 것이 불편하기도 하나 피부를 통한 촉감은 사람 사이의 친소를 결정하는 중요한 기준이 된다.

오감은 동물만이 갖는 특혜이면서 진화 과정에서 더욱 발전한 기능으로 생각된다. 내가 내 몸에 갖고 있는 이런 신비한 기능을 이해하고 활용하면서 더욱 발전시키는 것도 풍요로운 삶을 살아가는 방법이다. 심지어 피하고 싶은 고통도 우리가 갖고 있는 감각이면서 육신을 초월하는 은혜의 통로라고 표현하기도 하지 않겠는가.

이럴 수가, 그럴 수도

비슷한 말인데도 담고 있는 의미와 속에 뜻하는 바가 닮지 않은 경우가 있다. 예를 들면 같은 4글자인데 그 의미는 크게 다르다. “이럴 수가”를 마음속으로 뇌이다 보면 대상에 대한 서운함과 아쉬움, 그리고 더 나아가면 기대했던 것이 어긋나서 나오는 탄식의 마음이다. 더 나쁜 경우는 속았다는 괘씸함도 묻어난다. 집에서 키우고 보살펴 주는 개가 자기 보고 짖어대면 “이럴 수가”라고 한다. 모두가 부정이다. 한 자가 다른 “그럴 수도”는 어떤가. 우선 내 속으로 받아들이는 긍정적인 마음의 과제이다. 내가 알고 있는 상대의 행동을 보고 느끼면서 이해의 폭을 넓히는 생각이고 그와 함께 하고자 하는 넓은 마음의 표현이다.

우리는 살면서 많은 사람을 시시때때로 만난다. 필요에 의해서, 혹은 정을 나누기 위해서. 만나는 모든 사람이 모두 내 마음에 쏙 들 수는 없다. 심지어 나를 이 세상에 있게 해주신 부모는 물론이고 내가 낳아 기른 자식도 크고 나면 마음에 맞지 않는 경우가 어찌 없겠는가. 하나의 독립된 개체로 성장했으며 지금의 처지는 성장할 때와 달라졌고 앎과 경험의 범위와 깊이도 나와 같지 않으니 어찌 내 생각과 같아질 수 있겠는가. 절친했던 친구 간에도 이해관계가 얽혀있는 경우는 생각이 다른 경우가 많아질 수밖에 없다. 내가 생각한 범위의 마음속 동그라미와 상대의 영역이 겹치면 천만다행이나 그렇지 않을 경우 서로 다른 방향을 향하게 된다. 심지어 오랜 시간과 마음을 주고받았던 사랑하는 사이도 모든 것이 같을 수는 없다.

일생을 같이 하자고 굳게 약속하고 살아가는 부부간에는 어떤가. 살면서 한 번도 말다툼이나 의견 대립이 없었다고 말하는 사람에 대해서는 마음속에서 우러나는 존경심을 아니 가질 수가 없다. 실로 하늘이 내린 천생연분이라는 생각에서다. 그러나 그게 가능하려면 안으로 갖춘 인내와 이해, 그리고 또 다른 내공이 있어야 하지 않을는지. 우리 생활에서 의견이 다르고 이해관계가 부딪힐 때 기대에서 벗어나면 우리는 "이럴 수가"라고 한탄한다. 내가 마음속에 갖고 있던 기대가 무너지기 때문이다. 그렇다. 상대의 생각과 내 기대가 맞지 않을 때 보통의 사람에게서 느끼는 감정이고 어찌 보면 가장 자연스러운 표현이다. 사람 대상으로만 일어나는 것은 아니다. 그것이 무생물이건 자연현상이건 내 생각의 범위를 벗어나 나에게 피해를 주게 되면 "이럴 수가" 하고 한탄한다. 빨래가 말라 걷으려는데 갑자기 소나기가 쏟아져 젖게 만들면 이럴 수가 하면서 아쉬움을 나타낸다.

그러나 다른 한편으로 생각하면 섭섭함이나 아쉬움은 "그럴 수도"라고 바꾸어 생각할 수도 있다. 친한 친구가 중요한 약속을 하고 그 약속을 지키지 못할 때 두 가지 방향에서 생각이 들 수 있다. 그 친구가 "이럴 수가" 하고 부정적인 생각을 하거나, 아마도 무슨 피치 못할 사정이 있으니 그럴 수도 있겠다 하고 친구의 편에 설 수도 있다. 어느 쪽이 현명한 판단일까. 젊었을 때보다는 나이 먹어가면서 "그럴 수도" 쪽으로 많이 기우는 것을 느낀다. 내가 경험하고 겪었던 일들을 회상해 보면 "이럴 수가"보다도 "그럴 수도"라고 생각하는 경우가 많기 때문이다.

공자께서도 60을 넘으면 이순(耳順)이라고 하셨는데 이 경지야말로 "그럴 수도"를 터득한 마음의 자세가 아닐까 여겨진다. "이런 수가" 있는가 하고 언짢고 화가 나는 일도 다른 면을 보면 그럴 수도 있겠다 하고 이해의 폭을 넓힌다. 인생 경험이 짧을 때는 내가 겪은 경험의 폭이 넓지 않으니 책이나 선지자에게 배우지 않는 한 "이럴 수가"를 "그럴 수도"로 바꿀 수 있는 아량을 발휘하기가 어렵다. 그러나 이런 생각의 차이도 내 마음을 다잡으면 그렇게 어려운 일도 아니다. 순간 서있는 방향을 바꾸면 동서남북이 바뀌듯 우리 마음도 내 의지에 의해서 다르게 생각할 수도 있을 것 같다.

도움을 주었거나 은혜를 받은 사람의 배신 같은 것은 내 마음속 일렁임을 관리하기가 어려운 경우가 있다. "이럴 수가" 하고 한탄해 보았자 내 속만 아프지 결코 정신 위생상 도움 될 것이 없다. 일은 벌어졌고 다시 돌릴 수 없다면 내 마음 상처라도 더 깊게 만들 필요는 없을 것 같다. "이럴 수가"를 "그럴 수도"로 바꾸는 연습을 자꾸 하다 보면 또 다른 내가 만들어지지 않을까 생각해 본다. 이 경지는 마음의 수양과 정신적으로 성숙한 상태가 아니면 쉽지는 않겠지. 그래도 나를 위해서 "그럴 수도"를 다시 외워본다.

옥상에 식물 가꾸기

일하는 사무실이 좀 높은 층에 있어 창문 너머로 다른 옆 건물의 옥상이 잘 보인다. 바로 앞 두 건물 옥상의 차이를 매일 느끼고 있다. 한 건물 옥상에는 청청한 소나무 3그루가 겨우 내내 푸름을 간직하고 을씨년스러운 겨울 풍경을 포근하게 만들고 이어서 봄이 되면 연둣빛 송순이 올라오는 모습이 대견하다. 그 밑에는 꽃이 피는 화분 등을 여럿 놓아두어 철철이 지루하지 않게 옆 건물에서도 꽃을 즐길 수 있다. 누가 관리하는지는 모르겠으나 이웃에게 이렇게 즐거움을 주고 있는 것에 전달할 길은 없지만, 항상 감사의 마음을 갖고 있다.

이와 반대로 이웃 건물의 옥상은 언제 심어놓았는지 모르지만, 소나무 한 그루가 외롭게 서 있고 생명을 잃은 지 꽤 오래되어 앙상하고 메말라 잎사귀는 모두 떨어지고 색 변한 잔가지만 마지못해 붙어있다. 몇 년째 이 모습이 변하지 않고 있다. 소나무 밑에는 상당히 큰 화분에 여러 잡풀이 자라고 있는데 거의 생명이 없이 말라버린 흔적만이 눈에 띈다. 두 건물의 옥상을 바라볼 때 한쪽에서는 살아있는 생기를 듬뿍 받는가 하면 다른 쪽에서는 죽음의 잔해에서 오는 쓸쓸함과 스잔함을 느낀다.

살아있는 것에서는 눈으로 보는 것만 가지고도 생기가 샘솟는데 앙상한 가지만 남은 생명을 다한 나무에서는 어찌 내 에너지를 빼앗긴다는 느낌이 든다. 근래는 반려동물의 범위를 넘어 반려 식물이라는 말을 쓰고 있다. 식물도 우리 정신 영역에 들어와 애완동물 못지않게 마음을 안정시키고 위안을 주며 무언의 감정을 갖고 교신한다는 것을 느낀다. 도시에서 많은 사람이 살고 있는 좁은 아파트 공간이지만 몇 개의 화분을 놓아두고 거르지 않고 시간 맞춰 물을 주고 비료로 영양분을 보충해 주는 가정이 많다. 식물로부터 자연스럽게 눈과 감정으로 전달되는 마음의 위안을 받기 위함이다. 주위에 나무와 꽃이 있으면 마음이 순화되고 벌 나비까지 모이고 이들이 생명의 교향곡을 연주하며 경이롭고 아름다운 자연을 만든다.

빌딩 숲, 거대 도시에서 한 치의 땅도 아쉬운 상황, 비어있는 여분의 공터, 옥상의 빈터를 활용해야겠다. 세계 여러 선진국에서는 이미 옥상 숲 가꾸기 운동을 벌여 하늘에서 보면 초원 같은 분위기를 만든다고 한다. 옥상 숲에는 겨울을 위한 사철 푸른 나무와 함께 따뜻한 계절에 꽃을 피우는 화초를 같이 번갈아 심어 메마른 도시 환경을 순화시켰으면 한다. 더 욕심을 부리자면 벌통도 몇 개 놓아 여기저기 피어 있는 꽃에서 꿀을 따오고 이 꿀을 다시 모아 긴요하게 사용할 수도 있을 것이다.

환경오염으로 벌의 숫자가 너무 줄어들어 도시 공간에 간신이 비집고 들어선 몇 그루 꽃이 핀 나무에서도 벌 보기가 어렵다. 특히 봄에 만개하는 벚꽃에서 벌과 인사할 기회가 없어진 지 오래다. 농촌이나 산림이 우거진 시골에 가면 아직도 벌을 만날 수 있으나 아파트 단지에 흐드러지게 피어 있는 벚꽃에서는 안타깝게도 벌을 볼 수가 없다. 한참 꽃이 필 때는 윙윙하는 벌 나는 소리가 큰 공명으로 딴 세상에 온 기분을 느끼곤 했다. 그러나 근년에는 혼자 꽃 잔치를 벌이고 있는 벚꽃이 짝을 잃고 외로움에 젖어있다. 벌이 없으니 버찌도 맺지 않아 쌉쌀하고 단맛이 도는 열매의 맛을 즐길 수도 없다.

시멘트로 둘러싸인 메마른 도시 빌딩 숲에서도 나무숲을 감상할 수 있게 옥상에 나무 심기 운동을 벌였으면 한다. 그리고 여기에 벌통을 놓아 벌들이 윙윙거리며 그들만의 합주곡을 연주하게 했으면 한다.

옥상에 나무를 심는 것은 또 다른 비용이 발생할 것이다. 화분을 준비하고 복토가 필요할 것이며 때때로 물을 주고 영양을 공급해야 하는 관리는 사실 여벌의 부담이 될 것이다. 그러나 이들은 물질적이고 이 나무와 꽃을 보고 느끼는 것은 정신 영역에 영향을 크게 미칠 것이다. 건물주는 적어도 나무와 꽃을 옥상에 가꾸는 것에 그렇게 인색할 필요는 없다고 여겨진다. 함께 거주하는 여러 사람이 업무를 잠깐 뒤로하고 옥상에 올라와 담소하며 꽃과 나무를 마주하면 인사가 없었던 이웃도 가까운 친구가 될 수 있고 서로 몰랐던 업무 얘기도 나눌 수 있어 새로운 고객을 만들 수도 있지 않겠는가. 옥상의 빈터를 적극적으로 활용하여 메마른 도시 빌딩에 생기를 불어넣어 주었으면 한다. 지자체는 이런 영역에도 조금만 신경 쓰면 주민의 생활을 조금 부드럽게 만들 수 있지 않을까 생각한다. 선거공약에 넣기는 너무 작은 일인가? 그렇지 않다. 모든 유권자의 인성을 순화시키는 일인데.

화분에 물을 주면서

내 취향에 맞는 식물을 가까이하고 싶어져서 마음에 드는 여러 종류의 식물을 화분에 심어 가까이에서 함께하고 있다. 집에도 수 십 년 키우고 있는 정든 녀석들도 있고 얼마 전 입양한 새내기도 같이 섞여 있다. 사무실과 아파트에는 내 눈에 띄어 들여놓는 것을 합하면 근 10여 종의 식물들이 좁은 공간에서 생활을 함께하고 있다. 물을 탐하지 않은 난 등은 2주일에 한 번꼴로 물을 주고 물 많이 달라고 하는 잎사귀가 넓은 행운목 등은 1주일을 물주는 주기로 삼고 있다. 가끔 물 주기를 잊을 수 있어 탁상 카렌다에 동그라미를 그려 놓고 지정한 날짜를 지나치지 않도록 신경을 쓴다.

화분을 관리하면서 가끔은 법정 스님의 수필을 생각한다. 친지에게 선물로 받은 난에 대한 애착을 써 놓으셨는데 가끔 혼자 계시는 암자를 오래 비워 놓을 일이 있을 때 놓고 가는 난 때문에 신경이 쓰여 결국 키울 수 있는 분에게 분양했다는 내용이다. 그래 무소유를 삶의 원칙으로 지키셨든 분이니 난 하나에도 소유에 집착하지 않으려는 심정은 충분히 이해하나 그 난을 받은 분을 또 다른 큰 짐을 받아 고심하지 않을까 하는 엉뚱한 마음이 든다. 더욱이나 고승이 주신 난이니 얼마나 신경이 쓰이겠는가.

내가 실제 집안에 들여놓은 화분 관리를 하다 보니 물주는 것과 함께 이들의 건강 상태를 살펴야 하고 간혹 잎에 이상이 보이면 그 이유가 뭘까 하고 답답한 마음이 든다. 내가 이 분야 전문지식이 없으니 진단이 어렵고 그렇다고 식물 의사를 찾아갈 수도 없으니. 관리하는 식물마다 각각 취향이 다를 테니 어떻게 나름의 요구에 맞게 조건을 맞춰주어야 하나 고민하게 된다. 어떤 식물은 햇빛은 좋아하나 인위적으로 제한된 공간에 갇혀 제대로 발육하지 못하는 것을 느낄 때 오래 같이 생활해 온 식물들에 지극히 미안한 생각이 든다. 이 친구들이 자기 조건에 맞는, 물과 영양 걱정 없는 자연에서 자란다면 지금보다는 훨씬 좋은 상태로 자라고 마음껏 꽃을 피우고 더 튼튼히 크면서 후손을 남길 텐데 내가 그 기회를 박탈하고 내 욕심만 채우려 그들의 자유를 속박하고 있다는 생각이 들 때도 있다. 그래 가끔은 식물들을 쓰다듬으며 미안한 마음을 감사의 표현으로 얼버무리려 하는데 그것 또한 나의 얄팍한 면피의 행동이라 여겨져 흡족한 마음이 아니다.

집안에서 키우는 화분 속 식물과 비슷하게 오래전 인간에게 순치된 반려동물들에게도 눈길이 간다. 특히 인간과 같이한 세월이 가장 오래인 개의 경우를 보면 그들이 필요로 하는 안정적인 먹이는 확보하였으나 넓은 들과 산을 자유롭게 뛰어다녔을 그들만의 고유한 습성을 버리고 순화되어 인간의 보살핌이 없으면 생명 유지가 어려운 의타의 신세가 되었다는 것에 연민의 감정이 일기도 한다. 화분에서 자라는 식물과 순치된 동물의 처지를 보면서 인간도 크게 보면 비슷한 경우가 아닌가 하는 또 다른 생각에 젖는다.

인간이 출현한 원시시대, 자연에서 자유롭게 먹이를 얻고 생존을 위해서 타 동물들과 경쟁하면서 거침없이 자기 의지대로 살았던 때도 있었다.

이런 생활 속에서 한 집단을 이루면서 결국 자신들을 속박하는 법과 규칙이 만들어졌고, 그 범주에서 벗어나면 내 의지와는 전연 상관없이 육체적, 정신적 제약을 받는 처지가 되었다. 큰 틀에서는 화분에 있는 식물과 순치된 애완동물, 그리고 사육되는 가축들, 자유를 잃은 대가로 자기 생명 유지에 필요한 먹이를 안정적으로 공급받아 종족을 이어주는 혜택과 맞바꿔 버렸는데 우리 인간도 큰 틀에서 비슷하지 않을까? 지금 받는 혜택이 과연 제한적으로 자유를 빼앗긴 가치에 버금가는 것인지. 때에 따라서는 정도의 차이는 있지만, 자신의 의지가 많이 작용하는 인간 사회에서도 비슷한 상황이 벌어지고 있지 않나 되돌아본다.

제 생각과는 상관없이 타인의 뜻에 따라 움직여야 하고 일생 내 의지와는 다르게 살아야 하는 삶도 있으니. 근세까지 존재했던 노예제도나 21세기에서도 자행되는 독재 국가의 인간성 말살 광경은 인간도 순치된 동물과 별반 다르지 않다는 자괴감이 들기도 한다. 나라에 따라서는 완전히 통제된 사회, 근본적으로 자유를 갈망하는 인간의 속성을 완전히 무시한 제도에 묶여 사는 것은 화분 속 식물과 순치된 애완동물의 신세와 다를 바가 없다고 여기는 것은 너무 민감한 감정의 발로일까. 화분 안 식물과 애완동물의 신세와 같이 주인의 보살핌을 받아야 하는 경우를 비교해 보면 큰 틀에서 인간의 생활과 별로 차이가 없다고 느껴진다. 어느 국가나 국민의 자유 보장을 최우선으로 한다고 하나 법과 제도에 의한 속박과 규제는, 집단 사회 특성상 별수가 없을 것이나, 크게 보면 온전한 자유인으로 살아갈, 인간에게 씌워진 굴레가 아닐까 여겨진다. 훨훨 날아 내 의지가 있는 그대로 반영되는 진정 속박 없는 자유로운 세상은 있을 것인가.

인간관계, 상호 관심이 이어주는 끈이다

더불어 살도록 운명 지워진 인간은 서로에게 의지하고 협력하며 도움을 주고받는 관계의 연속이다. 아무리 우수한 사람도 혼자 이룬 성과는 없다. 선배가 이루어 놓은 터전에 자기 씨를 뿌리고 가꾸면서 성장시킨 결과를 자기 것이라 여길뿐이다. 같이 살아야 할 인간은 심리적으로 가장 외로움을 타는 동물이다. 맹수는 자기 영역을 정해 놓고 혼자 살면서 침입자를 모두 적으로 돌린다. 이런 동물에게는 혼자가 가장 편안한 상태이고 외로움이 자기 정신 영역에는 없다.

인간관계는 상대에게서 관심을 끌어야 하고 관심에서 멀어지는 순간에 둘의 관계는 소원해진다. 심지어 천륜의 관계인 부모 자식 간에도 소통하고 만나면서 관계를 유지해야 더욱 돈독한 정이 쌓인다. 많은 손자 손녀를 거느렸던 조부모님도 한집에서 키웠던 손자, 손녀를 더 귀여워하고 관심을 두면서 편애의 관심을 보인 기억이 있다. 서로 자주 얼굴을 맞대고 말하면서 마음을 나누고 이해의 폭을 넓일 수 있는 물리적 접촉 기회가 많았기 때문이다. 인간과 다른 동물인 오리나 닭 같은 조류도 알에서 깨어날 때 처음 관계를 맺는 대상을 자기 부모라고 여긴다고 들었다. 애완동물로 집에서 부화시킨 오리새끼들이 처음 돌봤던 주인을 자기 부모로 알고 커가면서 계속 따라 다니는 것을 경험한다. 처음의 관계정립

이 커가면서 변하지 않고 뇌에 각인 되는 모양이다. 우리들의 어머니도 결국 같은 현상이 아닐까 여겨진다. 그래서 나은 정보다 키운 정이 더 깊다는 얘기가 통용된다. 즉 처음 인지능력이 생기면서 관계를 맺은 대상에 애착을 갖고 평생 잊지 못하는 인연을 맺는다. 그래서 이런 관계는 인간사회나 동물 속에서도 통용되는 사회 일반 현상인 모양이다.

관계의 관리와 유지는 집에서 키우는 화분과도 닮았다. 적당한 시간 차이를 두고 물을 주고 거름을 주어야 나에게 꽃을 보여주고 싱싱한 잎으로 보답을 한다. 움직이지 못하는 반려 식물도 그럴진대 애완동물을 어떤가. 밥을 챙겨 주고 운동시키면서 대소변을 관리하는 수고를 해야 키우는 동물이 나에게 즐거움과 만족감을 주고 외로움을 덜어주는 관계가 지속된다. 그 관계가 허술할 때는 그 결과가 바로 나타난다. 인지능력이 월등한 인간의 관계에서야 훨씬 더한 관계 유지를 위한 노력이 필요하다.

내가 아끼고 있었던 40년 된 태엽 감는 괘종시계는 잊지 않고 한 달에 한 번 태엽을 감아주어야 나에게 째깍거리는 소리와 늦은 밤 두 손으로 시간을 알려주면서 나에게 지금 시간을 알려주는 관계를 맺는다. 이 무생물과도 나는 관계를 맺고 있으며 그 관계의 결과를 얻고 있다. 우리 인간은 서로에게 관심을 보이고 관심을 통한 교류로 정을 쌓고 그 정으로 내가 혼자가 아니라는 것을 확인한다. 부모님이나 친구들, 직장의 동료들도 서로 이어지는 관계의 결과로 맺어진 인연들이다. 이 관계를 어떻게 유지하고 관계하느냐에 따라 성공한 인생이나 실패한 삶이냐가 결정될 것이다. 경제이론에서 최소의 투자로 최대의 결과를 얻는 것이 원칙이나 인간관계에서는 이 이론이 적용되지 않는다. 상대에게 투자한 내 관심은 더도 아니고 투자한 것만큼 얻고 있다.

근래 사회가 삭막해지고 더불어 함께하는 인간의 본성이 변하면서 나 홀로 족이 급격히 증가하고 있는 것은 인간 사회 발전에 온 장애요인으로 작용할 가능성이 높다. 우리 모두가 인간 본성, 함께 같이하는 사회로 가기 위한 노력이 절실히 필요한 때이다. 빨리 가려면 혼자 가고 멀리 가려면 같이 가라는 우리의 속담은 인간의 속성을 꿰뚫어보는 철학이 담겨있다. 혼자 있을 때 편안함을 느끼는 것은 사회 변화의 한 현상이나 결코 정상적인 인간 행동과 삶의 방법이 아니다. 교육을 통해서, 각종 사회활동을 통하여 같이 해야 더 많은 성과를 얻을 수 있다는 것을 자연스럽게 받아들이도록 의식 전환 운동이 필요한 시점이다.

인간관계는 보시에서 시작된다. 내 것을 기쁜 마음으로 상대에게 내주고 주었다는 것 자체를 인지하지 못하는 마음의 자세 말이다. 무의식의 베풂은 그 행동 자체로 여러 사람과의 보상 없는 우호적인 관계가 만들어지고 여기서 힘이 합쳐 새로운 경지에 도달한다. 집단지성의 바탕이다. 서로 간의 관계 설정은 인간 발전의 시발점이었고 인간다움의 기반이 되었다. 우리 "함께"의 정신을 교육에서 시작해야 한다.

지우개가 듣지 않는 우리 인생길

지우개가 거의 필요 없는 시대가 되었다. 오랫동안 글 쓰는 도구는 종이와 먹 그리고 조금 지나 연필이 되었고 잉크가 나오면서 글 쓰는 재료가 바뀌어왔다. 그러나 타자기가 우리 생활에 들어온 다음, 종이에 쓰는 연필의 용도가 좁아지더니 글쓰기에 기계화가 시작되고 컴퓨터 자판이 책상을 차지하면서 쓰고 고치는 역할을 대신하니 지우개가 해야 할 자신의 역할을 거의 잃어버렸다. 컴퓨터 시대 전에는 종이에 연필로 초안을 쓰고 잘못된 부분은 지우개(고무라고도 했음)로 지우고 다시 쓰기를 반복했다. 심지어 그림을 그리는 건축 설계도를 작성할 때도 잘못된 부분은 지우개로 지우고 다시 그리는 작업을 반복하였다. 컴퓨터 자판에 이어 캐드가 나오면서 글쓰기건, 설계도면이건 모두가 컴퓨터 자판에서 쓰고, 그리고 수정하거나 보완이 한 화면에서 쉽게 이루어진다.

나도 지우개를 열심히 사용한 세대였고 연필을 칼로 깎아 흑연 심을 날카롭게 만들어 글쓰기를 하였다. 나무로 된 연필을 깎을 때 품어나는 향긋한 향이 연필 깎는 재미를 더한다. 제조회사의 배려였다. 연필 깎기도 귀찮을까 봐 샤프 펜으로 대체되었고 이미 흑연 심이 들어있는 펜 꼭지를 꾹꾹 눌려 가느다란 흑연 심이 나오게 한 후 글쓰기를 계속하였다. 지금도 내 필통에는 연필과 수 십 년 된 샤프 펜이 나를 물끄러미 쳐다보고 있다. 그 옛날 내 손의 촉감을 느끼고 싶은데 식어버린 사랑처럼 눈길 한번 주지 않으니 얼마나 섭섭하고 아쉽겠는가. 그래도 감히 쓰레기통에 버리는 무정함은 결코 마음에 내키지 않는다. 언젠가 내 유품을 정리할 때가 되면 나와 더불어 흔적을 없애는 순간에 같이 한, 긴 기다림의 세월에 마침표를 찍겠지.

지우개에 대한 옛 얘기로 너스레를 떠는 이유는 연필로 쓴 글은 지울 수 있으나 머릿속에 기록한 마음의 흔적은 도대체 지울 수 없으니 이런 것도 지우는 첨단 기기가 나왔으면 하는 바람을 말하기 위함이다. 물론 일방통행 열차표로 긴 여행길에 들어서기는 했지만 가끔 뒤를 돌아보면서 지워버리고 싶은 머릿속 아픈 기억들이 있어 이를 'delete'(지우기) 할 수 있는 장치는 없을까 하는 엉뚱한 생각을 한다.

요사이 부쩍 늘고 있는 치매는 내 머릿속 기억을 차례로 지워가 가까웠던 친족과 심지어 자식들은 물론 자기 평생 반쪽의 영상을 지워버리는가 하면 나 자신의 존재까지도 없애 버리는 상황에 이르는 것을 주위에서 보고 있다. 지금까지 곱게 간직했던 기억들을 연필로 흰 종이에 쓴 기록같이 어느 누가 지우개로 싹싹 지우고 있는, 못된 짓이 아닐까 하는 생각이 든다. 써놓은 오래된 것은 아마도 지우는데 조금 시간이 걸리고 지워도 자국이 남아 어슴푸레 되살릴 수 있는데 조금 전 남긴 기록은 쉽게 지워지나 보다. 지우는 것도 시간차가 있는 것 같다는 생각이 든다. 나도 일상생활에서 한 일을 너무 자주, 쉽게 잊는다. 건망증이라고 하는데 우리 뇌의 기억단자가 연필글씨를 닮아 가나보다. 잠깐 쓴 기록을 지우개로 싹싹 지워버려 도통 다시 읽어낼 수가 없는 모양이다.

얼마 전 글에 100-1=0이라는 뜻의 아리송한 내용을 제시한 바 있었다.

100의 실적을 냈다 해도 한 번의 실수는 결국 100전체를 물거품으로 만들 수 있다는 상징적인 뜻이었다. 우리 삶에서도 비슷한 경험을 하곤 한다. 한 번의 실수로 모든 것을 잃어버리는 허망한 경험 말이다. 한 번의 실수는 병가지상사(兵家之常事)라고 하든가. 실수를 얼버무리는 방편이긴 하지만 전쟁을 하는 군대의 일에서도 실수를 할 수 있으며 그 실수를 거울삼아 결코 같은 실수를 해서는 아니 된다는 경구로 쓰이고 있다. 그러나 그 실수는 결코 지워 버릴 수 없는 사건이고 그 실수로 많은 사람이 목숨을 잃었다면 그냥 실수로 넘겨버릴 수 있겠는가.

물질이나 재물을 상대로 한 실수는 회복이 가능하다. 그러나 사람을 상대로 한, 단 한 번의 실수는 어느 이유로든 용납되기 어렵고 원상복구가 불가능한 경우가 많기 때문이다. 특히 교육에서 일어나는 실수는 한 인생의 전 과정을 잘못 인도함으로 결코 가볍게 여길 수 없으며 더 나아가서 많은 사람, 국민을 대상으로 한 정치는 더더욱 한 번의 실수도 결코 용납될 수가 없다. 자기가 결정한 정책이 너무나 많은 사람들에게 행·불행을 결정 지우기 때문이다. 그래서 성현들은 정치지도자의 자질을 그렇게 강조하셨나 보다. 한 개인의 기억도 지우지 못하는데 그 많은 사람에게 영향을 준 기록은 결코 지워지지 않는다. 사람을 대상으로 일하는 교육자와 정치지도자들은 명심해야 할 일이다.

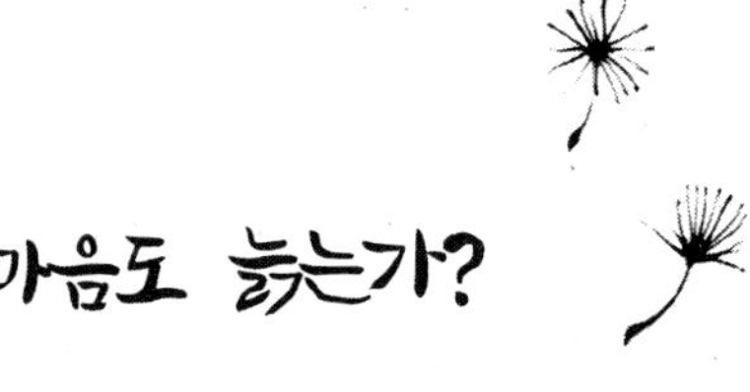

마음도 늙는가?

어느 정도 나이 든 사람들 간에 회자되는, "마음은 청춘"이란 얘기는 그냥 하는 말이 아니다. 나이 먹어 가면서 육체는 늙어 가지만 마음만은 그 몸에 어울리지 않게 과거 청춘의 시간에 머물러 있음을 뜻한다. 늙음은 내가 불러들인 것도 아니고 내가 결코 바라지도 않은 현상이다. 제가 스스로 찾아와 시간에 얹혀 지나다 보니 변한 것을 외양으로 나타낼 뿐이다.

어찌 보면 육체의 늙음은 세월이 나에게 준 값진 선물이 아닐까 하고 엉뚱한 생각도 해본다. 누구도 그 선물을 가로챌 수도 없고 내가 가진 것을 줄 수도, 털어버릴 수도 없는 나만의 고유한 자산이다. 육체의 변화는 거슬릴 수 없는 자연의 법칙이나 그 내면, 몸속 어느 깊은 곳에 웅크리고 있는 마음은 전연 딴 생각을 하고 있다. 마음은 몸의 노쇠를 인정하지 않고 젊음의 팔팔함을 그대로 유지하고 있으니 이를 어쩌나. 몸은 물질의 영역에 들어가나 마음은 비 물질, 정신의 범주에 든다. 그렇다. 이 세상 어느 물질이라 하더라도 매순간 변하지 않는 것은 없다. 한순간이 지나면 그 지난 자국으로 물질은 변화되어 있다. 금방 찍은 사진의 모습도 지금 이 순간의 나는 아니다. 절대적 기준이 아닌 비교의 대상인 모든 물질, 인간의 몸까지 합하여 진정 정지된 것은 없고 변화하는 순간순간을 맞고 있다. 그러나 정신 영역, 마음은 어떤가. 한순간에 집착하면 과연 여기에 시간의 개념을 도입할 수 있는가. 물질은 변하나 정신 영역인 마음은 변화될 수가 없다. 변화를 일으키는 요인이 없기 때문이다. 마음이 청춘의 상태에 머물러 있으면 그 상태, 청춘이라는 얘기다. 그래서 육체는 늙어도 마음은 늙지 않는다. 유사하게 많은 현자들, 그리고 종교 지도자들은 육체가 아닌 마음을 다잡는 수련을 강조하였다. 매 순간 변하는 육체에 집착하면 결코 변화의 속도를 따라갈 수가 없기 때문이다. 변화되지 않는 정신으로 가야 진정한 "참"을 찾을 수 있기 때문이다. 육체는 이 세상 모든 것을 받아들일 수 없지만 정신이 만들어 낸 마음은 무량하게 모든 영역을 한꺼번에 품을 수 있다.

해납백천 유용내대(海納百川 有用乃大)라고 했던가. 바다는 수많은 강물을 받아들여 자기를 키운다. 그렇다. 우리 정신세계는 많은 것을 끝없이 수용하여 내 영신 영역을 키울 수가 있다. 여기에는 크고 작다는 기준이 존재하지 않음은 확실하다. 무한대이면서도 좁쌀의 크기로 작아질 수도 있기 때문이다. 정신이 낳은 마음은 무형이면서도 우리 육체를 지배하고 있으니 마음이 청춘이라면 내 육체도 딸려가지 않을까하는 헛된 허상에 잡히기도 한다. 젊음은 젊은이에게 준 훈장이 아니듯 늙음도 내가 자의로 받아들이는 현상은 아니어도 이제 마음과 육체를 같이 다스리는 슬기를 보여야 하지 않을는지. 시간이라는 쉼 없는 열차에 타고 있는 육체는 변화되지만 열차 밖 불변의 경지에 있는 마음은 이 변화를 따라가지는 않는다.

젊음의 아름다움은 우연에서 만들어진 한순간의 현상이지만 아름다운 노년은 어느 누구도 쉽게 빚을 수 없는 나만의 예술작품이라 하는데 이 작품 속에 걸맞은 마음이 깃들어 있을 때 빛을 발할 수 있다. 변치 않는 마음에 의존하면서 자신의 육체가 변해가는 모습을 편안한 마음으로, 순리대로 받아들이는 것이야말로 훨씬 매력 있고 중후한 멋을 풍긴다. 우리가 약속을 할 때 백년 천년 마음 변하지 말자고 다짐을 한다. 육체는 변하나 마음은 변하지 않을 수 있기 때문이다. 늙음은 육체가 약해지고 쇠약해지는 과정이지만 마음은 육체에 딸려 가는 것이 아닌, 또 다른 경지임을 알아가는 나이에 접어들었나 보다. 마음은 청춘이라고 했는데 청춘은 나이가 아니라 마음의 상태이며 정신이 마음을 굳건히 뒷받침할 때 영원의 영역으로 나아갈 수 있지 않을련지.

지금의 주어진 현상을 넘어 마음의 집착을 끊고 지나온 미련을 털어내면서 내 마음을 점점 가볍게 관리하는 것이 정신세계에서 진정 나를 찾는 길이 아니겠는가 생각해 본다. 결코 쉬운 일은 아니나 한 발, 한발씩 걷다 보면 조금씩 가벼워짐을 느끼는 순간이 오지 않을까 기대해 본다. 육체는 내 의지에 상관없이 쇠락해 가지만 마음만은 이를 따라 가지는 않으리라 다짐해 본다. 육체에 기대기보다는 정신과 마음에 의지하면 노년을 더 알차고 풍요롭게 맞지 않을까 생각한다. 일체유심조(一切唯心造)라 했던가.

눈 감으면 내가 보인다

눈 뜨고 보는 세상과 눈 감으면 보이는 내면의 광경은 크게 다르다. 눈을 뜨면 빛으로 보나 눈 감으면 마음으로 보이기 때문이다. 내 감정은 내 의지에 의해서 바꿀 수 있고 그것을 표현하는 것은 말로 가능하다. 그러나 마음의 표현인 심안(心眼)은 바뀌지지 않는다. 그래서 상대하는 남은 속일 수 있어도 내가 나를 속이지 못한다는 것은 진리다. 밖으로 내보는 것은 바꿀 수 있으나 안에 있는 내 마음은 달라질 수가 없기 때문이다. 그래서 우리의 눈은 마음의 창이라고 한다. 마음이 눈을 통하여 가장 솔직하게 표현되기 때문이다. 거짓을 얘기할 때 보통 사람이라면 마음과 다른 말 때문에 눈에 흔들림이 온다. 우리 일상에서 느끼는 것은 눈으로 내 마음의 뜻을 무언으로 말한다. 간 큰 사람은 눈 하나 깜짝 않고 거짓말을 한다고 몰아붙이기도 한다. 눈과 마음이 연결된 중요성을 일컫는 말이다.

조용히 앉아서 앞을 들여다본다. 특별히 생각하는 것이 없다면 앞에 있어 볼 수 있는 모든 물건이 보인다. 내 책상이 보이고 읽고 있었던 책과 함께 금방 마시고 놓아둔 찻잔과 인사한다. TV에서는 그 빛의 향연을 보고 마음으로 즐긴다. 그렇다. 빛이 닿는 모든 것이 내 눈에 들어와 그 형체를 그대로 보여주고 나는 그것을 인식하여 마음속에 담는다. 그러나 눈을 감으면 어떤 형상이 나에게 오는가. 빛이 차단되고 마음에서 우러나는 영상만이 머릿속에서 인식된다. 그 인식은 내 의지와 대부분 연결되며 내가 원하는 것이 내 생각, 즉 마음속에 그려진다. 갑자기 고향의 모습을 그릴수도 있으며 수 십년 전 생을 달리했던 어머님의 모습을. 그리고 유쾌하게 웃으시는 모습과 한동안 병상에서 아픔을 견디고 계시는 영상이 떠오르기도 한다. 시공을 초월한 나만의 여행을 자유자재로 이동이 가능하다. 그래서 마음 수련 할 때는 거의 눈을 감는다. 불교에서는 실눈을 강조하나 그것도 완전한 차단보다는 일부를 열어놓았으니 눈으로 들어오는 빛을 보는 것이 아니다. 마음을 보고 있는 것이다. 범인이 쉽게 도달하기는 어렵지만 무념무상(無念無想)의 경지는 마음의 유영을 완전히 멈추게 하고 모든 것이 정지된 상태를 유지하는 것이다. 아무것도 생각하지 않는 것은 우리 일상에서 깊은 잠에 빠졌을 때이나 이때도 뇌파는 계속 만들어진다고 한다. 아마도 그 뇌파가 안정되어 있는 상태이긴 하지만 살아있음을 말하는 변화는 계속되고 있다는 뜻이다.

눈을 감고 상상하고 그리는 나만의 세계는 그 누구에게도 방해받지 않고 나만의 그림을 자유자재로 그릴 수 있는 특전이 주어진다. 눈 뜨고 있다가 겨우 눈꺼풀을 내려 빛을 차단했을 뿐인데. 눈에 들어오는 빛이 차단되었을 때 뇌는 어찌하여 가슴속으로 다른 영상을 그리게 허용하는가.

인간이 만들어 낸 모든 정신 영역의 산물, 음악, 미술, 문학작품 등 수많은 작품은 완전히 빛을 차단하는 마음의 영역, 즉 정신과의 관계에서 만들어지는 결과물이다. 조용히 눈을 감는 시간을 갖는 것은 현상에서 쉼의 시간이고 또 다음을 준비하는 기다림의 여유다. 눈을 뜨면 현재의 현상이 시작되나 눈 감으면 영원의 시간에 연결되고 내 나름의 가없는 영상과 함께 무언의 대화를 할 수 있다. 가끔 눈을 감고 진정 내면의 나와 대화하고 내가 누구인지를 알아내려는 시간을 갖는 것도 필요하다. 나는 누구인가 하고 스스로 묻는 기회, 번잡하고 복잡한 일상에서 가끔은 눈을 감고 나만의 시간을 갖는 호사를 부릴 줄도 알아야겠다.

나이에 따라서 상대적인 시간의 흐름 속도가 다르다고 하는데 축적된 기억이 많지 않을 때는 이 기억을 찾아다니는 시간이 별로 걸리지 않으니 시간의 흐름이 늦어지겠으나 나이 먹어 가면서 머릿속에 너무나 많은 기록이 쌓여 있으면 이들을 하나하나 점검하는데 더 많은 시간이 걸리기 때문인가. 이런데 시간을 써버리니 실제 일어나는 내 생활에서는 시간이 빠르다고 느끼지 않겠는가 하는 생각도 해본다.

잠잘 때를 포함하여 우리 뇌는 한순간도 쉼이 없이 활동을 하고 있으며 그 역할로 우리의 생명이 유지된다고 한다. 심지어 생각을 멈춘 명상의 시간에도 뇌의 기능이 계속되지 않으면 존재 자체가 부정되지 않을는지. 생각 멈춤은 쉽지 않은 수련이지만 생활에서 눈에 보이지 않는 현상에서 마음으로 보는 영상을 즐기면서도 이 모든 것을 차단해버린 멍 때리기 연습을 하는 것도 우리 정신건강을 지키는 데 도움이 되지 않을는지. 생각할 수 있는 사람으로 태어난 것에 무한한 감사한 마음이 드는 요즈음이다.

손 글씨는 한 사람의 품성을 내보인다

한 유명 일간 신문사에서 손글씨 경연 대회를 했다. 컴퓨터 시대에 어울리지 않는 시도인데 너무나 참신하게 받아들인 것은 내가 아날로그 세대이기 때문인가 보다. 지금도 컴퓨터 자판을 두드리는 것은 썩 내키지 않고 어색하니 이것은 숙달되지 않아서 오는 어려움이라고 느끼고 있다. 그런데 익숙하게 펜을 잡고 흰 종이 앞에 앉게 되면 머릿속이 환하게 정리가 된다. 종이 위에서 볼펜이 구르는 촉감과 쓰고 있는 순간순간 느끼는 여유에서 다음 문장이 이어지고 생각이 정리된다. 종이 위에 글을 쓰는 데는 머릿속에서 우선 생각이 떠올라야 하지만 어느 정도 손과 어깨에 힘이 들어가야 글씨가 만들어진다. 손의 근육과 엄지, 검지, 장지, 손가락 세 개와 약지와 소지가 뒷받침된 협동 작업으로 이루어지는 작품이다.

더 과거로 올라가면 연필을 주로 사용하였고, 연필을 칼로 깎을 때, 연필심을 안고 있는 나무에서 풍기는 독특한 향기를 맡으며 날카로워진 연필심을 종이 위에 굴리는 촉감은 글을 쓰고 있다는, 손에 닿는 감각을 기분 좋게 느꼈던 시대가 있었다. 지금도 자주 쓰지 않는 연필은 연필꽂이에서 내 손이 다가올 것을 기다리는데 더 편리한 볼펜에 쉽게 손이 가고 만다. 지금 이 글도 볼펜의 신세를 지고 있다. 이렇게 써진 글씨는 각자의 성격에 따라 그 누구의 글씨와도 같지 않다. 글씨야말로 한 사람의 성격과 인성을 고스란히 나타내는 진솔한 표현 방법이다. 곧잘 우리는 글씨만 보고 누구의 글씨인지를 금방 알아차린다.

우리는 오래전부터 서양에는 없는 서예가 예술의 한 분야로 자리 잡았다. 글씨는 글로만 생각하는 범위를 넘어 글씨 자체로 아름다움을 추구하는 예술의 경지로 승화하였다. 우리나라에서 처음 서예는 한글이 없을 때이니 한문으로 시작되었으며 서체에 따라 진서, 예서, 초서, 해서, 행서 등으로 구분되어 글씨의 아름다움과 글 쓰는 이의 정신 상태의 진수를 나타내었다. 한문은 원래 그림글자이기 때문에 글을 써놓고 보면 관련되는 그림을 연상하게 된다. 그렇다, 서예는 붓글씨에만 해당하는 것이나 한글로 아름답게 붓글씨를 써서 족자로 걸어놓은 것 보면 글의 내용을 보기도 전에 배열의 아름다움과 한 획 한 획에서 우러나는 힘이 글씨 밖으로 뿜어나가는 것을 감상할 수 있다. 글씨라는 매체로 작자의 모든 것을 형상과 전체 느낌으로 전달하고 있다.

나는 악필로 내 글씨를 평가한다. 성질이 조금 급하다 보니 글을 쓸 때도 그 급한 마음이 전달되어 삐뚤어지고 정리되지 않은 글씨가 된다. 그래서 손글씨를 타이핑해 달라고 부탁할 때 붙이는 말이 있다. 내 글씨체는 왕희지체이니 유념해서 읽고 틀리지 않게 타이핑 부탁하네. 서로 웃고 말지만 내가 내 글씨체를 봐도 세련되지는 않았으니 써놓고 내 성격을 그대로 나타냈다고 하면서 끌끌 혀를 찬다. 근래 신문에 나온 한글 글씨체를 놓고 연습을 하는데 수 십년 된 내 손글씨체가 얼마의 노력으로 고쳐지려는지는 시험을 해봐야겠다. 우스개 얘기로, 모두는 아니겠지만, 의사들의 글씨도 악필로 알려져 있는데(물론 지금은 컴퓨터가 쓰기를 대신하지만) 그 악필을 담당간호사는 귀신같이 알아보고 환자에게 자세히 설명할 수 있었단다. 이 의사가 가르친 제자의 주례를 하려 써가지고 간 주례사를 읽는데 자기가 쓴 글을 읽지 못해서 담당 간호사를 옆에 두고 통역을 했다는 믿거나 말거나의 얘기가 있다. 실제 내 글씨체를 왕희지체라 격상하긴 했지만 내 스스로도 내가 쓴 글씨를 알아보지 못하는 경우가 많으니 이를 어쩌나. 지금 이 글도 흰 종이(물론 이면지를 이용하지만)에 볼펜을 굴리고 있지만 타이핑을 부탁할 학생에게 미안한 생각이 든다. 그래도 불평하지 않고 또박또박 보내주는 정성에 항상 고마운 마음을 갖고 있다.

깔끔하고 멋스러운 손글씨는 보는 사람의 마음마저 정돈되고 아름다움이 전달된다. 우리니라 명필로는 잘 알려진 광개토대왕 비문, 통일신라시대 김생, 고려의 탄연, 이어서 조선 조 추사 김정희와 한석봉을 빼놓을 수 없다. 이 외에 안평대군, 퇴계 이황도 명필로 일려 져 있다. 이분들 작품들이 국보나 보물로 지정되었는데 모두 한문으로 쓴 글씨이다. 아직까지 한글 서예가 국보나 보물로 지정된 것이 있는가는 잘 모르겠다. 이제 한글이 보편화되었으니 한글을 바탕으로 한 명필이 나오기를 기대한다.

글씨 쓰기, 서예의 가장 좋은 점은 생각을 집중할 수 있고 잡념을 털어내고 오직 붓과 백지, 그리고 나와 무언의 대화를 할 수 있는 시간을 갖는 것이라 여겨진다. 이 컴퓨터 시대에 그래도 내 손으로 쓰는 손글씨가 서예의 한 분야로 계속 명맥을 이어 예술의 한 경지를 이루기 기대한다. 지금도 오래전 외국에서 공부할 때 아내에게 쓴 손 편지가 서랍에 있는데 편지를 보면 그때의 글씨에서 감정을 다시 느끼면서 먼 과거로 여행하는 즐거운 기분을 만끽할 수 있다. 그게 손글씨에서 오는 빼놓을 수 없는 감정이다. 나는 계속 손글씨를 고집하련다.

이름의 마력

이 세상 모든 사물에는 그들의 특성에 어울리는 이름이 붙여졌고(물론 사람이 붙였지만) 인간의 생각과 행동, 느낌 등 감정을 표현하는 수단으로 적절한 말과 글이 선택되어 있다. 각각의 이름과 의사 표현 수단이 없다면 서로 간 생각의 전달과 내 뜻을 알리는데 큰 어려움을 겪을 것이다. 동물들은 손짓이나 발 놀림으로 자기 뜻을 전달하기도 하고 독특한 목소리로 자기 생각을 알리기도 한다. 심지어 식물도 자기 이름은 스스로 필요 없지만 각기 다른 색깔과 향기로 자기 존재를 상대에게 전달한다. 또한 자손 번식을 위하여 벌과 나비를 끌어들이는 수단을 동원한다. 그런데 인간같이 대상의 이름을 지어 같이 뜻을 공유하는 경우는 없다.

사물에 붙여진 이름만으로 우리는 그 형상은 물론이지만 그의 특성까지도 연상하게 된다. 장미라고 불렀을 때 무엇을 상상할 수 있는가? 그 아름다운 색으로 단장한 장미꽃의 자태와 감미로운 향기 하며 조금 더 생각해 보면 줄기에 뾰족하게 솟아 있는 가시와 붙어있는 잎사귀까지 상세하게 머리에 떠올릴 수 있다. 어쩔 때는 가시에 찔렸던 기억까지 같이 올라온다. 자기가 맡아본 향기도 연상하는 장미 종류에 따라 다르게 머릿속 저장고에서 끄집어낼 수 있다. 소나무 하면 어떤가. 갑자기 강원도 산골에서 만났던 금강송의 우람하고 곧으며 의젓함이 머리에 금방 떠오른다. 소나무 숲에서 묻어나는 숲의 향기는 지금 이 자리에서도 머릿속에서 다시 느낄 수 있다. 송진이라 말하면 손으로 만져본 사람은 그 끈적거림과 독특한 향긋한 송진 냄새는 또 다른 정취를 불러일으키기도 한다. 소나무 낙엽을 긁어모아 놓은 갈퀴나무(솔가리)를 아궁이에 태울 때 내는 불꽃과 그 독특한 향기로운 냄새는 수 십 년 전 고향 부엌으로 나를 끌고 간다. 이런 마력은 이름이 아니면 내 감정을 불러낼 수가 없다.

식물은 물론이나 동물의 경우도 비슷한 영상이 떠오른다. 닭을 연상하면 시골에서 집안에 키워 본 사람이면 재빠르게 마당을 휘젔고 다니는 닭의 모습과 장닭의 긴 울음소리며 알을 낳았다고 꼬꼬댁 외치는 암탉의 우렁찬 소리가 귀가에 와닿는다. 지금 젊은이들은 닭튀김을 연상할까? 조금 살벌하다. 참새의 짹짹거리는 소리 하며 종달새를 속으로 불러보면 하늘 높은 데서 독창회 연주를 하면서 그 아름다운 목소리로 우리를 즐겁게 해준 기억이 떠오르며 내가 뛰어놀았던 잔디 덮인 넓은 초원으로 나를 초대한다. 종달새라는 그 이름을 끌어오면 바로 연상되는 것이 잿빛 섞인 깃털 하며 솟구쳐 오르는 날갯짓 등 한 둘이 아니다. 종달새 둥지에 낳아놓은 점박이 알이 언뜻 떠오르고 사람이 다가오면 어미가 안절부절 하면서 주위를 맴도는 모습이 어제 일 같이 생각난다. 집에서 키웠던, 진돗개 피가 섞였다고 주장했던 우리 집 지킴이, 럭키는 우리 가족에게 그 이름만 전해도 아련한 추억이 알알이 쏟아져 나와 어제 일같이 감정을 함께 할 수 있다. 그 이름이 갖고 있는 마력이다. 돌림자를 따르는 형제자매간의 이름은 어떤가. 성과 이름에서 한 자만이 틀린데도 그 이름을 부르면 형, 누나, 동생의 이력이 머릿속에서 금방 엮어져 나온다. 이런 것을 추억이라고 하는가. 같이 크던 어릴 때 기억은 물론이고 근래 만났던 모습까지 생생하게 영상으로 비춰진다. 근래 가장 아쉬운 것은 이들 이름들이 서서히 머릿속의 기억의 창고에서 잘 나오지 않는 것이다. 분명 내 머릿속 창고 속에는 들어있는 것만은 아는데.

요즈음 무남독녀인 딸애 이름을 언뜻 머릿속에 그려보면 금방 사위와 손녀까지로 이어지는 영상이 같이 떠오른다. 초등학교 입학 때의 모습과 머리 싸매고 입시를 준비하는 모습, 성인으로 직장 생활하며 밤늦게 귀가하는 것을 걱정했던 생각, 그리고 결혼하여 다복하게 제 남편과 오붓하게 살고 있는 모습을 그리는 것은 그 이름에서 묻어나는 감정들이다. 언뜻 손녀 이름을 떠올려 본다. 태권도 품새를 당차게 잡는 깜찍하고 귀여운 모습이 내 마음 영상에 가득 잡힌다. 이름 하나를 떠올려 보았는데 외국 생활에서 어려움을 걱정하는 마음도 함께 올라오고 거기에 묻어나는 갖가지 이어지는 마음속 그림은 이름과 연결된 것이다.

우리는 일상생활에서 잘못을 저질렀을 때 네 이름값을 하라고 다그친다. 그 이름에 값이 있다는 것을 의미한다. 그래서 태어나면 이름 짓는 것에 깊은 관심을 갖는다. 그 이름에 따라서 운명이 결정된다고 믿기도 하니 나와 함께할 내 이름도 지금은 하늘나라에서 내 이름을 불러보시는 할아버지께서 책력과 사주팔자 알아내는 귀한 책을 놓고 지으셨다고 한다. 그렇게 정성 들여지어 주신 이름에 걸맞은 제값을 했는지 속으로 가늠해 본다. 어딘가 아쉬움이 남는다.

오늘도 주위에 있는 모든 사물과 동식물, 그들의 이름을 되뇌어보며 자기가 갖고 있는 본래의 모습과 이름이 어울리고 있다는 생각을 해본다. 우리의 국보 반가사유상, 사유의 방이라 이름 붙인 후 관람객이 부쩍 늘었단다. 이름의 마력이다.

세계 각국에는 수백에 이르는 언어가 있고 그 언어에 걸맞은 사물의 이름이 붙여져 있는데 그 이름에 따른 언어의 주인 별 소리는 다르나 내면에 품은 뜻은 같지 않을까 상상해 본다. 이름이 운명을 좌우한다는 것이 우리의 오랜 통념이다.

오늘이 또 다른 오늘로 이어진다

오늘은 오늘로써 다른 선택의 여지가 없이 주어졌고 이를 받아들이는 생각은 나이에 따라 크게 달라지나 보다. 젊은 날의 기억은 오늘에 모든 것이 이루어질 것 같은 생각에 마냥 경이롭고 내일은 또 다른 내가 꿈꾸는 희망의 찬란한 날이 올 것이라 기대했었다. 이 기억을 뒤로하고 세월에 끌려온 나는 도르래를 붙인 창틀에 끼인 창문의 신세가 되었나 보다. 내가 아닌 다른 힘에 의해서 이리 왔다 저리 밀리며 오늘과 내일이 다름이 없는 밋밋함의 연속, 그래서 변화 없는 삶 속에서 허우적대는 나이 먹음, 그 평이하고 주름 없는 시간에 설렘을 줄 수 있는 한 줄기 소나기를 기다려 보기도 한다.

설혹, 한낮의 꿈일지라도 어제 아닌 오늘 찬란한 아침 해가 창밖의 눈 익은 먼 산꼭대기에 얼굴을 내밀면 구름에 가린 모습과는 다르게 새로움의 활력이 전달된다. 조금씩 수줍게 얼굴을 내밀며 그 눈부신 빛을 온 누리에 비추면 오늘이 또 다른 힘을 받아 일어난다. 여일(如一), 어제와 같지 않은 오늘의 다름을 마음속으로 다짐하면서 주위를 본다. 창가에 모셔놓은 동양란에서는 어제부터 꽃대가 올라오기 시작했고 매일매일 그 형태를 달리하면서 며칠 내에 꽃을 피우고 신비하고 매혹적인 향을 내 품겠지. 이들의 변화가 그냥 같을 것이라는 내 생각이 틀렸음을 모습과

향으로 알려주고 있다. 어제의 난 모습이 어찌 오늘과 같고 어제 품어냈던 향은 이미 이 우주 어디에로 흘러가고 있을 것이다. 어느 한순간도 꼭 같은 것이 없는데 나만이 그냥 한곳을 보고 있다는 덜 깨인 생각에 빠져있다고 여기며 나를 추스른다.

어제는 이미 박제되어 기억의 저 멀리로 밀쳐져 있고 내일은 내 손에 잡히지 않으니 뜬구름 보는듯하다. 흘러가는 냇물같이 내가 보고 있는 이 순간이 내 것이고 내가 느끼는 지금, 이 감정이 내가 갖은 가장 소중한 것이다. 모든 것이 정지해 있는 것은 없으나 어찌 그 순간에 느끼지 못하리오. 느낌의 이 순간이 내가 잡을 수 있는 유일하나 순간을 잡으면 그 찰나에 이미 과거로 돌아가니, 달리는 기차 안에서 쏜살같이 지나는 창밖 경치 구경하는 것과 같구나. 순간 지나가면서 내 눈에 영상으로 남는 것만이 내 것이 되고 머릿속에 저장이 되겠지.

옛 성현도 천재설소 만복운흥(千災雪消 萬福雲興)이라 했던가. 천 가지 어려움도 눈같이 사라지고 많은 복이 구름같이 일어난다. 일순간에 일어나고 소멸되는 것이 인간의 생각 아니겠는가. 모든 것이 결국 내 마음속에 있고 내가 생각하는 것이 이루어지겠으니 옳은 생각, 바른 행동으로 나를 다잡아가야겠구나. 그래 내일의 안개 속 행복이 오늘의 내 삶을 변화시켜서는 아니 된다. 한순간도 내 마음대로 잡을 수도 없고 잡혀지지 않으니 마치 공기를 움켜쥐려 헛 공상을 하는 것이 우리의 삶이 아닐까 생각하면 지금 있는 자리에 애착이 간다.

내가 지금 존재하는 것이 기적이고 무엇을 더하고 덧칠할 것인가는 그냥 헛꿈임을 느낀다. 순리에 따르고 주어진 속에서 내가 할 일을 찾아야 하지 않을는지. 유지자사경성(有志者事竟成)이고 진인사대천명(盡人事

待天命)인데 이런 것도 어디까지가 자기 의지인가 하는 물음이 앞선다. 그래서 주어진 오늘 하루가 눈부시지 않을 수 없고 지나가는 이 시간을 물 흘러가듯 보내기보다 내 의지 안으로 들어왔으면 하는 바람이다. 지금 여기 있는 시간에 집중하고 마음을 여기에 머물게 함으로써 내 삶이 '나' 다워지지 않을까.

나는 나이고 나는 이 순간에 존재하는 것이지 과거는 그림 속 광경이요 미래는 허상일 뿐이다. 그래서 순간에 충실하라는 성현들의 말씀은 진리로 받아들여진다. 괜스레 과거를 들추고 결코 오지도 않을 내일에 미루는 습성은 우리 삶에서 결코 도움이 되지 않는다. 사람은 현재에 살고 있으면서도 우리 생각은 현재에 집중하지 못하고 과거나 미래로 떠돈다. 오늘이 또 다른 오늘로 연결되기는 하지만 한 번도 경험해 보지 않은 날을 새롭게 오늘을 맞고 있으니 항상 새롭고 경이로우며 지루하지 않은 삶이 아니겠는가.

지금 여기로 돌아와 여기에 머무는 마음가짐으로 지금이 가장 행복한 순간이라고 말할 수 있으면 한다.

일등과 완벽주의

모든 동물은 생명을 유지하기 위해서 먹이가 필요하고 필요한 것을 얻기 위해 움직이고 경쟁하는 것은 생명체의 자연 현상이다. 이 과정에서도 혼자가 아닌 다른 사람들과 더불어 함께해야 살아남을 수 있음을 안 것은 경험으로 얻은 지혜이다. 무인도에서 혼자 살 수도 있으나 대단히 예외적인 경우이고 같이 더불어 살아야 생존확률이 높고 더 많은 것을 얻을 수 있다는 것을 몸으로 터득했다. 이런 필요에 따라 집단이 형성되고 구성원들을 관리하기 위한 사회규범과 규칙이 만들어졌다. 집단생활에서는 각자가 목적한 바를 얻기 위해서 경쟁은 불가피했고 우열을 가리기 위해서는 동물적 힘의 논리보다는 합리적 기준에 의한 결정을 존중하는 계기가 만들어졌다.

서로 간 경쟁은 다른 사람보다 더 낫다는 것을 표출하는 수단이 되었고 이때 누구보다도 앞선 1등이라는 자리는 한 집단에 한자리밖에 없으니 그 자리를 차지하기 위해 피나는 경쟁이 시작되었다. 집단이 크지 않았을 때는 상대가 많지 않아 문제의 심각성이 덜하나 모임이 커지면 1등이나 최고를 차지하는 것은 결코 쉽지 않을 것이다. 한 부모에게서 생명을 받은 형제 자매 간에도 경쟁을 하게 되고 더욱 학교생활에서는 모든 성취 내용이 순서를 가리는 점수로 우열을 가리고 등수를 매겨야 하는 제도이니 이 속에서는 한자리, 1등을 놓고 경쟁을 안 할 수가 없다. 경쟁을 통해서 인류 사회가 발전 해온 것은 사실이나 정도를 넘는 심한 경쟁은 서로 간 에너지를 낭비하는 비생산적인 결과를 초래한다. 하나의 목표를 설정하고 그 꼭대기에 오르기 위한 상대와의 다툼은 결국 한 사람의 승자와 훨씬 많은 수의 패자를 만든다. 패자 없이 서로가 돕고 격려하면서 모두가 이기는 경기는 없을까, 있다, 각자가 지향점이 다르고 설정하는 목표가 같지 않으면 치열한 한자리를 향한 뜀박질보다는 나만의 목표를 찾아가는 효율적인 노력을 할 수 있다.

가장 잔인한 경쟁은 선착순이다. 군대 생활을 할 때 기합을 주는 한 방법으로 멀리 한 지점을 정해 놓고 뛰어갔다가 원래 위치로 돌아오는데 선착순 5명안에 들면 더 뛰기를 면제받으나 그 안에 들지 못하면 또다시 같은 길을 다시 뛰어야 한다. 뜀박질에 소질이 있거나 건강 상태가 좋으면 선두에 들을 수 있으나 그렇지 않은 경우 계속해서 후 순위에 밀릴 수밖에 없다. 선천적으로 타고난 육체적 열세를 어찌해야 할 것인가. 뛰면서도 이 벌은 결코 정의롭지 못하다는 것을 마음속으로 되뇐 기억이 지금도 새롭다.

"왜 일하는가"를 저술한 일본 전자업체 교세라 창업주인 이나모리 가즈오의 글은 읽으면서 공감하는 바가 컸다. 최고와 완벽의 차이를 실감나게 그리고 있다. 최고를 택하지 않고 완벽을 추구한 회사 운영철학이 도산의 위기에 처한 회사를 일본 굴지의 기업으로 성장시킨 동력이 되었다고 술회한다. 최고는 비교를 전제로 한다. 내가 최고라고 하려면 적어도 둘 이상이 있어야 하고, 상대와 경쟁하여 이겨야 그들 중에서 자기가 최고라고 말할 수 있다. 일등이 탄생하면 그 자리를 차지하지 못한 많은 사람에게 상실과 실망감을 안겨준다. 그러나 완벽주의는 내가 하고 있는 어떤 일이건 그 일 자체에 빈틈이 없음을 말한다. 남과의 경쟁이 아닌 내가 하고 있는 일에서 나를 추스르는 행동이다. 최고는 상대가 있어야 이룰 수 있는 개념이고 완벽은 상대가 있건 없건 그 자체로서 이루어내는 나에 대한 절대적 개념이다. 최고는 최고에 이르지 못한 사람에게 상처를 주지만 완벽은 다른 사람에 피해 없이 자신에게만 만족의 감정을 선사한다.

우리 사회는 모두가 일등이 아니면 인정해 주지 않는 풍조가 만연해 있다. 그런데 이번 올림픽에서 놀라운 변화를 보았다. 메달이 없는 4등을 하고도 만족하고 행복해하는 젊은이의 모습에서 우리 다음 세대에서는 자기 자신을 관리하는 새로운 경지를 구축하고 있구나 하는 생각을 했다. 젊은이들의 생각에서 국가의 밝은 장래가 보여 흐뭇하였다. 금메달 경쟁에서 뒤처진 선수들에게 절망을 주기도 하지만 메달을 따지는 못했지만 자기가 축척했던 역량을 최선을 다하여 펴 보이고 완벽함을 추구했던 자기를 스스로 인정하고 자신에게 마음에서 우러나는 만족감을 나타내는 모습이 좋았다.

인생의 목표는 1등만을 위한 것이 아니다. 자신이 갖은 능력으로 최선을 다하고 스스로 완벽을 다 했다는 만족감에서 오는 충만감을 즐겨야 한다. 타인과의 경쟁은 가시적인 경지이나 최선의 완벽주의는 나의 내면에서 우러나는 행복의 미소를 선사한다. 인간은 경쟁만이 전부가 아님을 아는 동물이 아닌가 생각해본다.

승자 독식의 시대는 행복할까

이 지구에 존재하는 모든 생명체는 숙명적으로 경쟁을 피할 수가 없다. 움직이지 못하여 경쟁이 없을 것 같은 식물도 생장에 필수인 햇빛과 물을 더 차지하기 위해서 해를 향하는 몸짓을 멈추지 않고 있으며 물을 찾아 뿌리의 방향을 정한다. 밀림 속에서도 경쟁자를 따돌리기 위해 더 높이 자라 햇빛을 더 받으려는 피나는 노력을 하고 있다. 창가에 놓인 작은 화분도 햇볕을 향한 가지가 훨씬 빠르게, 건강하게 자라는 것을 볼 수 있다. 하물며 인간에게 있어서도 경쟁은 피하지 못할 숙명이며 모든 분야에서 나타난다. 우선 생명을 유지하고 다음으로 내 자손을 더 퍼트리려는 본능적 욕구는 어느 것보다도 강하다. 이런 경쟁은 필요불가결한 것으로 받아들여지나 경쟁의 방법에 있어서는 큰 차이가 난다.

올림픽의 꽃인 마라톤에서의 경쟁은 뛰는 사람 모두가 1등을 향해서 경쟁하기 때문에 최종 목표는 좁게 한정되어 있다. 그러나 모두가 일등이 될 수 없으며 같이 뛰는 선수가 없다면 1등의 의미는 사라지고 만다. 더불어 같이 할 때 순위가 의미가 있고 내 존재가 부각된다. 일등은 참가한 여러 선수들이 있어 의미가 있다.

세부적으로 한 사람 한 사람이 이 세상을 살아가는 방법과 방향을 자세히 관찰해 보면 모두가 서로 같지 않다. 타고난 소질이 다르고 쌓아

놓은 기반도 같지 않고 삶의 가치 기준이 서로 맞지 않는다. 한 부모에게서 태어난 형제자매 간도 성별이 다르며 성격과 가치 기준 그리고 좋아하는 것이 똑같지는 않다. 더 나아가 개인도 성장하면서 경험과 지식이 쌓이면서 바라보는 방향이 바뀌기도 한다.

초원에 피고 있는 들꽃 하나하나도 자세히 보면 특성과 모양이 다르며 더 나아가 세상에 존재하는 모두가 꼭 같은 개체는 하나도 없다. 이런 같지 않음은 모자이크와 같아 색깔과 형태는 다르나 전체가 모여 있을 때 균형을 이루고 새로운 아름다움을 창조할 수 있다. 꽃 한송이가 아닌 무리로 피어있는 코스모스의 아름다운 조화를 본다. 전체가 개체를 수용하여 화합된 조화를 이룬다. 우리 사회 구성원이 뿔뿔이 흩어져 있는 것 같아도 넓은 개념으로는 화합된 힘을 낼 수 있는 것과 같은 이치이다.

미국의 선거제도는 우리에게는 생소하다. 주별로 득표수 많은 후보가 그 주에 배정된 선거인단 수를 독차지하는 제도이다. 전국적으로 득표수가 많은 후보가 당선되는 일반적인 투표 방식이 아니라 승자가 지역별 선거인단 수를 가져가기 때문에 총 득표수에서 앞섰다 하더라도 선거인단 수 확보에서 떨어지면 승자가 될 수 없다. 지난 선거에서 힐러리 클린턴 후보가 패배한 이유이다.

우리 사회에도 실제 이런 현상이 일어나고 있다. 모든 경쟁에서 1등만이 각광을 받고 영광을 한몸에 받는다. 그러나 2등에서부터 이어지는 참가자가 존재할 때만 그 자리를 차지할 수 있다. 모든 경기에서 일등은 하나뿐이다. 이제 힘겨운 일등의 자리를 찾기보다 내 마음속에 나와의 경쟁에서 일등을 하는 마음가짐으로 생각을 바꿔가야 하지 않을까 생각한다. 경쟁은 필요하나 필요 없는 다툼은 결국 내 에너지를 낭비하는 결과로 이어진다. 이제 내가 가장 잘 할 수 있는 일과 분야를 찾아 내 능력을 집중하는 사회 분위기 조성이 필요하다. 이는 우리 교육체제와도 연결이 된다. 초등학교 때부터 한자리밖에 없는 반 1등을 차지하기 위해서 친구와 경쟁하고 사회에서도 남보다 앞서기 위해서 별수단을 가리지 않는 형태는 결국 그 폐해가 너와 나에게 온다. 학교 교육은 각자가 스스로 가장 잘 할 수 있는 분야를 찾아갈 수 있도록 도와주는 역할이 되어야 한다.

앞으로의 세상은 앎과 지식의 정도가 아니라 얼마나 창의적 사고와 남다른 아이디어를 갖느냐에 의해서 성공 여부가 결정될 것이다. 기본 지식과 정보를 갖는 것은 바탕을 만드는 데 중요하나 이들이 상대를 이기기 위한 수단으로 사용되면 이 사회는 서로에게 피곤한 조직이 된다. 창의를 바탕으로 창조적인 사고는 결국 자기와의 대화이다. 내 마음속에 일어나는 독창적인 생각은 다른 누구와의 경쟁이 아니라 나와의 대화가 된다. 이런 문화가 되면 경쟁보다는 화합과 협력의 필요를 인식하게 된다.

아무리 독특하고 창조적인 구상을 하고 있다 하더라도 이를 현실화시키기 위해서는 다른 사람의 도움과 협력이 없으면 성공할 수 없다. 인류가 육체적 약자이면서도 이 지구의 주인이 된 것은 서로 협동하여 힘을 합친 결과이다. 각자의 고유한 길을 가되 의견이 맞는 사람끼리, 그렇지 않은 사람과도 협력하고 더불어 목적을 달성하고자 하는 노력은 계속되어야 한다. 나만의 차별화된 방향과 목표는 그 누구와도 겹치지 않고 나름대로 일등, 앞서갈 수 있다.

가장 앞선 사람이 결과를 독식한다는 사회 분위기는 협력해야 살 수 있는 이 사회의 특성에 맞지 않다. 그리고 나만의 행복은 결코 오래가지 못한다.

스치는 듯 살아가며
마음이 머문다

인　　쇄　2023년 3월 7일
발　　행　2023년 3월 14일

지 은 이　신동화

발 행 인　김흥중
발 행 처　한림원출판사
주　　소　서울특별시 중구 퇴계로51길 20, 12층
전　　화　02-2273-4201
편집·인쇄　한림원(주) http://www.hanrimwon.com

ISBN • 978-89-93512-85-4　₩17,000